Wolfgang Strobel
Reader Musiktherapie

Klanggeleitete Trance,
musiktherapeutische Fallsupervision
und andere Beiträge

zeitpunkt musik
Reichert Verlag Wiesbaden 1999

Die Abbildung auf dem Umschlag zeigt eine Mola (Stoffapplikationstechnik) von Ursula Meschede, die den Klangarchetypus des auf der Schamanentrommel gespielten Herzmetrums als Mandala bildlich umgesetzt hat. Foto © Jan von Hugo, Würzburg

Die Deutsche Bibliothek – CIP-Einheitsaufnahme

Ein Titeldatensatz für diese Publikation ist bei
Der Deutschen Bibliothek erhältlich

© zeitpunkt Musik. Forum zeitpunkt
Dr. Ludwig Reichert Verlag Wiesbaden 1999
ISBN: 3-89500-135-X
Das Werk einschließlich aller seiner Teile ist urheberrechtlich geschützt. Jede Verwertung außerhalb der engen Grenzen des Urheberrechtsgesetzes ist unzulässig und strafbar. Das gilt insbesondere für Vervielfältigungen, Übersetzungen, Mikroverfilmungen und die Einspeicherung und
Verarbeitung in elektronischen Systemen.
Gedruckt auf alterungsbeständigem Papier mit neutralem pH-Wert.
Printed in Germany.

Inhalt

Zum Geleit / Zur Edition	VII
Von der Musiktherapie zur Musikpsychotherapie	1
Musiktherapie mit schizophrenen Patienten	25
Die musiktherapeutische Balint-Gruppenarbeit	65
Aktualisierung prä- und perinatalen Erlebens und korrigierende Neuerfahrung in der klanggeleiteten Trance	85
Die klanggeleitete Trance in der Psychotherapie	99
Das Didjeridu und seine Rolle in der Musiktherapie	143
Grenzzustände in der Musiktherapie	163
Beziehungen zwischen Eßstörungen und Gesellschaft	187
Schöpferische Psychotherapie	193
Register	227
Weiterführende Literatur	230

Zum Geleit

Es ist mir eine besondere Freude, für diesen Reader ein Vorwort zu schreiben und damit Wolfgang Strobel für all das zu danken, was ich von ihm lernen durfte.

Für mich ist Strobel der wichtigste Pionier der deutschen Musiktherapie, der außerhalb irgendwelcher Institutionen die Musiktherapie wirklich weiterentwickelt und sie, besonders in seinen Arbeiten zur „klanggeleiteten Trance", näher an die ursprünglichen Wurzeln herangerückt und damit neue therapeutische Wege eröffnet hat.

Die in diesem Buch zusammengefaßten Artikel aus den Jahren 1985 bis heute beschreiben die Erweiterungen der bisherigen musiktherapeutischen Praxis, die Strobel erprobt und erforscht hat.

Da diese Arbeiten nicht allen Interessierten leicht zugänglich sind, entstand in einem Seminar die Idee, einen solchen Reader zu konzipieren.

Alle, die wie ich Strobels Arbeit in seinen Seminaren kennengelernt haben, werden bestätigen, in welche therapeutischen Tiefen „monochrome" Klänge führen können. In meiner musiktherapeutischen Praxis verwende ich ständig die bei Strobel gemachten Erfahrungen und methodischen Anregungen.

All denen, die zunächst über dieses Buch Kontakt mit Strobels Arbeit aufnehmen, sage ich eine hochinteressante Lektüre voraus; dennoch wird man die wirkliche Dimension dieser Art von Musiktherapie wohl nur durch eine eigene Erfahrung erfassen können.

Prof. Dr. med. Wolfgang Schroeder
Facharzt für Psychotherapeutische Medizin,
Facharzt für Psychiatrie und Psychotherapie,
Lehrmusiktherapeut

Zur Edition

An den nachgedruckten Aufsätzen wurden stillschweigend kleinere sprachliche Korrekturen vorgenommen und die Zitierweise der verwendeten Literatur – soweit möglich – vereinheitlicht. Im Beitrag „Schöpferische Psychologie" wurde das Inhaltsverzeichnis des Originalbeitrags getilgt, da diese Eigenart des Aufsatzes ansonsten störend auffiele.

Da inhaltlich nichts verändert wurde, erscheinen einige Fallbeispiele mehrfach, werden aber immer in einem anderen Kontext bzw. mit einer anderen

Zielsetzung genannt. Das Streichen dieser „Wiederholungen" hätte den Fluß der Argumentation unterbrochen bzw. gestört; die Aufsätze hätten zum Teil ganz neu geschrieben werden müssen. Es wurde deshalb bewußt darauf verzichtet, weitere, neue Fallbeispiele, die von Wolfgang Strobel hätten vorgestellt werden können, aufzunehmen.

Von der Musiktherapie zur Musikpsychotherapie*

Kann aus der Musiktherapie eine anerkannte Form der Psychotherapie werden?

WOLFGANG STROBEL

Summary

The article examines whether one of the various forms of music therapy may rightfully be termed psychotherapy. Defining features and position within existing theory systems are sought, and reasons for the continuing lack of recognition of music therapy in the official psychotherapy field are pointed out. Specific characteristics of a music psychotherapy are presented.

Zusammenfassung

Es wird untersucht, ob sich von den verschiedenen musiktherapeutischen Formen eine abgrenzen läßt, welche zu Recht als Psychotherapie bezeichnet werden kann. Nach Unterscheidungsmerkmalen und einem Standort innerhalb bestehender Theoriesysteme wird Ausschau gehalten. Ursachen für die immer noch fehlende Anerkennung der Musiktherapie innerhalb der offiziellen Psychotherapieszene werden aufgezeigt. Spezifische Charakteristika einer Musikpsychotherapie werden dargestellt.

Bei der Auseinandersetzung mit der im Untertitel genannten Fragestellung ist mir zunächst einmal klargeworden, daß es sich hier um eine sehr komplexe Problematik handelt. Je mehr ich mich mit dem Thema beschäftigte, desto schwerer fiel es mir, klare Antworten zu finden. Es taten sich vielmehr immer neue Fragen auf. Außerdem mußte ich mir meine Unfähigkeit eingestehen, zu diesem Thema einen streng wissenschaftlichen Beitrag zu leisten. Ich habe mir schließlich erlaubt, auch persönliche Anmutungen und subjektive Eindrücke aus der Sicht eines Praktikers beizutragen. Ich tue dies als Grenzgänger zwischen Musiktherapie und psychoanalytischer Therapie, hier wie dort um eine Integration des Körpers, besser gesagt des Leiblichen, ringend.

---

* Ursprünglich publiziert in: Musiktherapeutische Umschau 11. 1990, S. 313-338.

Musiktherapie? Was ist das?

Es gibt mit Sicherheit keine andere Therapieform, bei der mit ein und demselben Begriff so verschiedene zum Teil widersprüchliche therapeutische Bemühungen und Konzepte gemeint werden. Wenn Viele das gleiche Wort verwenden, aber Unterschiedliches darunter verstehen, eröffnet das Mißverständnissen Tür und Tor. Es erschwert definitorische Ein- und Abgrenzungen, Konzeptualisierungen, Fragen nach Indikationsstellung etc. Es führt auch zu unnötigen Kontroversen, Rivalitäten und Entwertungen. Bei keiner anderen Berufsgruppe ist mir in so erschreckend hohem Maße begegnet, daß jemand seine Kollegin* nicht nur disqualifiziert, sondern ihr*, ob berechtigt oder nicht, sogar die Zugehörigkeit zur Berufsgruppe abspricht.

Der einzige gemeinsame Nenner scheint die Verwendung von „Musik" zu sein. Da aber die Meinungen auseinandergehen, was unter Musik zu verstehen sei, wird selbst diese Behauptung unscharf. Das gilt sowohl für die Musikrezeption (Musik von außen nach innen) als auch für das aktive Musizieren (Musik von innen nach außen). Die einen verwenden den Begriff Musik im herkömmlichen, traditionellen Sinn. Hier ist Musik eine Kunstform. In der Ausbildung wie in der therapeutischen Praxis wird auf den *musikalischen* Ausdruck (zumindest der Therapeutin*) großer Wert gelegt, also auf das Künstlerische. Den anderen geht es mehr um eine *nonverbale* Äußerung mit Hilfe von Musikinstrumenten, Stimme etc. Es geht also mehr um *Ausdruck* und *Kommunikation* mit Hilfe von Klängen, Geräuschen, Rhythmen, also letztlich von akustischem Material. Dieses kann zwar mitunter einen außerordentlich ästhetischen Reiz, auch künstlerische Qualitäten haben, aber das wird nicht intendiert. Da ich zu den Letztgenannten gehöre, halte ich den Begriff Musiktherapie für unglücklich, aber er hat sich eingebürgert, und wir müssen notgedrungen damit leben bzw. uns damit auseinandersetzen.

Musik als Kunst?

Die Verwendung des Wortes Musik ist für mich nur bei einer sehr weiten Fassung dieses Begriffs zu tolerieren. Der Vergleich mit dem bildnerischen Gestalten kann dies verdeutlichen. Eine Maltherapie ist keine „Gemäldethe-

---

* Aus Gründen einer ausgleichenden Gerechtigkeit erlaube ich mir, hier einen radikalen Sprachfeminismus zu vertreten. Alle mit * gekennzeichneten weiblichen Bezeichnungen beinhalten auch die männliche Form.

rapie", und es geht nicht darum, ansprechende oder künstlerisch wertvolle Bilder zu erzeugen. Eine Gestaltungstherapeutin* hat keinen großen Nutzen davon, wenn sie* lernt, alte Meister zu kopieren oder wenn sie* ein Aktzeichenstudium absolviert. Wichtig ist die Fähigkeit, mit dem verwendeten Material umzugehen und zu verstehen, wenn sich ein anderer Mensch in diesem Medium ausdrückt. Dementsprechend muß die Musiktherapeutin* in der Lage sein, ihre* Botschaften in Klang und Rhythmus auszudrücken. In dieser Hinsicht hat Musiktherapie, wie jede Psychotherapieform, etwas mit Kunst zu tun. Die Kunst besteht jedoch darin, Intuition, theoretisches Wissen und musikalisches Material in der therapeutischen Situation kreativ anzuwenden. Das Bild, welches die Patientin* malt, oder die Musik, die Patientin* und Therapeutin* miteinander machen, werden nicht nach Kunstkriterien beurteilt. Aus diesem Grunde bin ich der Ansicht, daß sich beispielsweise die Bezeichnung „Kunsttherapie" aus zwei inkompatiblen Begriffen zusammensetzt, wenn sie eine Psychotherapie sein will. Eine bei dem Ringen um definitorische Klarheit entstandene Strenge geht mir allerdings verloren, bei der Erinnerung an die Ergriffenheit, die mich erfüllt, wenn eine musikalische Improvisation sich zur sinnlich faßbaren authentischen Gestalt tiefer Gefühle verdichtet. Dann immer habe ich die Gewißheit, daß dies Musik ist, und weniger das, was wir oft im Konzertsaal hören. Das versöhnt mich dann mit dem Begriff Musiktherapie.

Ein akademisches Musikstudium kann mit seinem Zwang zu wetteiferndem Perfektionismus und narzißtischer Darstellung den Zugang zu dieser Art von Musik behindern. Musiktherapeutinnen* brauchten ein Musikstudium, in dem die Fähigkeit zu musikantischer Improvisation gefördert wird. Das muß in eine gute Psychotherapieausbildung eingebettet sein. Es geht um Erfahrungen mit den emotionalen und energetischen Qualitäten von Klängen, Intervallen, Tonarten, Rhythmen, Klangfarben etc. Beim Improvisieren ist es weniger wichtig, sich ästhetisch im Rahmen musikalischer Gesetzmäßigkeiten auszudrücken, als vielmehr darum, Gefühle und Absichten über das musikalische Medium in Kommunikation zu bringen. Einige Musiktherapeutinnen* sind offensichtlich der Ansicht, daß dies auch über die *Kunstform* Musik gelingt. Ich will das nicht ausschließen, stelle es mir aber im Bereich der Psychotherapie schwierig vor. Um das an einem Vergleich zu verdeutlichen, stelle man sich vor, eine Gesprächstherapeutin* würde ihrer Patientin* in lyrischen Worten und im Versmaß antworten. Allenfalls in einem Sonderfall mag das genau das Richtige sein.

Musiktherapie in der Inflation?

Auch wenn man von der Problematik des Musikbegriffes absieht, bleibt das Dickicht der als Musiktherapie bezeichneten Bemühungen schier undurchdringlich. (Eine heute noch aktuelle Übersicht über die verschiedenen Formen findet sich bei STROBEL und HUPPMANN 1978.) Fast möchte man resigniert resümieren, der einzige gemeinsame Nenner sei nicht die Verwendung von Musik zu therapeutischen Zwecken, sondern die Verwendung des *Begriffes* Musiktherapie. „Musik vor der Operation – das erspart Anästhetika" lautet eine Schlagzeile auf der Titelseite der „Ärzte-Zeitung" vom 16. Mai 1990. Dann erfährt die Leserin*, daß der Anästhesist, der diese nicht mehr ganz neue Erkenntnis anwendet, „Lehrbeauftragter für Musiktherapie in Köln und Münster" ist.

Es finden sich auch immer mehr Musikerinnen* (ohne jegliche Therapieausbildung), die zu der offensichtlich verkaufsförderlichen Bezeichnung „Musiktherapie" greifen, wenn sie ihr Publikum in Konzerten und Workshops in meditative Klänge einhüllen. Manchmal geht es offensichtlich auch vorwiegend darum, den Verkauf von Instrumenten zu fördern. Ich denke beispielsweise an die Gongs einer ganz bestimmten Firma. Auch die Sozialpädagogen können in ihrer Ausbildung „Musiktherapie" als Spezialbereich wählen. Warum spricht man nicht ehrlicherweise von musikorientierter Sozialpädagogik? Alles, was gut tut und Musik verwendet, heißt Musiktherapie. Der inflationäre Gebrauch dieses Begriffs wirkt sich behindernd auf die Entwicklung der Musiktherapie als ernstzunehmender Psychotherapieform aus.

Musiktherapie als Psychotherapie?

Für BAUER et al. (1990) ist die Antwort klar und eindeutig: „Folgen wir einer wohlbekannten Definition von Psychotherapie (STROTZKA 1975), so kann Musiktherapie als eine Form von Psychotherapie beschrieben werden, da sie als bewußt geplanter interaktioneller Prozeß eingesetzt wird, um Verhaltensstörungen und Leidenszustände zu beeinflussen, die in einem Konsensus zwischen Patient, Therapeut und Gesellschaft als behandlungswürdig betrachtet werden. Durch psychologische Mittel (d. h. musikpsychologische Mittel) wird ein definierbares Ziel (Verringerung von Symptomen und/oder struktureller Veränderung der Persönlichkeit) auf der Basis einer lehr- und lernbaren Technik angestrebt." STROTZKA (2. Aufl. 1978, S. 4) weist im Hinblick auf die psychologischen Mittel ausdrücklich auf *Kommunikation* hin, welche „meist verbal, aber auch averbal" geschehen könne. Damit scheint der Musiktherapie eindeutig die Rolle einer Psychotherapieform zugewiesen, wenn sie „auf der Basis einer Theorie des normalen und pathologischen Verhaltens" geschieht.

Im konkreten Fall ist die Zuordnung bestimmter Musiktherapieformen zur Psychotherapie jedoch weit problematischer. Meine anfängliche Hoffnung, als Diskriminanzkriterium rein *musikalische* Mittel von musikpsychologischen abgrenzen zu können, erwies sich bei näherem Hinsehen wegen unscharfer Grenzen als kaum möglich. Damit ließe sich allenfalls die anthroposophische Musiktherapie ausschließen, die die musikalischen Mittel nicht als psychologische versteht (was nicht bedeuten muß, daß sie es nicht sind). (Zur anthroposophischen Musiktherapie siehe z. B. KÖNIG 1958, 1969, KNIERIM 1988.)

Am Beispiel der Körpertherapien läßt sich leichter aufzeigen, wann ein Verfahren als Psychotherapie bezeichnet werden kann. Bei körperorientierten Psychotherapieverfahren, wie z. B. Bioenergetik, Hakomi oder Konzentrativer Bewegungstherapie dient der Körper dazu, in (zum Teil sehr tiefe) seelische Bereiche vorzudringen. Bei anderen Körpertherapien, z.B. Rolfing oder Posturaler Integration, wird versucht, durch eine Art Tiefenmassage Muskeln und Bindegewebe zu entspannen. Dadurch sollen sich Körperstruktur und Haltung verändern, was wegen der engen Verbindung von Leib und Seele auch seelische Prozesse nach sich zieht – dies als (erwünschte) Begleiterscheinung. (Über die verschiedenen Körpertherapien siehe z. B. die Übersicht von LUKOSCHIK und BAUER 1989.)

Unterscheidungsmerkmale

Überträgt man diese Kriterien auf die Musiktherapie, so kann man von einer musikorientierten Psychotherapie (KNILL 1987) bzw. von Musik*psycho*therapie sprechen, wenn „Musik" (Klang und Rhythmus) nichts anderes darstellt als ein Medium, mit dem in einer seelischen Tiefendimension psychologisch gearbeitet und aufgearbeitet werden kann. Von Musiktherapie könnte die Rede sein, wenn es lediglich darum geht, mit Hilfe von Musik musikalische Ausdrucksfähigkeit, Kreativität, Erlebnisfähigkeit, Spontaneität und Kommunikationsfähigkeit zu steigern. Das hat natürlich auch Auswirkungen auf die Seele. Werden diese nicht bearbeitet, befinden wir uns im Bereich von Musiktherapie. Diese Abgrenzung beinhaltet keinerlei Wertung!

Früher gab es Versuche, zwischen einer „gerichteten" und einer „ungerichteten" Musiktherapie zu unterscheiden (siehe z. B. KOHLER 1968, SCHWABE 1974), wobei sich erstere durch eine Diagnose- und Indikationsstellung sowie die Nennung eines Behandlungsziels definiert. Das hat sich in der Praxis nicht durchgesetzt. Auch ist ein Therapieziel leicht formuliert. „Entwicklung der Gesamtpersönlichkeit" scheint mir zu weit gefaßt. PREU (1971) strebt das beispielsweise an, wenn er zerebralparetische Kinder mit elementarem Musizieren behandelt.

So bleibt als wichtiges Unterscheidungsmerkmal zwischen einer Musikpsychotherapie und anderen musiktherapeutischen Bemühungen der Anspruch auf ein zugrundeliegendes Theoriesystem. Der Musik(psycho)therapie fehlt eine eigene, vielleicht gar musikspezifische Krankheitslehre. Letztere wird sich vielleicht nie entwickeln lassen. Oder werden eines Tages Krankheiten auf bestimmte Schwingungs- und Frequenzkonstellationen zurückgeführt, die ein entsprechendes musiktherapeutisches Vorgehen nahelegen? Das müßte auf eine heute noch unvorstellbare Weise geschehen, wollte es nicht ein Rückschritt sein auf endlich zu überwindende mechanistische Vorstellungen.

Theoriesysteme

Die Konzepte musiktherapeutischer Prozesse und Interventionen können aber auf einem oder mehreren der bereits bestehenden Systeme basieren, z. B. auf dem tiefenpsychologischen, dem lerntheoretischen oder dem systematischen. NITZSCHKE (1984) betont, daß es legitim sei, sich der Psychoanalyse als Hilfswissenschaft zu bedienen, weist aber zu Recht darauf hin, daß man sich an Behandlungstechniken und Begriffen der nachklassischen Zeit orientieren müsse, da Freuds Konzepte und Termini aus der Analyse von Patienten mit einem entwickelten Ich und einer hochstrukturierten Neurose stammten, und jene gehören nicht zum Hauptindikationsbereich der Musiktherapie. Freud lehnte es ja ausdrücklich ab, sogenannte „frühe" Störungen, bei denen es vor allem um präverbale Inhalte geht, überhaupt zu analysieren. Es empfiehlt sich also, die neueren Ergebnisse der Ich-Psychologie (siehe die Zusammenfassung von BLANCK und BLANCK 1981) ebenso mit einzubeziehen wie die prä- und perinatale Psychologie (siehe die Zusammenfassung von JANUS 1989) sowie die für die Musiktherapie wichtigen Entwicklungen der transpersonalen Psychologie (siehe z. B. TART 1984 oder WALSH und VAUGHIN 1985). Von Bedeutung für die Musiktherapie sind Kommunikations- und

Systemtheorie, sicher auch manche lerntheoretischen Aspekte, zumal die von den neueren Richtungen der Hypnotherapie benutzten. Das Hauptanliegen der humanistischen Psychologie und der philosophischen Anthropologien (unter Ablehnung einer Krankheitslehre), die Entwicklung einer „heilen" schöpferischen Persönlichkeit anzustreben, deckt sich mit der ganzheitlichen Potenz, die der Musiktherapie innewohnt. Gefordert ist meines Erachtens die Integration verschiedener Konzepte, nicht die Entwicklung einer neuen Systematik. Musik (im weitesten Wortsinn verstanden), ist ein ubiquitäres Phänomen der menschlichen Kommunikation, ebenso wie Sprache. Wir müssen daher einerseits die speziellen Möglichkeiten der nonverbalen Kommunikation auf der akustischen Ebene untersuchen, andererseits ein Spezialistentum vermeiden.

In ihrer heutigen Anwendung ist die Musiktherapie in vielen Bereichen zweifelsohne eklektisch. Sie läuft damit zwar nicht Gefahr, einer dogmatischen Starrheit aufzusitzen, neigt aber immer wieder dazu, inkompatible Bereiche miteinander zu vermengen (z. B. wenn M. PRIESTLEY 1983 mit psychoanalytischen Termini, die aus der Analyse neurotischer Patienten stammen, präverbale Prozesse zu beschreiben versucht). Auch wird die dringend notwendige Konzeptualisierung und Theoriebildung innerhalb der Musiktherapie durch einen gewissen Eklektizismus behindert. Andererseits bin ich der Ansicht, daß sich ein allzu leicht einschleichender „toter Winkel" dadurch vermeiden läßt, daß man abwechselnd von verschiedenen Blickrichtungen (beispielsweise psychoanalytischer und systematischer) auf ein und dasselbe Phänomen blickt. Auch ist ein räumliches Sehen nur mit zwei Augen möglich. In den USA, wo man gewohnt ist, pluralistisch, erfolgsorientiert und pragmatisch zu denken, kann man sich gar eine „polyokuläre Sichtweise" (DE SHAZER 1989, S. 40) erlauben.

Meine Hoffnung – nicht nur im Hinblick auf die Musiktherapie, sondern auf Psychotherapie überhaupt – ist die Entwicklung eines Gesamtkonzepts, welches jedem der bestehenden (einseitigen) Theoriesysteme und Krankheitslehren einen (berechtigten) Platz in einer übergeordneten Struktur einräumt. Daraus könnte sich dann auch die indikationsspezifische Wahl bestimmter Therapieverfahren ableiten lassen. Mit Indikationsstellung meine ich nicht nur eine diagnosespezifische Ausrichtung, sondern auch die Unterscheidung verschiedener Behandlungsmotive, z. B. Symptombeseitigung (Lerntheorie), Veränderung (Systemtheorie), Erkenntnis (Psychoanalyse), Wachstum (humanistische Psychologie). Musikpsychotherapie braucht keine eigene Systematik. Sie wurzelt in allen angeführten Konzepten.

Mit der Forderung nach einer theoretischen Reflexion der Anwendung von
„Musik" und ihrer Einbettung in eine Krankheitslehre lassen sich nun einige
als Musiktherapie bezeichneten Bemühungen von einer Musikpsychotherapie abgrenzen: Musik in der Medizin, Musik in der Krankengymnastik,
Musikanalgesie, „heilsames" Musizieren (remedial music making) in verschiedenen Einrichtungen und Zentren, die sich der Rehabilitation und Pro-
phylaxe widmen, der Entwicklung von Kreativität, Kommunikationsfähigkeit, leibseelischem oder spirituellem Wachstum. Wenn rein musikpädago-
gische Aktivitäten als „Musiktherapie" angeboten werden, so ist das ein Etiket-
tenschwindel. Schwieriger ist es in den verschiedenen Bereichen der Heil-,
Sonder- und Sozialpädagogik. Hier ist zu prüfen, ob ernstzunehmende lern-
theoretische, tiefenpsychologische (was neuerdings zuzunehmen scheint)
oder andere psychotherapeutische Konzepte den angewandten Verfahren
zugrunde liegen. Musiktherapeutische Funktionstrainings können jedenfalls
nicht als Psychotherapie bezeichnet werden. Dagegen scheint die Musiktherapie in der Krankheitsverarbeitung und -bewältigung (emotional coping)
zunehmend eine wirklich psychotherapeutische Aufgabe zu übernehmen (z.
B. BOSSINGER 1987, JOCHIMS 1989 u. a.). Es geht hier vorwiegend um die psychotherapeutische Behandlung von chronisch Kranken, Krebspatientinnen*,
Aids-Kranken, Sterbenden etc.

Die in der Gesellschaft unserer Zeit nun einmal erforderliche theoretische
Fundierung und Lehrbarkeit einer Methode soll keineswegs den Wert und
die Verdienste jener großen Heilerinnen* schmälern, die vereinzelt auch in
der Musiktherapie zu finden sind. Ich möchte mich STROTZKA (1978, S. 5)
anschließen, der schreibt: „Zweifellos gibt es die geborenen Psychotherapeuten, die nicht nur in den suggestiven Techniken, sondern auch in den auf-
deckenden Methoden intuitiv charismatische Fähigkeiten entwickeln, die
nicht lehrbar sind. Diese Einzelbegabungen werden sich auch in der Regel
trotz aller Widerstände durchsetzen. Für die Entwicklung einer Schule haben
sie meist nur geringe Bedeutung, es sei denn, daß eine solche charismatische
Begabung sich auch mit einem didaktischen Talent paart."

Wie wird die Musiktherapie innerhalb der Psychotherapie eingeschätzt?

Es grenzt an Realitätsverleugnung, wollte man nicht eingestehen, daß die
Musiktherapie in psychotherapeutischen Fachkreisen kein sonderlich hohes
Ansehen genießt. In der Therapeutenhierarchie psychotherapeutischer, psy-
chosomatischer und psychiatrischer Kliniken rangiert die Musiktherapeu-

tin* leider meist an niederer Stelle. Sie* wird von den anderen Psychotherapeutinnen* keineswegs als gleichberechtigte Partnerin* im Team anerkannt, sondern eher, zusammen mit der Gestaltungstherapeutin* der Gruppe der Heilhilfsberufe zugeordnet. Die Beliebtheit der Musiktherapie teste ich mitunter, indem ich mich im Kreise von Psychotherapie-Kolleginnen*, denen ich unbekannt bin, einmal als Musiktherapeut, ein andermal als Psychoanalytiker zu erkennen gebe. Im ersteren Fall werde ich von oben herab oder bestenfalls gnädig-wohlwollend behandelt, im anderen Fall fühle ich mich viel eher respektiert. Nahezu umgekehrte Verhältnisse finden sich bei psychotherapeutischen Laien und vielen Patientinnen*, auf jeden Fall aber in alternativen oder gar esoterisch orientierten Kreisen. Hier wird die Musiktherapie eher bewundert, ja zur Heilsbringerin erhoben, die Psychoanalyse dagegen mißtrauisch beäugt und als kopflastig abgewertet. Dies führt dazu, daß die Musiktherapie in stationären Einrichtungen intern zwar über ein geringes Image verfügt, nach außen hin aber als Aushängeschild und Lockvogel (psychotherapeutische und psychosomatische Kliniken) oder als psychotherapeutisches Feigenblatt (Psychiatrie) verwendet wird. Wie sollen Musiktherapeutinnen* in solcher Double-Bind-Situation arbeiten?! Kein Wunder also, wenn sie zwischen Minderwertigkeitsgefühlen und Unzufriedenheit einerseits oder unrealistischer Selbstüberschätzung andererseits hin- und hergeworfen sind.

Im ambulanten Bereich meiner Praxis wird manchmal die Tendenz spürbar, daß diejenigen Patientinnen*, welche etablierten Wert- und Normvorstellungen anhängen, eher nach einer „Psychoanalyse" fragen. Wegen des höheren Sozialprestiges wird gelegentlich diese Therapieform ausgerechnet von psychosomatisch Kranken und Menschen mit starker intellektualisierender Abwehr gewünscht, für die sie weniger geeignet ist. Umgekehrt tendieren andere, die ohnehin in einer Phantasiewelt leben, zur Musiktherapie, obwohl ihnen vielleicht die Kargheit, die verbale Klarheit und der geduldige lange Atem einer analytisch orientierten Psychotherapie bessere Dienste erweisen würden.

Worin liegt die Geringschätzung der Musiktherapie?

Ausbildung
Die Herabsetzung der Musiktherapie hat verschiedene Wurzeln. Ein praktischer Grund dürfte in der Ausbildung der Musiktherapeutinnen* liegen. Die

ursprünglichen, einer Fach- oder Musikhochschule angegliederten drei- bis vierjährigen Ausbildungsgänge (Grundstudium) haben nicht den Status eines vollakademischen Studiums. Andere Psychotherapeutinnen* absolvieren ein Grundstudium (Medizin, Psychologie, Theologie, Sonderpädagogik) und müssen, wie beispielsweise an vielen psychoanalytischen Akademien oder Instituten, ein Mindestalter von 28 Jahren erreicht haben, ehe sie überhaupt zur Zusatzausbildung zugelassen werden. Die Absolventin* einer solchen Ausbildung ist etwa zehn Jahre älter als eine fertige Musiktherapeutin* und kann sich auf mehr Lebenserfahrung stützen. Bis zu einem gewissen Grad herrscht deshalb tatsächlich ein unterschiedlicher Stand an Ausbildung und Erfahrung.

Ganz anders aber sieht die Realität des stationären Psychotherapie-Alltags aus. Hier treffen die Musiktherapeutinnen*, die in ihrer Ausbildung zumeist mehrere Praktika in psychotherapeutischen oder anderen Einrichtungen absolvieren mußten, auf junge Assistenzärztinnen* oder Psychologinnen*, die ganz am Anfang ihrer (oft nur „kleinen") Psychotherapieausbildung stehen. Letztere mögen im medizinischen oder psychologischen Bereich durchaus praktische Erfahrungen erworben haben, psychotherapeutisch sind sie aber oft völlig unerfahren. Bezüglich der Bezahlung, des Status und der offiziellen Kompetenz aber werden sie höher eingestuft als die Musiktherapeutinnen*. Oft wissen selbst die Chefärztinnen* dieser Institutionen nichts oder nur wenig über die Möglichkeiten und Wirkweisen der Musiktherapie. Man hat so gewisse Vorstellungen und Ahnungen, vielleicht auch ein gutgemeintes oder herablassendes Wohlwollen. Schließlich hat man ja selbst einmal Violine, Cello oder Klavier gespielt. Die Musiktherapie hätte mit Sicherheit bessere Chancen in den Institutionen, wenn sie von Anfang an als therapeutische Zusatzausbildung eingerichtet worden wäre, wie alle anderen Psychotherapieformen, und nicht als Grundstudium direkt nach dem Abitur. Es fragt sich ohnehin, ob eine Psychotherapieausbildung in Einrichtungen mit verschulten universitären Strukturen gut aufgehoben ist.

Ein weiteres in der Ausbildung zu findendes Handikap der Musiktherapie liegt in der Überbetonung der musikalischen gegenüber der psychotherapeutischen Ausbildung. Das gilt schon für die Aufnahmebedingungen. Therapeutisch geeignete Bewerberinnen* dürfen nicht wegen einer ungenügend vorgetragenen Beethoven-Sonate abgelehnt werden. Andererseits sollten psychisch kaum belastbare Menschen nicht zugelassen werden (sondern sich erst einmal einer Therapie unterziehen), auch wenn sie über hervorragende musikalische Fähigkeiten verfügen.

Mir scheint, Musiktherapeutinnen* selber entwerten den psychotherapeutischen Rang ihrer Methode, wenn z. B. Studentinnen* eines höheren Semesters die Supervision für Erstsemester übernehmen müssen. Das Ungleichgewicht zuungunsten der psychotherapeutischen Ausbildung mag auch daran liegen, daß einige Dozentinnen* mehr therapeutisch ambitionierte (oft gescheiterte) Musikerinnen* als ausgebildete Psychotherapeutinnen* sind. Darin bestand aber auch eine Chance der Musiktherapie. Das gilt für viele innovative Bereiche der Psychotherapie: Einige therapeutisch kreative und mit intuitiven Fähigkeiten ausgestattete Menschen kommen von außen in die Psychotherapieszene herein. Sie können sich dadurch sehr befruchtend auswirken, daß sie sich nicht auf dem Marsch durch die Institutionen an herkömmliche und zum Teil überkommene Lehrmeinungen anpassen mußten. Auch STROTZKA (1978, S. 5) meint: „Neuerungen pflegen ja selten aus den etablierten Schulen zu kommen, sondern eher von Außenseitern und Autodidakten."

Geschichte

Ein weiterer Grund liegt in der historischen Entwicklung der Musiktherapie. Ihre Wurzeln reichen zurück bis zu den Medizinmännern, Schamaninnen* und (meist mit Musik verknüpften) religiösen Ritualen. Man kann sie zu Recht als die wohl älteste Psychotherapieform bezeichnen. Daran mag es aber auch liegen, daß bis in die jüngste Vergangenheit hinein spekulative, ja magische, zum Teil abstruse Vorstellungen über ihre Wirkweise vorherrschten. Bis heute fehlen überzeugende Untersuchungen über die spezifischen Wirkmechanismen der Musiktherapie. Andere Psychotherapieformen, welche Kinder der kritisch-rationalen Zeit sind, haben es da leichter. Interessanterweise findet die Musiktherapie ja auch erst jetzt in der allerjüngsten Zeit (man spricht vom Beginn des Wassermann-Zeitalters), in der eine Abkehr von der einseitig rationalen, mechanistischen und materialistischen Epoche stattfindet, auf einer breiteren Basis Beachtung.

Ein weiteres Handikap der Musiktherapie ist sicher darin zu finden, daß sie auf viele verschiedene, zum Teil sehr divergierende Einzelansätze zurückgeht, und daß hier ein einziger großer Genius als Begründer fehlt, den beispielsweise die Psychoanalyse in Sigmund Freud hatte. Er hat mit seinem umfassenden Werk einen Forschungsbeitrag geliefert, welcher der Psychoanalyse bis heute als Basis und Bezugspunkt dient. Von den vielen unterschiedlichen Ansätzen der Musiktherapie hat keiner als Kristallisationskern für eine umfangreichere Forschung getaugt. Auch hierin liegt eine wesentliche Ursache für den heute noch geringen Stellenwert der Musiktherapie innerhalb der Psychotherapie, auch wenn jetzt erste Grundlagenforschung betrieben wird.

Unkonventionalität

In der Unkonventionalität der Musiktherapie liegt ein weiterer Grund für ihre Geringschätzung. Sie teilt ihr Los mit anderen Außenseitermethoden, z. B. Akupunktur, Naturheilkunde oder Homöopathie, um nur einige zu nennen. Die Hybris der sich im Besitz der Wahrheit wähnenden Naturwissenschaftlerin* (der Schulmedizinerin*, ebenso wie der behavioristischen Psychologin*) führt eher zu einer Ablehnung solcher Verfahren (nur weil mit reduktionistischen Methoden auf die Schnelle nichts bewiesen werden kann) als zu einer Infragestellung der eigenen Untersuchungsmethode. (Wie im Falle der Akupunktur müssen dann nach einer Weile vorschnell gefaßte Meinungen revidiert werden.)

Machtpolitik

Die rationale Orientierung unserer Zeit ist mit machtpolitischen Interessen verknüpft. Es zählt die kognitive Ebene, es zählen die verbalen Verfahren. Da geht es der Musiktherapie nicht anders als den anderen nonverbalen Therapiemethoden. Offizielle Anerkennung genießt bei uns die naturwissenschaftlich orientierte Schulmedizin. Im Gesundheitswesen haben die Ärztinnen* das Machtmonopol, innerhalb der Psychotherapie die Psychoanalytikerinnen*. Zu FREUDS Zeiten war die Psychoanalyse revolutionär und gesellschaftskritisch, heute sind ihre offiziellen Vertreter etabliert und gesellschaftskonform. In der Bundesrepublik haben wir dadurch, daß Psychotherapie als von den gesetzlichen Krankenkassen finanzierte Leistungen angeboten wird, besondere Verhältnisse. Sie führen dazu, daß neue Verfahren, wie Musiktherapie (aber auch viele andere Methoden, zumeist aus den Bereichen der humanistischen Psychologie) es schwerer als in anderen Ländern haben, sich durchzusetzen. Hinter den offiziell angeführten und zum Teil sicher berechtigten Begründungen, die Wirksamkeit der neuen Methoden sei noch nicht hinreichend nachgewiesen, verbergen sich machtpolitische (finanzielle) Interessen.

Die Realität dagegen sieht so aus, daß die Wirksamkeit der Psychoanalyse für die Mehrzahl der heute Psychotherapiebedürftigen in Frage zu stellen ist. Die Psychoanalyse beginnt heute, sich das einzugestehen. So geht nach CREMERIUS (1990, S. 2) „die Zahl der Patienten, bei denen die Indikation zur Psychoanalyse gestellt werden kann, immer mehr zurück.... Anstelle der klassischen Neurosen erscheinen in den Praxen der Analytiker vermehrt schwere Charakterneurosen, Borderline-Störungen, narzißtische Neurosen, Psychosen und psychotische Reaktionen sowie alkohol- oder drogenabhängige Patienten in sozial zerrütteten Verhältnissen". Es handelt sich dabei fast durchweg um Patientinnen*, die zu dem Indikationsbereich der Musiktherapie gehören.

Die Daten, die CREMERIUS weiter referiert, sind aufschlußreich: In den Praxen der amerikanischen Analytikerinnen* werden 70 Prozent der Patientinnen* mit Verfahren behandelt, die keine psychoanalytische Therapie sind. Die besonderen Verhältnisse in der Bundesrepublik Deutschland (Übernahme der Kosten für analytische bzw. tiefenpsychologisch fundierte Psychotherapie durch die Krankenkassen) führt zu einem höheren Anteil analytischer Psychotherapien, wobei die Zahlen belegen, daß dieser vorwiegend durch den Druck auf die Ausbildungskandidatinnen* zustande kommt. Es wird deutlich, „in welch hohem Maße die Wahl des Therapieverfahrens nicht patientenorientiert stattfindet. Sie hängt vielmehr von der Ausbildung und den Behandlungsinteressen ab" (CREMERIUS 1990, S. 7).

Wie kann Forschung einen Beitrag zur Anerkennung von Musiktherapie leisten?

Was die Vielfalt und Buntheit der Musiktherapie betrifft, so wird eine natürliche Selektion langfristig sicher die Spreu vom Weizen trennen. Vielleicht kann Forschung hierzu das ihre beitragen. Ob ein naturwissenschaftlicher Ansatz geeignet ist, therapierelevante Ergebnisse zu erzielen, ist fraglich. Eine analytisch-empirische Methode kann nur objektive Daten liefern. Für die Erfassung des intra- und interpersonalen Geschehens der symbolischen Kommunikation in der Musiktherapie ist sie ungeeignet. Dennoch kann eine solche, notwendigerweise reduktionistische Forschung interessant sein, und vielleicht auch einiges beweisen (was den praktizierenden Therapeutinnen* selbstverständlich sein dürfte). Was objektivierbar ist, sollte objektiviert werden. Schon aus diesem Grund ist die empirische Forschung zu befürworten, vorrangig aber deshalb, weil sie nun einmal in unserer Zeit immer noch den erforderlichen Initiationsritus darstellt, für eine Therapiemethode, die offiziell Anerkennung finden will.

Wünschenswert ist aber, daß sich daneben auch ein hermeneutischer Forschungsansatz durchsetzt, der bei den anstehenden Fragen wohl besser verwertbare Ergebnisse liefern dürfte. Eine Wissenschaft des Interpretierens kann sich eingestehen, daß die Wissenschaftlerin* als übersetzender bzw. auslegender Mensch Teil der Forschung ist. Über die musikalischen „Aussagen" gilt, was WILBER (1988, S. 29) in ganz anderem Zusammenhang betont: „Wenn ich diese Aussage verstehen will, wenn ich überhaupt die Symbole und Bedeutungen eines anderen Menschen verstehen will, dann geschieht das am besten durch eine Art von empathischer Interpretation.... Ich muß die innere Welt... durch die Interpretation in meinem Bewußtsein reproduzieren, um dort eben ihre wesentliche Botschaft zu erfassen." Der *ausschließlichen* Hermeneutik aber (und auch darauf weist WILBER 1988, S. 32 ff. hin) fehlt der Biß, da das ausschließliche Verstehen von innen her keinen äußeren Maßstab kennt, nach welchem die musikalischen Äußerungen bzw. die durch Musik ausgelösten Empfindungen kritisch gewertet werden können.

Eine Lösung verspricht die Berücksichtigung der Erkenntnisse der strukturalistischen Entwicklungstheorie: Psychische Strukturen entwickeln sich hierarchisch, die übergeordnete Ebene schließt die jeweils untergeordnete ein, aber nicht umgekehrt. „Strukturen sind hierarchisch geordnet. Diese Voraussetzung ist bedeutsam, weil sie die Grundlage für die psychoanalytischen Thesen zur Differenzierung ist ... und weil sie impliziert, daß die Qualität eines Prozesses von der Ebene der strukturellen Hierarchie abhängt, auf der er stattfindet" (RAPAPORT zit. nach WILBER 1988, S. 34). In diesem Sinne können musikalische Äußerungen, Interaktionen oder eine musikalisch induzierte Erlebnisregression analysiert und ihnen eine Ebene in der Hierarchie der psychischen Strukturen zugeteilt werden. Mir scheint dieser Hinweis im Zusammenhang mit der Musiktherapie deshalb von großer Wichtigkeit, weil nach meiner Erfahrung die Musik eine hohe Affinität zu prä- und transpersonalen Erfahrungen besitzt. Die musiktherapeutische Wissenschaftlerin* muß demnach, ebenso wie die Praktikerin*, über Kriterien verfügen, aufgrund derer sie* entscheiden kann, wann Erlebnisse der Probandin* bzw. Patientin* beispielsweise der magischen (präpersonalen) und wann der spirituellen (transpersonalen) Ebene zuzuordnen sind. Es liegt in der Wesensart der Musik, daß jene, die mit ihr therapeutisch umgehen wollen, sich mehr als die Vertreterinnen* anderer Psychotherapie-Richtungen gegen die immer noch vorherrschende Primitivisierung vieler Psychiaterinnen* und Psychoanalytikerinnen* zur Wehr setzen müssen, wenn es um Phänomene geht, welche durch Musik ausgelöst werden und sich nicht sofort in unser rationales Weltverständnis einordnen lassen. Aus der Primitivisierung wird allzu leicht eine Pathologisierung. Vorschnell kann dann beispielsweise eine transpersonale Erfahrung als psychotisch abqualifiziert werden.

Brauchen wir Musiktherapie als weiteres Psychotherapieverfahren?

Um diese Frage zu bejahen, müßte sich aufzeigen lassen, daß Musiktherapie über spezifische Charakteristika verfügt, welche in anderen Therapieformen nicht oder nicht in dieser Weise vorkommen.

Das zentrale Spezifikum der Musiktherapie ist die nonverbale Kommunikationsebene. Im Vordergrund steht der auditive Bereich. Mit G. K. LOOS bin ich der Ansicht, daß Musiktherapie ohne Integration der Körperebene undenkbar ist. Aktives Musizieren gelingt nur über eine körperliche Betätigung. Der tiefere Grund aber findet sich darin, daß die Wahrnehmung des eigenen Körpers, wie auch des körperlichen Ausdrucks des Gegenübers (Mimik, Gestik, Gebärden) als wichtiger Bereich der nonverbalen Kommunikation mit den Wahrnehmungen im akustischen Bereich verflochten sind. Das liegt an der entwicklungsgeschichtlichen Vernetzung der Ebenen akustischer und motorischer Perzeption (siehe die sensomotorische Kognition nach PIAGET 1950). Aus diesem Grund kann ich mir keine Musiktherapie vorstellen, die nicht auch Körpertherapie ist und würde am liebsten von Musik-Körper-Psychotherapie sprechen. Im Hinblick auf die Entwicklungspsychologie – und das ist natürlich nur einer von mehreren Aspekten – bietet die „Musik" in der Psychotherapie die Möglichkeit einer Kommunikation ähnlich wie in der vorsprachlichen Zeit, sowie einer Erlebnisregression auf die präverbale Zeit. Mit dem Vergleich von musiktherapeutischem Dialog und frühem Mutter-Kind-Dialog, bei welchem die präverbalen, primärprozeßhaften und coenästhetischen Gefühlsrelationen eindeutig bestimmend sind, hat sich NITZSCHKE (1984) auseinandergesetzt.

Als nonverbales Medium ermöglicht die Musik jedoch nicht nur einen präverbalen, sondern auch einen transverbalen Ausdruck. Das heißt, nicht nur das noch nicht in Worten Aussprechbare kann in Musik seinen Ausdruck finden, sondern auch das Unsagbare, das Unaussprechliche. Es geht dabei einerseits um Gefühle im allgemeinen, die durch Worte ja immer eine Reduktion erfahren. Nicht umsonst wird die Musik als die Sprache der Gefühle bezeichnet. Darüber hinaus geht es um die transzendente, religiöse oder spirituelle Dimension, zu der Musik schon seit Menschengedenken eine Brücke geschlagen hat.

Transformation
Man könnte in diesem Zusammenhang von dem Transformationspotential der Musik sprechen. Dieses liegt nicht nur daran, daß sie den Zugang zu verschlossenen seelischen oder spirituellen Bereichen öffnet, was heilsamen Charakter haben kann. Klänge und Rhythmen sind vielmehr geeignet, gezielt die Wiederbelebung traumatischer Erlebnisse zu provozieren (vgl. STROBEL 1988) und sie in Gegenwart eines mitfühlenden, verstehenden und leiblich anwesenden Therapeuten in „gute" Erfahrungen zu transformieren. Es geht also um korrigierende Neuerfahrungen auf einer Symbolebene. So kann beispielsweise jemand, der bei der Wahrnehmung des Monochordklangs das von ihm als feindlich erlebte intrauterine Milieu seiner vorgeburtlichen Lebenszeit spürt, nach Durcharbeitung dieser Problematik sich von demselben Klang gehalten, geschützt und getragen fühlen wie in einem Zustand der Ureinheit mit der Mutter (vgl. STROBEL 1990).

Agieren in freier Improvisation
Ein weiteres Charakteristikum der (aktiven) Musikpsychotherapie ist die bewußte Verwendung des Handelns, des Agierens. In der Psychoanalyse wird das Agieren als störend angesehen und daher negativ bewertet. Freud wollte den expressiv-motorischen Bereich des Erlebens und Verhaltens blockieren, um durch diese abstinenz- und frustrationsbedingte Erhöhung des inneren Drucks das Erinnern zu erleichtern (vgl. THOMÄ und KÄCHELE 1985, S. 310). Die Musiktherapie geht einen anderen Weg. Das tun zwar auch Methoden wie Psychodrama oder Gestalttherapie, aber diese nutzen eine wesentlich reifere, entwicklungsgeschichtlich spätere Ebene. Die Traumen der frühen Lebenszeit bleiben dadurch häufig dem Bewußtsein verschlossen. Die freie Improvisation in der Musiktherapie öffnet dagegen den expressiv-motorischen Bereich des spontanen Verhaltens und Erlebens. Mit der Förderung einer *unreflektierten* präverbalen Kommunikationsform ermöglicht sie einerseits eine agierende Wiederholung (d. h. eine Aktualisierung von traumatischem Material im Handeln), andererseits ein Entdecken präverbaler Problemlösungsmöglichkeiten (d. h. ein Probehandeln). Vor der Entwicklung von Sprache ist die Intelligenz des Kindes eine sensomotorische (PIAGET 1950), d. h. sie ist auf die Sinne und die Motorik angewiesen. Das Weltbild des

Kleinkindes ist eng an Handlung geknüpft. Die musiktherapeutische (Inter-)Aktion stellt in diesem Sinne eine Bühne dar für die spontane Inszenierung präverbalen Erlebens über regressive Prozesse sowie für phasengerechte Neuerfahrungen auf dieser Ebene.

Nonverbales Durcharbeiten
Das freie musikalische Agieren bietet somit die Möglichkeit eines Durcharbeitens auf der Erlebnisebene. Den musikalischen Äußerungen kann eine *eigenständige Existenz* zugeschrieben werden. Dies ist deshalb von Bedeutung, weil Musiktherapeutinnen* auch mit Patientinnen* arbeiten, bei denen eine Verbalisierung (zunächst oder für immer) nicht möglich ist: mutistische, autistische, aphasische, geistig behinderte Patientinnen* u. a. Musiktherapie wird damit zu einer Psychotherapieform für Patientinnen*, denen nach gängiger Auffassung keine psychotherapeutischen Verarbeitungsmöglichkeiten (wortgebundene Reflexionsmöglichkeit) zugestanden werden. Durcharbeiten kann also auch auf einer musikalischen oder einer anderen nichtsprachlichen Symbolebene geschehen.

Um erste Erfahrungen über die Möglichkeiten einer ausschließlich nonverbalen Kommunikation zu sammeln, haben G. K. LOOS und ich eine Selbsterfahrungsgruppe mit „normalneurotischen" Teilnehmerinnen* zwei Tage unter völliger Vermeidung von Sprache geführt. Es war erstaunlich, wieviel Bearbeitung ohne Worte möglich war und wieviel Klarheit und Verständlichkeit der rein averbalen Kommunikation innewohnt.

Dennoch wird, wo immer es möglich ist, eine Verbalisierung angestrebt, ist doch die Sprache die menschlichste aller Kommunikationsformen. Allerdings ist es wichtig, daß die Sprache in der Musiktherapie zunächst beschreibend und nicht interpretierend verwendet wird. Zumindest ist die Gefahr zu beachten, daß eine Interpretation die Musik aus der Sphäre ihrer eigenständigen Existenz herausholt und sie dem Modus des Verstehens unterordnet, also der Welt des linearen Denkens, dem Synthese eher fremd ist. Es besteht die Gefahr der Verzerrung durch Intellektualisierung.

Symbolischer Ausdruck
Die musikalische Ebene bietet eine besondere Möglichkeit des symbolischen Ausdrucks (z. B. von Gefühlen). Das Spezifische liegt darin, daß die Instrumente zu einer gewissen Direktheit und Spontaneität verführen, darin, daß

man sich den musikalischen Äußerungen fast nicht verschließen kann und schließlich darin, daß sie außerordentlich flüchtig und vergänglich sind. In der Psychiatrie habe ich oft die Erfahrung gemacht, daß z. B. sehr mißtrauische Patientinnen* eine größere Scheu haben, sich über bildnerisches Gestalten auszudrücken als über Musik. Außerdem gibt es Menschen, die bezüglich der Sinneskanäle eine auditive Präferenz besitzen.

Menschen mit frühen Traumata oder Mangelzuständen leiden häufig an einer unzureichenden Fähigkeit zur Symbolbildung. Der zunächst musikalische Ausdruck von Gefühlen stellt eine Brücke dar zum Erwerb von Wortsymbolen. Der Klangraum als Symbolebene birgt viele Möglichkeiten. So können beispielsweise angstbesetzte und abgewehrte Qualitäten auf der musikalischen Ebene zunächst im übertragenen Sinn erlebt und daher zugelassen werden: z. B. Nähe, Kontakt, Berührung. Als Sprache der Gefühle ist Musik immer auch Ausdruck von Beziehung. Sie ermöglicht, die Regulation von Nähe und Distanz hörbar zu machen.

Symbiose
Damit sind wir bei einem in der Musiktherapie gut bearbeitbaren Thema angelangt, der Symbiose. Für eine gesunde Autonomieentwicklung sind befriedigende Symbiose-Erfahrungen erforderlich. Klang und Rhythmus bieten eine einzigartige Möglichkeit, mit dem Polaritätenpaar Trennung und Verschmelzung Erfahrungen zu sammeln. Das liegt vor allem daran, daß gleichzeitig erzeugte Töne, Klänge und Rhythmen ja tatsächlich miteinander verschmelzen. In der Behandlung von schizophrenen Patientinnen* oder Menschen mit großer Angst vor körperlicher Nähe spielt das eine große Rolle. Denn auf der unmittelbaren Leib-Ebene können sie entsprechende Erfahrungen, wie sie in körperorientierten Psychotherapieformen möglich sind, (noch) nicht machen.

Die Erfahrung des Ganzen
Das Verschmelzen, d. h. die simultane Wahrnehmung gleichzeitig erzeugten akustischen Materials in der Musiktherapie, hat Vor- und Nachteile. Es ist beispielsweise nicht möglich, daß sich in einer Gruppe die Teilnehmer gleichzeitig paarweise oder in kleinen Untergruppen musikalisch unterhalten (was verbal, bei körperlicher Interaktion oder bildnerischem Gestalten durchaus möglich ist). Andererseits können bei einer musikalischen Gruppenimprovisation alle gleichzeitig „reden". Auf der auditiven Ebene wird stets die Grup-

pe als Ganzes sinnlich erfahrbar. Dadurch kann beispielsweise das unbewußte Gruppenthema, die Ebene der unbewußten gemeinsamen Phantasien, deutlich werden. Im Dialog wird die Gestalt der Zweierbeziehung hörbar.

Katharsis
Nach meiner Erfahrung führt die Aufforderung zu freier musikalischer Improvisation (in einer Gruppe) relativ rasch zu abgewehrten Themen. In der Behandlung von Patientinnen* mit unzureichender Aufschubfähigkeit des Ichs kann das musikalische Agieren eine unmittelbare Triebabfuhr auslösen. Deshalb spielt Katharsis in der Musiktherapie eine wichtige Rolle. Archaische Affekte können zunächst einmal musikalisch ausgedrückt werden, also in einer dem Ursprung näheren Qualität. Damit ist aber bereits eine Symbolisierung geschehen, ein Schritt hin zur Entwicklung einer reiferen Ausdrucks- und Kommunikationsform. Auch die Katharsis muß im Dienste der Entwicklung von Ich-Struktur und Sprache stehen.

Die Musiktherapeutin* als reales Gegenüber
Ohne Anspruch auf Vollständigkeit sei ein letztes Spezifikum der Musiktherapie angeführt: Die Musiktherapeutin* ist immer als reale Person zugegen. Oft kann sie* nicht anders, als im musikalischen Dialog unmittelbar spontan und unreflektiert zu antworten. Sie* hat also keine Zeit, das Geschehen zu interpretieren, zu verstehen und beispielsweise eine Deutung herauszuarbeiten. (Eine Psychoanalyse ist deshalb in mancher Hinsicht viel leichter durchzuführen.) Die Musiktherapeutin* muß wagen, unmittelbar mitzuagieren. Erst im Nachhinein kann herausgearbeitet werden, was dieses „Mitspielen" bedeutet: Ist es zu einem „Wiederholen" gekommen, zu einem Muster, welches unter Nutzung der Gegenübertragung erkannt und bearbeitet werden kann? Oder hat die Therapeutin* aus aktuellen persönlichen Gründen oder gar eigenen neurotischen Anteilen reagiert? Oder ist es zu einer geglückten Neuerfahrung gekommen? Eine Klärung dieser Fragen ist in der Musikpsychotherapie nur möglich, wenn die Therapeutin* ihre eigenen Gefühle gut wahrnehmen kann und bereit ist, sie offenzulegen. Das fordert ein hohes Maß an Aufrichtigkeit und Sich-zur-Verfügung-stellen.

Auch im psychoanalytischen Lager hat es sich seit einiger Zeit herumgesprochen, daß bei sogenannten „Frühgestörten" antworten oft besser ist als deuten (siehe z. B. HEIGL-EVERS u. NITZSCHKE 1984). Die Musiktherapeutin* ist in viel höherem Maße als reale Person zugegen und kann sich nicht hinter der

Trommel verstecken, wie die Analytikerin* hinter der Couch oder strenger Abstinenz. Damit Abstinenz (sie ist anders zu definieren als in der Psychoanalyse) dennoch gewährleistet ist, bedarf es einer *therapeutischen Haltung*. Eine Musiktherapeutin* muß eine durch Selbsterfahrung „geläuterte" Spontaneität besitzen. Das heißt, sie* reagiert zwar spontan und unreflektiert, aber im Bewußtsein ihrer Rolle als Therapeutin*. In der Psychoanalyse soll dem neurotischen Menschen seine Realität dadurch erkennbar werden, daß die Analytikerin* sich möglichst verhält wie eine weiße Leinwand. Das entstehende Bild ist immer das der Analysandin*. In der Musiktherapie kann die „früh" Gestörte* ihre Realität im Dialog erfahren, indem sie* die Realität ihres Gegenübers begreift. Damit sie* wahrnehmen lernen kann, muß die Musiktherapeutin* ihre Wahrheit geben. Musiktherapie kann nichts anderes sein als eine „dialogische Psychotherapie" (s. hierzu FRIEDMANN 1987, und HYENER 1989). Das muß sich in der Ausbildung niederschlagen!

Indikation

Ich will in diesem Zusammenhang keinen Indikationskatalog für Musiktherapie aufstellen. Aus dem Dargelegten wurde klar, daß sich Musiktherapie als spezielle Behandlungsform anbietet für Menschen, mit denen die sprachliche Kommunikation erschwert oder unmöglich ist, deren Verbalisierungsfähigkeit reduziert ist oder deren Störungen und Defizite aus der präverbalen Zeit stammen. Ziel der Behandlung solcher Patientinnen* kann nicht nur ein Erkennen sein (das Hauptanliegen der Psychoanalyse), sondern auch eine Nachreifung durch korrigierende Neuerfahrungen und Entwicklung nicht geweckter Ressourcen. Eine Musikpsychotherapie bietet den Patientinnen* ein breiteres Feld an Erlebnismöglichkeiten und der Therapeutin* ein größeres Repertoire an Interventionsmöglichkeiten als eine ausschließlich verbal geführte Behandlung. Damit sind meines Erachtens bessere Voraussetzungen gegeben für das, was BALINT (1970) den Neubeginn nennt. Es ist anzunehmen, daß sich im Laufe der Zeit einige Krankheitsbilder herausschälen werden, für die Musiktherapie nicht nur eine gut geeignete Behandlungsform darstellt, sondern die Therapie der Wahl. Für autistische und mutistische Patientinnen* kann das wohl heute schon gesagt werden.

Ist Musiktherapie eine eigenständige Therapieform?

Wenn die Musiktherapeutin* über Fähigkeiten verfügt, die man von einer Psychotherapeutin* erwartet und fordern muß, so kann Musiktherapie ohne

Frage als alleinige Psychotherapieform durchgeführt werden. Sicher wird, wenn möglich, die verbale Bearbeitung in einer solchen musikorientierten Psychotherapie einen breiten Raum einnehmen.

Die andere, zumeist im Rahmen einer stationären Psychotherapie angewandte Form, ist die Kombination von Musiktherapie mit einer oder mehreren anderen Arten von Psychotherapie. Das therapeutische Team muß sich dann wie ein ganzheitlicher Therapiekörper verstehen. Das macht eine hohe Bereitschaft zum Austausch innerhalb des Teams erforderlich. Es bedarf eines großen Maßes an Respekt, Wertschätzung, Toleranz und Kooperationsfähigkeit zwischen den einzelnen Therapeutinnen*. Sonst wird nur die innerpsychische Problematik der Patientin* (Spaltung, Idealisierung, Entwertung, projektive Identifikation etc.) innerhalb des therapeutischen Teams ausagiert. Für die Patientin* kann es verheerende Auswirkungen haben, wenn geringschätzig auf die Musiktherapeutin* herabgeblickt wird oder sie* sich (vielleicht kompensatorisch) für die einzig wahre Psychotherapeutin* hält.

Kann nun aus der Musiktherapie eine respektable Form von Psychotherapie werden?

Vorerst wird diese Frage wohl dadurch entschieden, ob die Musiktherapeutinnen* zu guten Psychotherapeutinnen* ausgebildet werden. Hierzu möchte ich mich BLANCK und BLANCK (1981, S. 27) anschließen, die betonen, daß „das eigentliche Instrument der Psychotherapie die disziplinierte Persönlichkeit des Therapeuten [ist]. Er ist daher gezwungen, dieses Instrument zu verfeinern (zur Vollkommenheit kann er niemals gelangen) und es einzig im Interesse des Patienten zu benutzen." Dazu müßte die (musiktherapeutische) Eigenanalyse und Selbsterfahrung ins Zentrum der Ausbildung gerückt werden. Eine Musiktherapeutin* ist demnach eine Psychotherapeutin*, zu deren* Interaktionsstilen der klanglich-rhythmische Ausdruck, die musikalische Kommunikation gehört.

Auch bei qualifizierter Psychotherapieausbildung wird das Sozialprestige der Musiktherapeutin*, ihr Status und damit auch ihre Bezahlung in unserer Gesellschaft davon abhängen, ob sie* ein vollakademisches Studium absolviert hat oder nicht. Nicht wenige Musiktherapeutinnen* versuchen dieses Dilemma zu überwinden, indem sie nach Beendigung ihres Musiktherapiestudiums doch noch Psychologie oder Medizin studieren.

Will Musiktherapie mehr Anerkennung finden, muß gleichzeitig die musiktherapeutische Forschung, Theoriebildung und Konzeptualisierung vorangetrieben werden.

So sehr ich für Integration plädiere, so dringend halte ich es für nötig, daß sich die unterschiedlichen Musiktherapierichtungen zum Beispiel durch genauer kennzeichnende Adjektiva oder durch näher erläuternde Bezeichnungen voneinander abgrenzen. Auch hier scheint mir eine gute Abgegrenztheit Voraussetzung für Toleranz und friedliche Koexistenz. Während ich noch vor fünf Jahren (Strobel 1985) die mir angesichts des gemeinsamen Behandlungsziels absurd erscheinenden Abgrenzungskämpfe zwischen den verschiedenen Therapie-Schulen und -Richtungen beklagt habe, kann ich heute verstehen, daß sie nötig waren. Ich habe den Eindruck, daß sie fast nur noch von den von Machtinteressen geleiteten Standesvertreterinnen* aufrechterhalten werden, daß die Therapeutinnen* an der Basis aber schon seit längerem Fraternisierungsversuche unternehmen. Viele Analytikerinnen* haben sich in Methoden der humanistischen Psychologie getummelt oder, um selbst gesund zu werden, sich einer körperorientierten Psychotherapie unterzogen. Manche in Schwierigkeiten geratene Verhaltens- oder Gestalttherapeutin* hat sich schließlich eine Psychoanalyse gegönnt. Von dieser Vermischungstendenz hat auch die Musiktherapie profitiert. Therapeutinnen* der unterschiedlichsten Richtungen haben musiktherapeutische Erfahrungen gesammelt, viele Musiktherapeutinnen* haben mit Gewinn eine Ausbildung in einer weiteren Methode gemacht. In unserer letztlich von Marktgesetzen beherrschten Gesellschaft wird sich langfristig durchsetzen, was erfolgreich ist. Es bleibt zu hoffen, daß es das ist, was den Patientinnen* hilft. Vielleicht werden starre und innerlich ausgehöhlte Machtstrukturen zusammenbrechen, wie es z. B. mit den Strukturen des Ostblocks geschehen ist.

Die Musiktherapie hat im Verlauf dieses Prozesses durchaus Chancen, sich in Richtung einer anerkannten Psychotherapieform zu entwickeln. Vielleicht aber kommt es auch zunehmend zu einer Grenzauflösung, und die heute noch vorwiegend verbal orientierten Therapieformen entwickeln sich im Laufe der Zeit immer mehr zu einer musik- und körperorientierten Psychotherapie. Den Musiktherapeutinnen* mag es vielleicht gar nicht so recht sein, aber es gibt schon mehrere musiktherapeutisch unterwanderte Gestalttherapeutinnen*, Gesprächstherapeutinnen*, Familientherapeutinnen* und Hypnotherapeutinnen*. Ich kenne auch schon einige Analytiker, die, noch heimlich oder etwas zögernd, ein Monochord unter der Couch oder Gong und Trommel hinter ihrem Sessel bereithalten.

In der Sprache des musiktherapeutischen Größenselbst wird dann vielleicht eines Tages die Frage gestellt: „Kann aus der Psychotherapie eine ernstzunehmende Form von Musiktherapie werden?"

Literatur

BAUER. S., KÄCHELE, H., SCHEYTT, N., SCHMIDT, S., TIMMERMANN, T.: Musiktherapeutische Prozeßforschung – erste Erfahrungen und Vorhaben. Noch unveröffentlichtes Manuskript. Abtl. Psychotherapie. Ulm 1990.
BLANCK, G. u. BLANCK, R.: Angewandte Ich-Psychologie. Klett-Cotta, Stuttgart 1981.
BOSSINGER W.: Musiktherapie mit krebskranken Kindern. Unveröffentlichte Diplomarbeit. Heidelberg 1987.
CREMERIUS, J.: Die hochfrequente Langzeitanalyse und die psychoanalytische Praxis. Utopie und Realität. Psyche 44, 1990, S 1-29.
FRIEDMANN, M.: Der heilende Dialog in der Psychotherapie. Edition Humanistische Psychologie, Köln 1987.
HEIGL-EVERS, A. u. NITZSCHKE, B : Das analytische Prinzip „Deutung" und das interaktionelle Prinzip „Antwort". In: HEIGL-EVERS, A., HEIGL, F., STREECK, U. (Hrsg.): Das therapeutische Prinzip Antwort. Die psychoanalytisch-interaktionelle Einzel- und Gruppentherapie. Vandenhoeck & Ruprecht, Göttingen 1984.
HYENER, R.: Zwischen Menschen. Edition Humanistische Psychologie, Köln 1989.
JANUS, L.: Die Psychoanalyse der vorgeburtlichen Zeit und der Geburt. Centanaurus, Pfaffenweiler 1989.
JOCHIMS, S.: Krankheitsverarbeitung in der Frühphase schwerer neurologischer Erkrankungen. Ein Beitrag der Musiktherapie zur psychischen Betreuung bei ausgewählten neurologischen Krankheitsbildern. Psychother. Psychosom. med. Psychol. 40, 1990, S. 115-122.
KNIERM, J.: Zwischen Hören und Bewegen. Von den Heilkräften der Musik. Edition Bingenheim, 1988.
KNILL, P. J.: Auf dem Weg zu einer Theorie musikorientierter Psychotherapie. Musikther. Umsch. 8, 1987, S. 3-14.
KÖNIG, K.: Zur Musiktherapie in der Heilpädagogik. In: TEIRICH, H. R. (Hrsg.): Musik und Medizin. Fischer, Stuttgart 1958.
KÖNIG, K.: Zur Musiktherapie in der Heilpädagogik. In: PIEZNER, C. (Hrsg.): Aspekte der Heilpädapogik. Stuttgart 1969.
KOHLER, Ch.: Kommunikative Psychotherapie. Fischer, Jena 1968.
LUKOSCHIK, A. u. BAUER, E.: Die richtige Körpertherapie. Ein Wegweiser durch westliche und östliche Methoden. Kösel, München 1989.
NITSCHKE, B.: Frühe Formen des Dialogs Musikalisches Erleben – Psychoanalytische Reflexion. Musikther. Umsch. 5, 1984, S. 167-187.
PIAGET, J.: La construction du réel chez l'enfant. Delachaux et Niestle. Neuchatel 1950. Dt.: Der Aufbau der Wirklichkeit beim Kinde. Klett, Stuttgart 1974.
PREU, O.: Musikalische Fähigkeiten des zerebralparetischen Kindes. In: KOHLER, Ch. (Hrsg.): Musiktherapie. Theorie und Methodik. Fischer, Jena 1971.
PRIESTLEY, M.: Analytische Musiktherapie. Klett-Cotta, Stuttgart 1983.
SCHWABE, CH.: Musiktherapie bei Neurosen und funktionellen Störungen. Fischer, Stuttgart 3. Aufl. 1974.

SHAZER, S. DE: Wege der erfolgreichen Kurztherapie. Klett-Cotta, Stuttgart 1989.
STROBEL, W.: Musiktherapie mit schizophrenen Patienten. Erfahrungen und Überlegungen. Musikther. Umsch. 6, 1985, S. 177-208.
STROBEL, W.: Klang – Trance – Heilung. Die archetypische Welt der Klänge in der Psychotherapie. Musikther. Umsch. 9, 1988, S. 119-139.
STROBEL, W.: Aktualisierung prä- und perinatalen Erlebens und korrigierende Neuerfahrung in der Klang-geleiteten Trance. In: JANUS, L. (Hrsg.): Erscheinungsweisen pränatalen und perinatalen Erlebens in den psychotherapeutischen Settings. Gross, Heidelberg 1991, S. 129-141.
STROBEL, W. u. HUPPMANN, G.: Musiktherapie. Grundlagen, Formen, Möglichkeiten. Hogrefe, Göttingen – Toronto – Zürich 1978.
STROTZKA, H. (Hrsg.): Psychotherapie: Grundlagen, Verfahren, Indikationen. Urban U. Schwarzenberg, München – Wien – Baltimore 1975, 2. Aufl. 1978.
TART, CH. T.: Transpersonale Psychologie. Walter, Olten 1978.
THOMÄ, H. u. KÄCHELE, H.: Lehrbuch der psychoanalytischen Therapie. Springer, Berlin – Heidelberg – New York 1985.
WALSH, R. N. u. VAUGHAN, F. (Hrsg.): Psychologie in der Wende. Grundlagen, Methoden und Ziele der transpersonalen Psychologie – Eine Einführung in die Psychologie des neuen Bewußtseins. Scherz, Bern – München – Wien 1985.
WILBER, K.: Der glaubende Mensch. Die Suche nach Transzendenz. Goldmann, München 1988.

Musiktherapie mit schizophrenen Patienten*

Erfahrungen und Überlegungen

WOLFGANG STROBEL

Summary

The origins and essence of schizophrenic „illness" are taken to be multifactorial. The author attemps, on the basis of the insights and results supplied by the various research approaches, to draw conclusions and suggest strategies for music therapy treatment of schizophrenics. The aspects discussed include somatics, communication theory, family dynamics and psychoanalysis. The author is concerned to integrate the various views in a holistic approach.

Vorbemerkungen

Wenn vor 15 Jahren in einer Unterhaltung das Wort Musiktherapie fiel, dann tauchten häufig Fragen auf wie diese: „Hat das etwas damit zu tun, daß Kühe mehr Milch geben, wenn man ihnen Musik vorspielt?". Heute sieht das anders aus. Auch viele Laien wissen inzwischen, daß es so etwas wie Musiktherapie gibt (auch wenn die Vorstellungen darüber noch diffus und vage sind). In sehr vielen psychotherapeutischen, psychosomatischen und insbesondere psychiatrischen Kliniken hat die Musiktherapie mittlerweile ihren festen Platz. Häufig jedoch kann man feststellen, daß sie mißtrauisch, geringschätzig, gleichgültig oder bestenfalls ratlos beäugt wird. Das liegt zum einen am Berufsbild und am mangelnden Selbstverständnis des Musiktherapeuten, zum andern an der Schwierigkeit, Musiktherapie theoretisch zu begründen oder gar ihre Wirksamkeit nachzuweisen.

---

* Gewidmet meinem verstorbenem Lehrer Prof. Dr. OTTO SCHRAPPE (Direktor der Psychiatrischen Universitätsklinik Würzburg von 1970 bis 1983 †), der es mir ermöglicht hat, in einer eher orthodoxen Institution anders zu denken, zu fühlen und zu handeln.
Ursprünglich publiziert in: Musiktherapeutische Umschau 6, 1985, S. 177-208

Psychotherapieforschung ist an sich schon schwierig. Versucht man „musikalische" Interaktionen zu operationalisieren, so nehmen die Probleme weiter zu. Im Bereich der Psychiatrie, wo die Anwendung von Musiktherapie noch am wenigsten umstritten ist, kommt für die Forschung erschwerend hinzu, daß Musiktherapie fast nie als einzige Therapieform angeboten wird. Häufig sind gleichzeitig eine medikamentöse Behandlung und soziotherapeutische Maßnahmen erforderlich. Psychiatriepatienten bedürfen einer individuell auf sie zugeschnittenen Behandlungsform und -kombination. Dadurch kommen kaum Untersuchungen mit großen „Fall"-Zahlen zustande. Die Forderungen naturwissenschaftlicher Forschung sind also kaum zu erfüllen; und dort, wo die Phänomene auf naturwissenschaftlich faßbare Daten reduziert werden, erhebt sich die Frage, ob das Gemessene noch irgendeine Relevanz für das besitzt, was therapeutisch wirklich geschehen oder ausgeblieben ist. Die Begrenztheit des naturwissenschaftlichen und mechanistischen Weltbildes wurde inzwischen erkannt. Der Atomphysiker CAPRA (1983) ermutigt uns, nicht nur die naturwissenschaftliche Methode als wissenschaftlich anzusehen. Groteskerweise ist gerade in der Psychologie und in der Medizin, die doch beide mit dem Menschen zu tun haben, diese Erkenntnis noch nicht sehr weit verbreitet. Ich halte naturwissenschaftliche Vorgehensweisen für hervorragend geeignet zur Klärung mancher Fragen in einem zumeist klar begrenzten Rahmen. Ihren Allmachtsanspruch aber, der behauptet, daß nur das naturwissenschaftlich Faßbare existent sei, lehne ich ab. Dennoch muß sich die Musiktherapie der Frage ihrer Wirksamkeit und ihrer Wirkweise stellen und eine ihr angemessene Theorie entwickeln.

Diese letztlich mit dem Welt- und Menschenbild zusammenhängenden Probleme streife ich an dieser Stelle deshalb, weil sie nicht nur für die Musiktherapie, sondern in hohem Maße auch für das Verständnis des schizophrenen Krank-Seins von Bedeutung sind.

Obwohl sich Annäherungsversuche abzeichnen, obwohl eine multifaktorielle Genese der Schizophrenie allgemein anerkannt wird und obwohl gelegentlich monokausales und lineares Denken durch einen systemischen oder ganzheitlichen Ansatz und kreisprozeßhaftes (zirkuläres) Denken überwunden wird, geht im Untergrund der Kampf „Somatiker" versus „Psychiker" weiter. Selbst die einzelnen Blöcke sind in sich uneins und zerstritten: Ist die Schizophrenie eine Erkrankung des Limbischen Systems, eine Folge gestörter Filterfunktion des Hippocampus, handelt es sich um eine Transmitter-Störung an den Synapsen, eine Störung des Stoffwechsels der biogenen Amine, liegt eine Umkehr der Hemisphärendominanz vor? Oder haben wir es mit einer „Krankheit des Ichs" zu tun als Folge einer „schizophrenogenen Mutter" bzw. als Ergebnis zeitlich genau identifizierbarer psychischer Traumatisierungen in bestimmten Phasen der frühkindlichen Entwicklung, handelt es sich um den Ausdruck eines pathogenen Familiensystems mit entsprechenden Interaktionen? Oder liegt gar keine Erkrankung des Individuums oder der Familie vor, sondern ein Problem der Gesellschaft, die das Leben und Verhalten des Betreffenden nur als schizophren und damit krankhaft etikettiert? Angesichts so vieler Fragen scheint es eine gängige Lösung zu sein, die eigene Hypothese zum Dogma zu erheben und die Glaubenssätze der anderen als abwegig zu verurteilen.

Dasselbe gilt auch für die verschiedenen Psychotherapieschulen, die sich lieber gegenseitig bekämpfen als voneinander zu lernen. Dabei haben offensichtlich nur Wenige begriffen, daß heilende Einflüsse sowieso nur teilweise der Therapiemethode zuzuschreiben sind.[1] Entstehen sie nicht vielmehr dadurch, daß der Therapeut im Einklang mit seiner (seinen) Methode(n) es wagt, dem kranken Menschen zu begegnen und mit ihm in Beziehung zu treten?

Dies ist in ganz besonderem Maße vonnöten bei früh Gestörten. Bei ihnen darf sich der Behandler nicht hinter seiner Methode verstecken. Er muß zugegen sein als reale und konkrete Person. Es geht nicht um eine Analyse des Traumas, welches zumeist ohnehin offen liegt, sondern um erstmalige neue und andere Erfahrungen. Sonst führt die Therapie nur zu einer Wiederholung des Traumas (siehe die sich häufenden Therapie-Katastrophenberichte; z.B. DRIGALSKI 1980).

Noch mehr muß sich der Therapeut in der Behandlung schizophrener Patienten als Person zur Verfügung stellen. Er muß symbiotische Nähe zulassen können, ohne daß diese für den Patienten (und ihn?) wegen des drohenden Identitätsverlustes allzu bedrohlich wird. Dazu braucht er ein Therapieverfahren, welches das ermöglicht. Das kann Musiktherapie sein.

---

1 So kritisiert beispielsweise HEMMINGER (HEMMINGER und BECKER 1985) die verschiedenen gescheiterten Therapien von VERA BECKER zutreffend, schlüssig und gekonnt aus kommunikationstheoretischer Sicht. Er lastet das sich wiederholende Mißlingen m. E. zu sehr den „falschen" Methoden (Psychoanalyse, Primärtherapie, Verhaltenstherapie ...) an. Dabei schlägt er mit seiner „richtigen" Kommunikationstheorie so unbarmherzig und einseitig zu, wie ich glaube, daß eine *darauf* fußende Therapie die Reihe der gescheiterten nur um eine verlängert hätte.

Es geht also nicht darum, welche Therapiemethode die bessere und welche die schlechtere ist, sondern um die Frage: „Welcher Therapeut steht mit welcher Methode im Einklang und für welchen Patienten kann daraus ein sinnvolles Ganzes werden?" – eine Einheit Patient – Methode – Therapeut.

Haben wir es bei den um Abgrenzung und Erhaltung der reinen Lehre bemühten Therapie- und Wissenschafts-Richtungen und ihrem Kampf gegeneinander nicht mit Phänomenen zu tun wie: Spaltung, Fragmentierung, Projektion usw. – also mit Phänomenen, die uns vom schizophrenen Krank-Sein her bekannt sind? Steckt womöglich hinter der leichter erkennbaren Geschwisterrivalität der verschiedenen Richtungen ein abgewehrter, weil bedrohlicher Symbiosewunsch?

Bei all diesen Fragen scheint nur eines klar: In der Musiktherapie mit schizophrenen Patienten behandeln wir mit einer in ihrer Wirkweise letztlich noch ungeklärten Therapieform eine in ihrer Entstehung letztlich noch ungeklärte Erkrankung.

Diese Tatsache rechtfertigt meines Erachtens den Versuch, (im Sinne eines Werkstattberichts) meine Erfahrungen und Überlegungen mitzuteilen aus den sieben Jahren meiner musiktherapeutischen Beschäftigung mit schizophrenen Patienten. Was die Erfolge und die Erkenntnisse betrifft, so waren es keine fetten Jahre, aber auch keine ganz mageren. Bei allen oft intuitiv getroffenen Entscheidungen oder Angeboten gegenüber den Patienten habe ich mich immer bemüht, Antworten und Erklärungen zu finden auf die Frage: „Wann, warum und wie biete ich wem was an?"

Arbeitsbereich

Ich habe fast ausschließlich mit aktiver Musiktherapie gearbeitet in Form von freier Improvisation und, aus zeit-ökonomischen Gründen, zumeist im Rahmen einer Gruppentherapie, die in besonderen Fällen durch wöchentliche Einzelsitzungen ergänzt wurde. Ich glaube, daß man zumindest bei schwerer gestörten schizophrenen Patienten mit einer Einzelmusiktherapie beginnen sollte, die den Störungen und den Bedürfnissen des Patienten mehr entgegenkommt. Dazu fand ich aber nur selten Zeit, da meine musiktherapeutische Tätigkeit nur einen Teil meines psychiatrisch-psychotherapeutischen Aufgabenbereichs ausmachte.

Anfangs habe ich mit Patienten aus psychiatrischen Akutstationen gearbeitet, deren stationäre Aufenthaltsdauer zwischen 4 Wochen bis wenigen Monaten lag. Dabei konnte ich viele Erfahrungen sammeln, mußte aber zunehmend einsehen, daß schizophrene Patienten sehr konstante Bedingungen brauchen, sowohl was die therapeutische Bezugsperson und die Zusammensetzung der Gruppe betrifft, als auch im Hinblick auf die Zeitdauer des therapeutischen Angebots. Alle kurzzeitig terminierten Konzepte sind deshalb eher ungünstig, ja sie wirken sich gelegentlich traumatisierend aus. Ich möchte diese Möglichkeiten jedoch nicht grundsätzlich ablehnen, da manchmal auch in Kurztherapien eine Entwicklung in Gang kommen kann z. B. dadurch, daß erstmalig neue Erfahrungen ermöglicht werden und damit die Weichen für eine andere Richtung gestellt werden können. Grundsätzlich sind kürzere, wenige oder weniger intensive therapeutische Kontakte (unabhängig von angewandten Therapieverfahren) für schizophrene Patienten nur dann sinnvoll, wenn es um therapeutische Interventionen aus einer gewissen Distanz geht. Sie können bewirken, daß sich eingefahrene pathologische Verhaltens- und Kommunikationsmuster verändern. Dies gilt in ganz besonderem Maße beispielsweise für die Familientherapie, die meines Erachtens eine herausragende Bedeutung für die Behandlung schizophrener Familien besitzt. Sie arbeitet mit relativ wenigen Sitzungen in zumeist größeren Zeitabständen und die therapeutische Arbeit zielt auf die Veränderung der familiären Interaktionen. Der Familientherapeut stellt sich aber nicht als langzeitige Bezugsperson zur Verfügung, an der modellhaft emotionale Neuerfahrungen gemacht werden können. Der Einsatz musiktherapeutischer Angebote im Rahmen eines familientherapeutischen Settings ist eine noch zu wenig genutzte Möglichkeit. Auf der ungewohnten averbalen Kommunikationsebene können Familienstruktur und -dynamik sofort offensichtlich, andere Interaktionsmuster probeweise ins Spiel gebracht werden.

Die Probleme eines schizophrenen Index-Patienten sind keinesfalls dadurch behoben, daß der maligne Clinch einer schizophrenen Familie aufgelöst und der identifizierte Patient aus seinen Delegationen entlassen wird (vgl. STIERLIN 1981). Leidet er doch durch das jahrelange Aufwachsen in dieser pathologischen Situation an einem erheblichen Sozialisationsdefizit, welches es aufzufüllen gilt. Gerade hier liegen meines Erachtens die großen Chancen der Musiktherapie, da sie aufgrund musikimmanenter Phänomene (s. später) in der Lage ist, auf der Symbolebene ein Nachvollziehen dessen zu ermöglichen, woran es dem schizophrenen Patienten mangelt.

Geringer sind meine Erfahrungen mit chronisch schizophrenen, langzeithospitalisierten Patienten. Ich habe den Eindruck, daß Musiktherapie gut geeignet ist, gewisse Hospitalisierungsschäden zu mildern oder (weitere) zu verhüten. Wer sich hier mit viel Geduld und Ausdauer engagiert, besitzt meine Hochachtung. Für die Zukunft sollten wir unser Hauptaugenmerk darauf legen, Langzeithospitalisierungen an sich und nicht ihre Sekundärschäden zu verhindern. Leider scheitert das immer wieder an individuellen, familiären oder gesellschaftlichen Gegebenheiten.

In den letzten Jahren habe ich musiktherapeutisch mit Patienten der Tagesklinik einer Psychiatrischen Universitätsklinik gearbeitet. Musiktherapie war hier neben Maltherapie und Rollenspiel eine von drei gleichzeitig angebotenen Therapiemöglichkeiten. Die Auswahl und Zuordnung der Patienten zu jeweils einem der drei Verfahren erfolgte nach Klärung der Frage, ob dem einzelnen Patienten mehr zu helfen sei durch Ermöglichung eines musikalischen, eines gestalterischen oder eines darstellenden Ausdrucks. (Allen drei Verfahren gemeinsam ist ein leibhaftes Tun und Handeln). Diese Langzeit-Musiktherapie bot den Patienten, wenn auch nicht optimale, so doch angemessenere Bedingungen. Sie war als Slow-open-group konzipiert, d. h. nur in relativ großen Zeitabständen schieden Patienten aus und neue kamen hinzu. Nach der Entlassung konnten jene Patienten, bei denen es mit ihrer äußeren Lebenssituation vereinbar war, über viele Monate in der Gruppe verbleiben. Dies erleichterte die Ablösung von der Klinik, hatte einen stabilisierenden Effekt und ermöglichte, die begonnene therapeutische Arbeit ohne Verlust der Kontinuität über die teilstationäre Behandlung hinaus fortzuführen.

Zur Zeit arbeite ich mit ambulanten Patienten in einer geschlossenen Langzeit-Gruppe. Es handelt sich um schizophrene und auf dem Border-line-Niveau gestörte Patienten, die sich nicht mehr in (teil-)stationärer Behandlung befinden. Es geht um Nachsorge und Rezidivprophylaxe. Ich habe den Eindruck, daß sich Borderline-Patienten im Verlauf von Jahren soweit entwickeln, daß sie sich aus der Behandlung lösen können. Auch bei Schizophren-Kranken kann eine gewisse Nachreifung erreicht werden, möglicherweise bedürfen sie aber auch dann noch einer weiteren stabilisierenden musiktherapeutischen Begleitung.

Das schizophrene Krank-Sein und daraus ableitbare Erklärungsansätze für die Wirkung von Musiktherapie

Versucht man im Hinblick auf die verschiedenen Wissenschaftsansätze bezüglich des Entstehens und Wesens schizophrenen Krank-Seins die Frage „wer hat recht und wer hat unrecht?" zu überwinden, so bietet sich die Vorstellung an, die verschiedenen Ergebnisse und Ansichten kommen dadurch zustande, daß jeder Betrachter aus einer anderen Richtung auf ein Ganzes blickt und deshalb nur aspekthaft die seinem Blickwinkel zugewandte Seite wahrnimmt. Eine Annäherung an das Ganze wird durch Zusammensetzen der verschiedenen Aspekte möglich.

Meine Vorstellungen hierzu möchte ich zusammengefaßt vorausschicken (Dabei darf ich mich in vielen Punkten an die Zusammenschau und Gewichtung der einzelnen Forschungsergebnisse anlehnen, die CIOMPI 1981, 1982 gelungen ist.).

Wir haben es mit einem sich wechselseitig beeinflussenden und in sich verwobenen Faktorenbündel zu tun. Versucht man die einzelnen Gegebenheiten künstlich zu trennen, so ergibt sich folgendes Bild:

Auch wenn noch gewisse Einwände bestehen, kann es aufgrund großer Adoptiv- und Zwillingsuntersuchungen als gesichert gelten, daß Erbfaktoren eine Rolle spielen (vgl. auch KRINGLEN 1981). Allerdings ist es nicht unwahrscheinlich, daß ihre Bedeutung viel geringer ist, als in der klassischen Psychiatrie bisher angenommen. Möglicherweise handelt es sich hierbei nur um eine (vielleicht nicht einmal spezifische) besondere Verletzlichkeit. Sie kann sich äußern in hoher Empfindsamkeit, geringerer Vitalität und damit zusammenhängender geringerer Selbständigkeit.

Die erhöhte Verletzlichkeit kann auch bedingt sein durch intrauterine und perinatale organische Traumen. Psychophysiologische Befunde sprechen für eine höhere nervöse Erregbarkeit Schizophrener im Vergleich zur Durchschnittsbevölkerung.

Neben den organisch bedingten minimalen cerebralen Dysfunktionen, die mit naturwissenschaftlichen Methoden zunehmend besser erfaßt werden, können meines Erachtens auch intrauterine und perinatale Traumen im *psychologischen* Sinne eine Rolle spielen. Sie sind natürlich viel schwerer objektivierbar, aber wenn wir die Befunde von GROF (1983) ernstnehmen, so rückt die Erforschung in den Bereich des Möglichen.

Diese aus konstitutionellen oder früh (organisch/psychisch) erworbenen Gründen verletzlichen und verletzbaren Kinder bieten sich natürlich dafür an, in einem ganz bestimmten Familiensystem eine ganz bestimmte Rolle zu übernehmen. (Damit ließe sich u. a. erklären, weshalb in einer Familie mit mehreren Kindern gerade das eine erkrankt). Es kommen also Milieufaktoren zum Tragen: Symbiotische Eltern-Kind-Beziehungen verhindern die Entwicklung einer abgegrenzten Identität. Enge, emotional überengagierte Familienbeziehungen werden durch widersprüchlich-paradoxe Kommunikationsmuster aufrecht erhalten. Beides führt dazu, daß gerade in der postpubertären Ablösungsphase Schwierigkeiten auftreten, die sich in einer akuten psychotischen Episode äußern können.

Vieles weist darauf hin, daß der weitere Verlauf der Erkrankung (natürlich in Zusammenhang mit der Ausgangspersönlichkeit) vorwiegend von psychosozialen Faktoren abhängt: Psychosoziale Unterstimulierung führt zu Minussymptomatik (Reduktion des energetischen Potentials, affektive Verflachung, Gleichgültigkeit, Rückzug, Passivität). Überstimulation begünstigt florid psychotische Exacerbation mit produktiver paranoid-halluzinatorischer Symptomatik.

Diese Zusammenhänge zu wissen, ist in vielerlei Hinsicht von Bedeutung für die Musiktherapie. Wir können mit Musiktherapie natürlich keine genetischen und organischen Faktoren beeinflussen. Vielleicht können wir aber Kompensationswege anbieten. Wenn es um intrauterines und perinatales „Erleben" geht (was nicht weiter ausgeführt werden kann, diesem Thema wäre eine eigene Arbeit zu widmen) oder um früheste „Erfahrungen", um Verschmelzen, Symbiose usw., dann kann Musiktherapie ein gewichtiges „Wort" mit- „reden". Wenn tatsächlich nach der oder den ersten psychotischen Episoden die weitere Entwicklung von psychosozialen Gegebenheiten abhängt, so liegt darin doch eine Chance für psychotherapeutische und soziotherapeutische Vorgehensweisen. Die Frage ist dann: Für wen ist was hilfreich? Aktive Gruppentherapie ist immer mit erheblicher Stimulation verbunden. Sie ist kontraindiziert für Patienten mit einer floriden psychotischen Symptomatik. So habe ich beispielsweise erlebt, daß eine Patientin die musikalischen Reize als Stimuli für ihre wahnhaften und halluzinatorischen Produktionen verwendet hat. Da sie dies nie mitteilte, war eine Bearbeitung nicht möglich, so daß sie schließlich psychotisch dekompensierte. Musiktherapie bietet sich aber an für Patienten, die durch Unterstimulation den Rückzug angetreten haben.

Grundsätzlich bin ich bemüht, die Indikation ganz individuell zu stellen. Ich möchte sie nicht starr bestimmten diagnostischen Etikettierungen zuordnen, sondern bemühe mich eher um die Klärung der Frage: kann ich mit meinen Methoden diesem einzelnen kranken Menschen helfen, kann ich seine „Sprache" verstehen? usw. Trotz meines Versuchs, die Entscheidung zu erklären und zu rechtfertigen, wird sie vielleicht im wesentlichen *intuitiv* getroffen. Wenn ich gezwungen wäre, eine Beziehung zur psychiatrischen Nosologie herzustellen, so würde ich folgende vage Anhaltspunkte geben, die keinesfalls als strikte Regeln mißbraucht werden dürfen: Geeignet sind am ehesten Patienten mit ausgeprägten autistischen Symptomen, Patienten, bei denen man eine Schizophrenia simplex oder einen schizophrenen Defektzustand diagnostiziert hat, aber auch chronisch schizophrene Patienten mit weniger dramatischen paranoid-halluzinatorischen Symptomen.

Bevor ich versuchen will, aus theoretischer Sicht zu beleuchten, weshalb manche schizophrenen Patienten so erstaunlich gut auf musiktherapeutische Angebote ansprechen, möchte ich zur Veranschaulichung ein praktisches Beispiel aus meiner allerersten Gruppenmusiktherapiestunde mit schizophrenen Patienten schildern:

Ein 20jähriger junger Mann war seit etwa drei Monaten auf der geschlossenen Abteilung stationär behandelt worden, ohne daß sich an seiner Symptomatik und seinem Verhalten irgendeine Besserung hatte erzielen lassen. Er fiel durch ausgeprägtes autistisches Verhalten auf, war scheu, in sich gekehrt, mißtrauisch und fast mutistisch. Die zurückgezogene Abkapselung, die immer wieder von katatonstuporösen Episoden durchsetzt war, hat er in den vielen Wochen nur durch wenige Worte unterbrochen. Wegen der genannten Auffälligkeiten und des bislang ausgebliebenen Therapieerfolgs hielt ich einen Versuch mit Musiktherapie für gerechtfertigt und bot ihm an, an der Gruppe teilzunehmen, die ich gerade zusammenstellte. Er willigte skeptisch und zurückhaltend ein. Die erste Hälfte der Stunde, in der ich relativ stark strukturierte Angebote gemacht hatte, gab jedem der Teilnehmer Gelegenheit, soweit er konnte und wollte, sich mit den Instrumenten und ihren Möglichkeiten vertraut zu machen. Klaus[2] hatte sich eine Drehpauke ausgesucht

---

2   Alle in Fallsbeispielen verwendeten Namen wurden geändert.

und im Schutze des Gruppenklangs vorsichtig, zögernd und schüchtern einige leise Tupfen mit dem Filzschlegel gewagt. In meiner damals noch großen Unerfahrenheit bot ich als nächstes an, jeder einzelne könne auf seinem Instrument ein paar Töne erzeugen und es damit den anderen vorstellen. Klaus wollte das wohl tun, aber er wirkte wie blockiert, schien in Panik zu geraten. Stammelnd und mit abgerissenen Satzfetzen machte er mir klar, daß er lieber etwas nachspielen wolle. Ich ging darauf ein und spielte ihm – zufällig auch an einer Trommel sitzend – zwei Schläge vor, die er nach einigem Zögern imitierte. Ich wiederholte die Töne mehrmals, veränderte sie in Abstand und Betonung, fügte einen dritten hinzu, dann einen weiteren, bis hin zu kleinen rhythmischen Phrasen. Klaus antwortete immer flüssiger. Dadurch entstand ein dichter werdender Dialog. Plötzlich warf er die Schlegel weg, riß beide Arme hoch, sprang mehrmals in die Luft und schrie immer wieder: „Das hilft mir, das hilft mir, das hilft mir!" Er geriet dabei so außer sich, daß er einem katatonen Erregungszustand nahe war. Nur mit viel Mühe konnte ich ihn wieder beruhigen.

Auf der sprach- und forderungsfreien Ebene hatte er spielerisch reagieren können. Aus eigener Begeisterung war ich ihm wohl zu nahe gekommen und Maßhalten hatte er auf der ungewohnten musikalischen Ebene noch nicht gelernt. Ein Anfang war aber gemacht. Im weiteren Verlauf der Musiktherapie konnte Klaus sich langsam tastend aus seiner schützenden Isolation herauswagen. Natürlich hatte er noch einen weiten Weg vor sich. Immer wieder war eine medikamentöse Therapie unumgänglich. Erst nach einer schwierigen und längeren Familientherapie konnte er sich aus dem Familien-Clinch befreien. Danach war zu seiner Stabilisierung eine mehrjährige schützende verbale Einzeltherapie erforderlich. Heute lebt er selbständig, konnte ein Studium beginnen und fortsetzen. Immer noch ist er ein „zartes Pflänzchen", aber er kommt ganz gut mit dem Leben zurecht.

Anhand dieses Beispiels läßt sich vieles erläutern. Vorerst aber kann man einmal grundsätzlich ableiten: Musiktherapie ist wirksam – gerade dort, wo andere „Mittel" alleine (Medikamente, das gesprochene Wort) versagen. Wirksame Mittel können unerwünschte Nebenwirkungen verursachen. Deshalb muß auch Musiktherapie mit Bedacht und wohldosiert dort eingesetzt werden, wo sie indiziert ist.

In den folgenden vier Kapiteln möchte ich aus unterschiedlichen Blickwinkeln die für die Musiktherapie mit schizophrenen Patienten relevanten Phänomene etwas näher beleuchten. Hierzu muß ich stark vereinfachen und eine

Reduktion der wirklichen Gegebenheiten vornehmen. Auch werden Erscheinungen künstlich getrennt, welche voneinander abhängen, sich überlagern, ineinander vernetzt und vermascht sind. Es empfiehlt sich, dies immer im Auge zu behalten.

Somatische Aspekte

Viele organische Befunde wurden, nachweislich oder spekulativ, mit der schizophrenen Erkrankung in Zusammenhang gebracht. Sie aufzuzählen würde den Rahmen des Vorgegebenen sprengen. Es geht hier um die Relevanz erhobener Befunde oder daraus ableitbarer Hypothesen oder Theorien für die Musiktherapie. Auf Anhieb erscheint es zunächst einmal generell schwierig, sich vorzustellen, wie sich aus hirnorganischen Befunden Weiterungen für musiktherapeutisches Tun ergeben können, seien sie nun auf der molekularen Ebene (biochemisch), auf der zellulären (histologisch) oder auf der morphologisch-funktionellen (neurophysiologisch) faßbar, seien sie genetisch bedingt oder früh erworben. Auf organische Veränderungen selbst kann Musiktherapie, wie bereits betont, keinen Einfluß nehmen. Es wäre aber denkbar, daß die sprachfreie, klangliche Kommunikation für schizophrene Patienten eine Art „Prothese" darstellt, mit deren Hilfe sie ein somatisches Defizit kompensieren können. Wollte man auch die biologischen Psychiater davon überzeugen, daß Musiktherapie für Schizophrene mehr ist als eine unspezifische Beschäftigungstherapie, so müßte man ihrer eigenen Denkweise entgegen kommen. Dazu wäre es hilfreich, wenn der Nachweis gelänge, daß zwischen der organischen Funktionsstörung der Krankheit und den speziellen Möglichkeiten der Musiktherapie eine spezifische kompensatorische Beziehung besteht. Vielleicht wird das eines Tages möglich sein. Besonders die Bemühungen der Neurophysiologie nähren derlei Hoffnungen.

Um zu verdeutlichen, wie eine spezifische Beziehung zwischen (organischen) Befunden und musiktherapeutischen Kompensationsmöglichkeiten aussehen könnte, möchte ich die Ergebnisse von KNEUTGENs (1980) experimentalpsychologischen Versuchen referieren. Man kann zwar einwenden, daß er nur auf das Vorliegen einer funktionellen Störung schließt, die letztlich nicht unbedingt organischer Natur sein muß. Darauf kommt es mir jetzt aber nicht an, da ich nur ein Modell darstellen möchte, wonach sich auch aus organischen Befunden richtungweisende Konsequenzen für ein bestimmtes Psychotherapieverfahren ergeben können.

Mit Hilfe von Synchronisationsversuchen[3], Simulationsversuchen[4] und anderen, kam KNEUTGEN zu dem Resultat, daß bei Schizophrenen eine Störung der zentralen Wahrnehmungsverarbeitung vorliegt, die sich in einer „Unsauberkeit" oder „Unschärfe" äußert. Sie trete dann auf, wenn sie durch die volle Aufmerksamkeit kontrolliert werde. Da die verbale, logisch-rationale Kommunikation ständig volle Aufmerksamkeit erfordere, sei es nicht verwunderlich, daß sich die Symptomatik gerade in diesem Bereich manifestiere. Bei der musikalischen Kommunikation, insbesondere in Form der völlig freien Improvisation, sei es wegen der großen Redundanz nicht nötig, die Kommunikation ständig durch die volle Aufmerksamkeit zu kontrollieren. Aus diesem Grund sei die freie Improvisation ein geeignetes Kommunikationsmedium für schizophrene Patienten.

Auch wenn es nicht gelingen sollte, direkt aus somatischen Befunden die Wirkweise von Musiktherapie als spezifisch kompensatorisch abzuleiten, bleibt ihr Einsatz natürlich sinnvoll. Der somatische Anteil ist ja nicht der einzige, möglicherweise auch nicht der zentrale. Ihn aber als gegeben zu akzeptieren, kann für den Musiktherapeuten von großer Bedeutung sein. Es kann ihn davor schützen, sich und seine Patienten mit allzu hochgesteckten Zielen und Erwartungen zu überfordern. Es kann ihm erleichtern, den vielleicht immer wieder oder andauernd notwendigen Einsatz von Psychopharmaka zu tolerieren. (Die Erfolgschancen alleiniger Psychotherapie bei Schizophrenen sind gering. Die besten Ergebnisse werden erzielt durch eine Kombination von Psychopharmakotherapie mit Sozio-/Psychotherapie). Es kann dem Musiktherapeuten helfen zu ertragen, daß er die Hoffnung auf eine völlige Heilung seines Patienten aufgeben muß. Es kann ihn motivieren, sich dafür zu engagieren, daß es sinnvoll ist, diese Patienten vielleicht ein Leben lang mit Musiktherapie zu begleiten. Die sozialpsychiatrischen Dienste würden sehr gut daran tun, für diese Aufgabe Musiktherapeuten einzustellen.

Wenn die Kommunikation über freie Improvisation dem schizophrenen Patienten eine Kompensationsmöglichkeit seiner anteilig organisch bedingten psychischen Behinderung bietet, so ergibt sich daraus, daß Musiktherapie

---

3 Die Probanden hatten z. B. die Aufgabe, ein Metrum auf einer Trommel synchron mit einem vorgegebenen musikalischen Rhythmus zu schlagen.
4 Mittels technisch induzierter akustischer Täuschung versuchte KNEUTGEN bei gesunden Probanden eine „schizophrene" Wahrnehmungsverarbeitung zu simulieren. Das Ergebnis war, daß die gesunden Versuchspersonen dann ebenso unsynchronisiert ihr Metrum schlugen wie schizophren Erkrankte.

nicht nur als Überbrückung einzusetzen ist, um den Patienten aus der Regression auf ein präverbales Niveau herauszuführen auf das verbale. Sie ist gleichzeitig beizubehalten wie eine Art „Prothese", die man z. B. einem Beinamputierten ja auch nicht wegnimmt, wenn er endlich wieder zu laufen gelernt hat. Dennoch bleibt es natürlich das vorrangige Ziel der Musiktherapie, den Patienten dahinzuführen, daß er soweit wie möglich in der Lage ist, Gefühle und Befindlichkeit, Kränkung und Hoffnung auch umzusetzen in die spezifisch menschliche Kommunikationsform: die Sprache.

Kommunikationstheoretische Aspekte

Als ich das im dritten Abschnitt geschilderte Geschehen mit Klaus den Schwestern, Pflegern und Ärzten erzählte, die ihn kannten, wollte keiner glauben, daß in der ersten Musiktherapiestunde mit ihm mehr an Interaktion möglich war, als in den vergangenen Monaten stationärer Behandlung. Uns Musiktherapeuten ist klar, daß ein Patient, der nicht „ansprechbar" ist, durchaus „anmusizierbar" sein kann. Dies entspricht einer Regel, die von vielen Psychotherapeuten beherzigt wird: Man erreicht einen Patienten dann am besten, wenn man ihn dort abholt, wo er sich befindet. Dieses Prinzip kannten schon die mit rezeptiver Musiktherapie arbeitenden Musiktherapeuten (z.B. ALTSHULER 1948) als sie das ISO-Prinzip formulierten. Auch die eher non-direktive Hypnose nach M. H. ERICKSON (vgl. HALEY 1978) bedient sich dieses Grundsatzes. Dadurch, daß der Therapeut dem Patienten in dessen „Sprache", dessen Erleben (bzw. auf dessen Regressionsniveau) einfühlend begegnet, gewinnt er sein Vertrauen, erreicht er eine Ja-Haltung. Dies ist die Voraussetzung für den dann möglichen zweiten Schritt, das Herausführen des Patienten aus seiner Blockierung, seiner Isolation, seinem Mißtrauen (bzw. seiner Regression).

Warum aber spricht gerade Musiktherapie schizophrene Menschen an? und warum manche Schizophrene besser? Eine gute Erklärungsmöglichkeit bietet das kommunikationstheoretische Modell von BATESON (1981), welches von WATZLAWIK et al. (1969) weiterentwickelt wurde.

Dieses Modell ist so bekannt, daß ich mich auf eine kurze Zusammenfassung beschränken kann. Der kommunikative Akt wird in zwei Ebenen unterteilt: die digitale und die analoge Kommunikation. Die digitale Ebene vermittelt die Inhalts-Botschaft (gekennzeichnet durch willkürlich festgelegte Kodifizierung). Sie ist mehr rational und entspricht dem verbalen Anteil der Kommunikation. Genauer gesagt dem Teil der Sprache, den man niederschreiben kann bzw. den auch ein Computer sprechen kann, mit einer nicht durch Stimmklang modulierten Sprache. Die analoge Ebene (gekennzeichnet durch eine Ähnlichkeitsbeziehung) wird als Beziehungs-Botschaft betrachtet. Sie ist mehr emotional und entspricht den averbalen Anteilen der Kommunikation, z. B. Stimmklang, -lage, -modulation, Ausdrucksbewegungen usw. In diesem Modell ist die analoge Botschaft der digitalen übergeordnet, sie entspricht einer Meta-Aussage (Meta-Ebene), d. h. sie sagt etwas über die digitale Botschaft aus, kommentiert sie.

In schizophrenen Familien (Näheres siehe später) haben sich Kommunikationsstrukturen herausgebildet, welche das Ausbrechen des Einzelnen aus dem Familiengefüge verhindern. Viele derartige Interaktionsstrategien wurden inzwischen beobachtet, erkannt und beschrieben. Eine der ersten und die wohl bekannteste ist das sog. Double-bind. Sie ist dadurch gekennzeichnet, daß Aussage und Meta-Aussage einer Mitteilung sich gegenseitig negieren bzw. miteinander unvereinbar sind. Die enge Beziehung zwischen den Kommunizierenden macht es unmöglich, über eine Distanzierung dies zu erkennen bzw. über ein Erkennen sich zu distanzieren. So entsteht eine ausweglose Situation, in der keine richtige Reaktion möglich ist. Durch Vermeidung von Kommunikation versucht der Schizophrene dem zu entgehen. Das gelingt aber nicht, da auch die Vermeidung von Kommunikation in einer engen Beziehung zu einer Botschaft wird. Weitere Versuche, die Beziehungs-Zwickmühle aufzulösen, bestehen in der Abspaltung oder Verleugnung des einen (analogen) oder des anderen (digitalen) Kommunikationsanteils.

Die Abspaltung des analogen Anteils führt dazu, daß diese Menschen eher viel sprechen, meist jedoch gestelzt, maniriert und (pseudo-)intellektuell. Sie nehmen die Sprache auf manchmal groteske Weise wörtlich und verwenden dadurch manche Worte in einem ungewöhnlichen Zusammenhang. Gelegentlich wirken sie fast „gesellig", aber ihre Äußerungen sind distanziert und beziehungsleer. Wenn sie Beziehungs-Botschaften wagen, dann übersetzen sie diese oft ins digitale, wodurch sie unverständlich werden können. Ich möchte das an einem Beispiel aus der Musiktherapie erläutern. Ein Patient gab seiner Improvisation anschließend den poetisch wirkenden Titel „Jenseits der Morgenröte". Sein Spiel war bizarr, hart, fremdartig und eher abweisend gewesen. Der Titel war keine bildhafte Analogie, sondern sollte heißen: „Ich bin so weit weg von Euch, daß Ihr mir nicht gefährlich werden könnt!" Da er sich bereits in einem fortgeschrittenen Therapiestadium befand, habe ich ihm diese „Übersetzung" angeboten. Er hat sofort zugestimmt, so als würde ich von der größten Selbstverständlichkeit sprechen. Anschließend konnte er erstmals über seine Angst vor Nähe reden.

Die Patienten, die den digitalen Anteil abspalten, vermeiden die sprachliche Kommunikation und mißtrauen den Worten. Sie registrieren aber mit außerordentlich großer Sensibilität analoge Signale wie beispielsweise die Stimm-Modulation. Diese Patienten wirken meist schüchtern und gehemmt, zurückgezogen und in sich verkrochen, autistisch. Da sie sich nicht sprachlich äußern, werden sie meist in ihrer Wahrnehmungsfähigkeit unterschätzt. In Wirklichkeit haben sie auf der Beziehungsebene eine so scharfe und präzise Wahrnehmung, daß man ihnen nichts vormachen kann. Nicht selten erspüren sie genau die Einstellung ihres Gegenübers. Sie hören nicht so sehr auf das Wort, für sie macht eher der Ton die Musik. Dies dürfte die Erklärung dazu liefern, weshalb diese Gruppe von schizophrenen Patienten durch Musiktherapie sehr gut erreichbar ist. (Auf diese Zusammenhänge haben übrigens bereits REISSENBERGER und VOSSKÜHLER 1978 hingewiesen).

Darüberhinaus enthält die musikalische Kommunikation in sich selbst keine Möglichkeit widersprüchliche oder unvereinbare Botschaften zu übermitteln. Sie ist somit relativ ungefährlich und kann deshalb zugelassen werden. Musikalische Äußerungen sind eindeutig, sie bauen keine Beziehungsfallen.

Diejenigen Patienten, die die analogen Kommunikationsanteile leugnen und sich auf den digitalen Teil der Sprache zurückziehen, haben es anfangs in der Musiktherapie schwerer. Müssten sie doch auf einer Ebene kommunizieren, die sie abspalten. Man kann diesen Patienten eine Brücke bauen, wenn man die Behandlung auf der verbalen Ebene beginnt. Da die Sprache (des Therapeuten) ja auch analoge Anteile besitzt, kann nach einer gewissen Zeit mit wachsendem Vertrauen – bei einer kongruenten Kommunikation des Therapeuten – vom Patienten die analoge Ebene zugelassen werden. Wenn die therapeutische Beziehung stabil ist, wird Musiktherapie auch für diese Patienten sinnvoll sein. Einerseits haben ja auch sie ein präverbales Defizit (siehe später). Andererseits ist es natürlich für sie sehr wichtig, Wahr-Nehmen und -Geben auf der abgespaltenen analogen Ebene zu erfahren, um sie zu integrieren. Für die Patienten der anderen Gruppe ist es ja auch nicht das Ziel, nur auf der analogen Ebene zu kommunizieren, sondern darüberhinaus (nicht statt dessen!) auch Vertrauen in die Sprache zu gewinnen, um sich sprachlich zu verständigen.

Während es sich bei dem eben referierten Modell um eine binäre Aufteilung der Kommunikation handelt, entwickelten GRINDER und BANDLER (1982) ein neueres erweitertes Kommunikationsmodell. Da es mir hilft, verschiedene Phänomene der Musiktherapie zu verstehen, zu erklären und daraus Handlungsanweisungen abzuleiten, möchte ich es stark vereinfacht und verkürzt hier darstellen.

Es handelt sich um ein mehr-dimensionales Modell mit nebeneinander gleichwertigen Parabotschaften, die einander also nicht übergeordnet sind. Neben der digitalen Inhalts-Botschaft der Sprache (Btsch. A) gibt es nicht nur eine, sondern viele analoge Beziehungs-Botschaften, z. B. Redetempo (B), Stimmlage (C), Gestik der Hände (D), Atembewegung (E), Körperhaltung (F) usw. Dieses erweiterte Modell hat den Vorteil, Inkongruenzen zwischen multiplen Botschaften zu erfassen. Von noch größerer Bedeutung ist in diesem Zusammenhang jedoch die Tatsache, daß dieses Modell nicht nur interpersonale Vorgänge (Wahrnehmen und Aussenden von Signalen) impliziert. Es geht über das auf der reinen kommunikativen Verhaltensebene Beobachtbare hinaus und entwickelt (fußend auf Untersuchungen der menschlichen Sprache; BANDLER und GRINDER 1981) Vorstellungen über das, was sozusagen intrapersonal mit dem Wahrgenommenen geschieht.

Über die Sinneswahrnehmungen Sehen, Hören, körperliches Empfinden (von Druck, Temperatur, Schmerz und Bewegung) sowie Geruch und Geschmack (wobei die letzten beiden Inputkanäle wegen geringerer kommunikativer Relevanz vernachlässigt werden) entsteht aus der äußeren realen Welt eine innere. Sie stellt aber nur ein *Modell* der äußeren dar und unterscheidet sich somit von ihr. („Die Landkarte ist nicht das Gebiet"; GRINDER u. BANDLER 1982, S. 12). Dieses Modell entsteht durch drei universale Formen menschlicher Gestaltung aus der äußeren Realität: Generalisierung, Tilgung und Verzerrung. Durch diese Prozesse formen sich aus der äußeren *sichtbaren* Welt innere Ab-*Bilder*, also ein *visuelles* Repräsentationssystem. Dasselbe gilt für eine auditive, eine kinästhetische „Landkarte" usw. Aus diesen, den verschiedenen Sinneswahrnehmungen zuzuordnenden inneren Modellen von der Welt bildet sich – ebenfalls wieder über Generalisierung, Tilgung und Verzerrung – die Sprache. Sie ist ein übergeordnetes Modell, ein Modell von den Modellen, also ein Meta-Modell.

Beobachtungen haben gezeigt, daß verschiedene Menschen unterschiedliche Repräsentationssysteme bevorzugen. Das intuitive Wissen davon war auch schon vor der Erforschung dieser Phänomene weit verbreitet. Sätze wie „ich bin ein Augenmensch" zeigen es. Die meisten Menschen sind sich ihres bevorzugten Repräsentationssystems nicht bewußt. Wir können es durch aufmerksames Beobachten erschließen. Verbale Äußerungen verwendeter Prädikate geben uns Hinweise: „Hören Sie mal her!" (auditives), „Sehen Sie!" (visuelles), „Kannst Du das begreifen?" (kinästhetisches Repräsentationssystem). Verhaltensweisen verdeutlichen es: nimmt der Betreffende Blickkontakt auf, zeigt seine Haltung, daß er mir „sein Ohr leiht", sucht er häufig Körperkontakt?

Der leidende Mensch hat, bedingt durch einseitige, problematische oder fehlende Erfahrungen reduzierte Modelle der Welt, somit auch ein reduziertes Meta-Modell. Seine den unterschiedlichen Wahrnehmungsarten entsprechenden Modelle sind unter Umständen widersprüchlich. Ein Versuch, dieses Dilemma zu lösen, ist die Blockierung eines oder mehrerer Repräsentationssysteme. Da er zwangsläufig mittels dieser Modelle auf die Welt einwirkt, mit ihr kommuniziert, spiegelt sich das in seinen Äußerungen und seinem Verhalten wieder. Er sendet einseitige oder inkongruente Botschaften aus. Diese verhindern ihrerseits wiederum korrigierende Erfahrungen, welche die inneren Modelle der Welt verändern oder erweitern könnten.

(An dieser Stelle sei nur andeutungsweise einmal darauf hingewiesen, daß psychoanalytische Modelle z. B. über die Internalisierung von Objektbeziehungen und die Projektion von bestimmten Selbst- oder Objekt-Repräsentanzen nach außen, Ähnlichkeiten mit diesem kommunikationstheoretischen Modell aufweisen, natürlich mit einem etwas anderen Blickwinkel und unter Herausbildung eines anderen Meta-Modells, einer anderen Fachsprache. Beide Richtungen würden vielleicht gut daran tun, ihre Kommunikationsmöglichkeiten durch Hinzufügen des jeweils anderen Meta-Modells zu erweitern. Die Verwendung von solchen Modellen halte ich für legitim, solang man sich dessen bewußt ist, daß sie durch Generalisierung, Tilgung und Verzerrung der Wirklichkeit entstanden sind).

Aufgabe des Therapeuten ist es, dem Patienten neue Erfahrungen zu ermöglichen, die seine verarmten Modelle und Meta-Modelle erweitern, ihre gegenseitige Widersprüchlichkeit aufheben und ihm damit neue Freiheitsgrade seines Lebens eröffnen.

Zurück zu den Schizophren-Kranken. Wie kann das beschriebene theoretische System helfen, den musiktherapeutischen Umgang mit ihnen zu verstehen, zu erklären und welche Möglichkeiten ergeben sich daraus?

1. Nutzung des bevorzugten Repräsentationssystems:
Diejenigen Schizophrenen, bei denen ich es für sinnvoll halte, mit Musiktherapie zu beginnen (s. o.), fallen dadurch auf, daß sie wenig sprechen, körperlich in sich zurückgezogen, in Mimik, Gestik und anderen Ausdruckbewegungen nicht lebendig sind und körperliche Berührungen ebenso wie Blickkontakt vermeiden. Wenn Halluzinationen vorhanden sind, dann sind es zumeist akustische.[5] Ich bin daher der Ansicht, daß diese Patienten das auditive Repräsentationssystem bevorzugen, mit der Welt durch *Hören* in Verbindung stehen und durch *akustische* Signale erreicht werden (s. die guten Ergebnisse der musiktherapeutischen Arbeit mit autistischen Patienten).

Es hat sich gezeigt, daß Mißverständnisse allein schon dadurch entstehen können, daß zwei verschiedene Menschen unterschiedliche Repräsentationssysteme bevorzugen (z. B.: „Der sieht mich gar nicht an, wenn ich mit ihm rede!" schimpft der „visuelle" Mensch über den „auditiven"). Andererseits kann Vertrauen bereits dadurch wie von selbst vorhanden sein, daß zwei Menschen miteinander kommunizieren, die das gleiche Repräsentationssystem bevorzugen. Für die Therapie heißt das: Allein die Verwendung des vom Patienten bevorzugten Repräsentationssystems kann Vertrauen schaffen (vgl. das oben erwähnte Beispiel mit Klaus).

2. Überführung einer Erfahrung in das bevorzugte Repräsentationssystem:
Wenn ein Repräsentationssystem blockiert ist (z. B. als Versuch des Patienten, das äußere und innere Dilemma zu lösen), dann können auf dieser Ebene Erfahrungen nicht gemacht werden. In der Therapie besteht aber die Möglichkeit, diese Erfahrungen in das bevorzugte und somit nicht blockierte Repräsentationssystem zu überführen. Dadurch werden neue, bisher abgewehrte Erfahrungen möglich. (Diese können dann auch wieder rückübersetzt werden in das zuvor blockierte Modell; siehe 3.).

Zur Veranschaulichung ein Beispiel: Resi hat panische Angst vor körperlicher Berührung. Sie hat dafür aus ihrer Biographie heraus verstehbar gute Gründe. Deshalb vermeidet sie jeglichen Körperkontakt. Dadurch hindert sie sich daran, gute Erfahrungen mit Berührungen zu machen. Ihr kinästhetisches Modell der Welt ist verzerrt und reduziert. Im Dialog einer musikalischen

---

5 Bei Coenästhesien bzw. Leibhalluzinationen bietet sich analog eine körperzentrierte Vorgehensweise an. Daß dies sinnvoll ist, zeigen Arbeiten von MAURER-GROELT (1976), MAURER (1978), SCHARFETTER, BENEDETTI (1978).

Improvisation kommt es auf der von ihr bevorzugten auditiven Ebene zu einem Zusammenklang, zu einer musikalischen Berührung, die sie als angenehm erlebt. Auf dieser Ebene kann sie ihr eingeengtes Modell „Berührungen sind gefährlich" erweitern, durch die Erfahrung „Berührung ist angenehm". Bei zunehmendem Vertrauen in „Berührungen" kann sie dies auch auf der körperlichen Ebene wagen.

3. Hinzufügen oder Erweiterung eines ungenutzten Repräsentationssystems:
Schizophrene Patienten blockieren nicht immer als Schutz vor einer Beziehungsfalle bestimmte Kommunikationskanäle, und ihre Modelle verarmen nicht nur sekundär durch Unterstimulation (vgl. die Entstehung der Minussymptomatik). Sie haben in ihrem Leben tatsächlich manche Erfahrungen nicht machen können. In diesem Bereich ist dann ihr Modell der Welt von Anfang an verkümmert. G. LOOS (1985) sagt in solchen Fällen: Es muß ein Eindruck gegeben werden, um Ausdruck zu ermöglichen. Klaus z. B. (s. o.) hatte keine Vorstellung, was er mit der Trommel anfangen könnte. Ich mußte ihm vorspielen und er übernahm das anfangs durch Imitation.

In der Musiktherapie kann eine erste Kontaktaufnahme auf der musikalischen Ebene nach einer Weile von einem Blickkontakt begleitet werden oder es wird ein Klangbild gemalt, welches ganz zwanglos mit Imaginationen einhergeht. So wird das visuelle Repräsentationssystem erweitert.

Aktive Klänge und Rhythmen zu erzeugen ist zwangsläufig mit Bewegung verbunden. Dies läßt sich intensivieren durch gezielte Kombination von Musik mit Bewegung oder von Musik und Körpererfahrung. Dadurch kommt es zu einer Erweiterung des kinästhetischen Repräsentationssystems.

4. Hinzufügen eines neuen Meta-Modells:
So wie Kinder ihre Muttersprache lernen (ein Meta-Modell erwerben), so lernen Menschen, die regelmäßig an der freien Improvisation einer Musiktherapie teilnehmen, schließlich eine musikalische „Sprache". Dieses neue Meta-Modell bewegt sich, wie die Sprache, auf einer höheren logischen Ebene als die Repräsentationssysteme. Es unterscheidet sich von ihr qualitativ aber dadurch, daß es sich um eine analoge „Sprache" handelt. Sie ist weniger eindeutig, sie ist plastischer, emotionaler und der Beziehungsebene näher.

Der Erwerb eines neuen Meta-Modells führt zu einer erstaunlichen Erweiterung der inneren Welt und damit des inneren Bezugssystems, welches Kommunikation ermöglicht.[6]

Ich möchte die kommunikationstheoretischen Überlegungen mit einer Zusammenfassung abschließen:

Es geht zuerst darum, den Patienten dort zu erreichen, wo er „ansprechbar" ist. Auf diesem Wege kann Vertrauen wachsen. Blockierungen können umgangen und überwunden werden. Verarmte und ungenutzte Modelle der Welt werden erweitert und eine ganz neue „Sprache" kann entstehen. Dadurch werden breitere Bezugsmöglichkeiten des Fühlens, Denkens und Handelns geschaffen, eine Kommunikationserweiterung wird möglich.

Familiendynamische Aspekte

Bevor ich auf die Relevanz familiendynamischer und systemtheoretischer Erkenntnisse für die Musiktherapie eingehe, möchte ich sie in sehr gedrängter Form darstellen. Zugunsten der Lesbarkeit erlaube ich mir „unsauber" zu zitieren. Ich referiere aus dem Gedächtnis und versehe nicht jeden Begriff mit der entsprechenden Zitationsstelle. Wer genauer nachlesen möchte, findet mehr an Informationen bei BATESON et al. (1975), CIOMPI (1982), SELVINI et al. (1981), STIERLIN (1974, 1978, 1981), WATZLAWICK et al. (1967).

In schizophrenen Familien sind die einzelnen Mitglieder schlecht voneinander abgegrenzt, sie besitzen keine eigene Identität. Dadurch entsteht eine undifferenzierte Familien-Ich-Masse, eine Pseudo-Gemeinschaft. Die Grenzen der einzelnen Individuen sind verwischt, insbesondere auch die Generationsgrenzen. Letzteres kann z. B. bedeuten, daß Kinder als Partnerersatz dienen oder in eine Elternrolle geraten, also parentifiziert werden. Die Konfusion äußert sich in Vermischung und mangelnder Unterscheidung der Gefühle, Wünsche, Ängste, Bedürfnisse, Ansichten oder Wahrnehmungen der einzelnen.

---

6 Es dürfte interessant sein, andere Therapie-Formen wie Maltherapie, katathymes Bilderleben, Ausdrucks- und Tanz-Therapie oder überhaupt künstlerische Ausdrucksformen einmal unter diesem Blickwinkel zu betrachten.

Die Aufrechterhaltung dieses sich selbst regulierenden Systems geschieht durch schizophrene Transaktionen. Sie sind zugeschnitten auf die Pathologie der Familienangehörigen. Diese besteht vor allem aus einem mangelnden Selbstwert- und Identitätsgefühl. Bei der Partnerwahl haben sich offensichtlich ähnliche schwierige Menschen gesucht und gefunden in der Hoffnung, daß jeweils der andere den eigenen fundamentalen Defekt ausgleicht und ergänzt, bzw. angetan von der Herausforderung, gerade mit diesem schwierigen Menschen fertig zu werden. Die Mehrgenerationen-Perspektive besagt, daß sich mindestens drei Generationen mit schizophrenen Transaktionen zurückverfolgen lassen, wenn jemand die manifesten Symptome einer Schizophrenie aufweist. Die Partnerwahl erfolgt demnach vermutlich nach dem Modell der Eltern. Was FREUD Wiederholungszwang nennt, beschreibt BATESON sinngemäß so: „Es ist eine allgemein menschliche Eigenschaft, sich den gewohnten Zustand des Unbehagens dadurch zu bestätigen, daß man wiederholt dieselbe unangenehme Erfahrung sucht". Zwei Partner, die sich beide erhoffen, daß der andere seinen zentralen Mangel oder Defekt ergänzt, müssen feststellen, daß dies nur unzureichend gelingt. Sie sind aufgrund ihres Mangels aber nicht stark genug, sich zu trennen. Schließlich wird die Hoffnung auf Kompensation des fehlenden Selbstgefühls auf die Kinder übertragen. Diese können dadurch keine eigene Idendität entwickeln. Auf ihnen lasten die Delegationen der Eltern, ausgesprochene oder oft unausgesprochene Aufträge, z. B. „Wenn ich schon nicht studieren konnte, solltest Du es tun!".

Delegationsprozesse können auf verschiedene Weise entgleisen: a) Die Delegation ist aufgrund mangelnder Fähigkeiten nicht erfüllbar (das Studium ist z.B. wegen fehlender Begabung nicht zu schaffen.) b) Die Delegation ist in sich widersprüchlich („Studiere, aber sei nicht besser als ich!"). c) Die Delegationen der verschiedenen Elternteile widersprechen sich (Vater: „Studiere!", Mutter: „Studiere nicht!"). Daraus entsteht ein unauflöslicher Loyalitätskonflikt. Kinder solcher im Selbstgefühl gestörter Eltern können daher nur schwer eine eigene Identität entwickeln. Sie bleiben deshalb an die Eltern gebunden. Daraus erwachsen über mehrere Generationen in sich vernetzte und verwobene Teufelskreise, die aufrecht erhalten werden müssen, damit keiner aus dem Gefüge ausbricht. Deshalb werden alle autonomen Regungen der einzelnen sabotiert. So entsteht ein maligner Clinch, ein symmetrischer Machtkampf zwischen absolut gleichstarken bzw. -schwachen Teilnehmern. Es entwickelt sich ein „Spiel" ohne Ende, in dem es nie Sieger oder Besiegte gibt, denn das würde das Ende des Spiels bedeuten.

Der symmetrische Machtkampf ist gekennzeichnet durch den permanenten Kampf um die Kontrolle und Definition der Beziehung und die gleichzeitige ständige Vermeidung der Definition der Beziehungen. Letzteres gelingt z. B. am sichersten durch die sofortige Abwertung der eigenen Definition der Beziehung – sozusagen noch ehe es der andere tut. Dadurch entsteht ein komplexes Verwirrspiel, voller Beziehungsfallen, logischer und affektiver Antinomien und Paradoxien.

Es gibt viele Kommunikationsmanöver der schizophrenen Transaktion. Das weiter oben ausführlich behandelte Double-bind ist nur eines davon. Sehr verbreitet sind Entwertung, Verleugnung, Nichtung (z. B.: „Ich registriere Dich nicht, Du existierst für mich nicht!" oder: „Mich gibt es für Dich gar nicht!"). Eine mildere Form ist die Abwertung einer Botschaft bzw. einzelner ihrer Komponenten oder das Abweichen vom Thema (der Psychiater spricht dann von inkohärentem Denken).

Schon die Lektüre dieser Beschreibung der schizophrenen Familiendynamik mag verwirrend sein. Um so weniger verwundert es, daß jemand, der von der Säuglingszeit an diesen Interaktionsstrategien ausgesetzt ist, allmählich so verunsichert wird, daß er, zumal wenn er sensibel ist, schließlich ver-rückt wird. Treffend drückt das ein Lessing-Zitat aus, welches G. Loos[7] (1985) ihrem Buch „Spiel-Räume" vorangestellt hat: „Wer über gewisse Dinge den Verstand nicht verliert, hat keinen zu verlieren".

Welche therapeutischen Konsequenzen ergeben sich aus dem Wissen um diese Phänomene? Es leuchtet ein, daß die einzig kausale Therapie einer Familie mit schizophrener Interaktion eine Familientherapie sein kann, die eine Änderung der Spielregeln und des Kommunikationsstils der Familie anstrebt. Damit werden neue Erfahrungen der einzelnen Familienmitglieder möglich. Die reduzierten Modelle der Welt können sich erweitern, Autonomieentwicklungen sich differenzieren. Der identifizierte Patient kann aus seinen Delegationen entlassen werden. Eine solche Therapie ist natürlich nur dann sinnvoll, wenn er noch in das Familiensystem eingebunden ist.

Mit der Ablösung des Index-Patienten aus der Familie ist sein individuelles schizophrenes So-Sein aber noch nicht behoben. War er doch in den vielen

---

7 GERTRUD LOOS möchte ich an dieser Stelle herzlich danken für ihre Anregungen und ihre Unterstützung bei der Entstehung dieser Arbeit.

Jahren seiner Entwicklung den pathologischen Interaktionen ausgesetzt und hat sie verinnerlicht. Deshalb bedarf er nach einer gelungenen Familientherapie weiterer Hilfe. Der Mangel an Lebenserfahrung muß ausgeglichen werden, psychosoziale Fähigkeiten sind zu erwerben, kognitive Fehleinstellungen müssen korrigiert und Defektzustände kompensiert werden. Musiktherapie stellt so viele auf die spezifischen Bedürfnisse des Schizophrenen zugeschnittene Möglichkeiten bereit, daß sich ihr Einsatz (neben anderen mehr soziotherapeutischen Angeboten) als spezifisch psychotherapeutische Methode empfiehlt.

Da der schizophrene Patient seine eingefahrenen Kommunikationsmuster in die (Gruppen-)Therapie trägt, ist es natürlich von großer Bedeutung für den Musiktherapeuten, damit umgehen zu können. Er sollte in der Regel in seiner eigenen Kommunikation mit dem Patienten alles vermeiden, was die pathologische Interaktion aufrechterhält oder sogar fördert. Das heißt, er soll möglichst klar sein, sich einfach und verständlich ausdrücken, eindeutige und kongruente Botschaften aussenden. Er muß als reale, konkrete Person zugegen sein. Dazu gehört auch, daß er Fehler haben darf und vor allem Gefühle. Zu beidem kann er stehen. Er sollte immer eine Definition der Beziehung zulassen, bzw. die Beziehung von sich aus definieren. Er sollte nicht versuchen, einem schizophrenen Patienten etwas vorzumachen, (z. B. eine therapeutische Haltung, die nicht echt ist). Dieser würde es wahrscheinlich mit seiner treffsicheren Schärfe der Wahrnehmung spüren, auch wenn er nie ein Wort darüber verliert. Dazu ist es natürlich nötig, daß der Musiktherapeut seine eigenen Gefühle gut wahrnehmen kann und in der Lage ist, sich seiner unbewußten Einstellungen bewußt zu werden.

An dieser Stelle möchte ich etwas anmerken zur Wahrnehmung schizophrener Menschen. In den Lehrbüchern der Psychiatrie steht unter der Aufzählung der Symptome der Schizophrenie „Störung der Wahrnehmung". Das mag im Nachhinein von außen gesehen stimmen. Ich vermute aber, daß ursprünglich oft (vielleicht nicht immer) das Gegenteil der Fall ist: der später einmal schizophren Dekompensierende besitzt eine außergewöhnlich sensible Wahrnehmung. Er erkennt dadurch viele Dinge an seinen Bezugspersonen, die diese selbst nicht wahr-haben wollen oder können und die sie deshalb abstreiten oder verleugnen. Dadurch wird ihm nicht bestätigt, daß sein Wahr-nehmen wahr ist, seine Umwelt will es nicht für wahr haben. Schließlich zweifelt er selber an seiner Wahrnehmung und es entsteht eine Wahrnehmungsstörung. Ein Lösungsversuch ist für ihn z. B. der, sein Wahr-nehmen noch mehr zu schärfen. Dann entsteht aus einer sensiblen eine sensitive

Wahrnehmung bis hin zu Wahn-Wahrnehmungen. Aus diesem Grund ist es von großer Bedeutung, daß der Therapeut dem Patienten rückmeldet, wenn dessen Wahrnehmungen wahr sind.

Manchmal erweisen sich die Verhaltens- und Kommunikationsweisen schizophrener Patienten in der Musiktherapie als so hartnäckig und unveränderbar, (wodurch natürlich auch verändernde Neuerfahrungen nicht möglich werden), daß es angezeigt ist, sich einige der sehr effizienten therapeutischen Techniken auszuborgen, die die Familientherapie entwickelt hat: z. B. Umdeutung, positive Symptomdeutung, Symptomverschreibung, paradoxe Intervention oder therapeutisches Double-bind. (Damit widerspreche ich natürlich meiner obigen Empfehlung, kongruent zu kommunizieren und die alten Interaktionsstrategien des Patienten zu vermeiden. Darauf will ich später eingehen). Zur Verdeutlichung möchte ich ein Beispiel aus der Praxis anführen:

Werner, ein 28 Jahre alter, seit 7 Jahren dauerhospitalisierter chronisch schizophrener Patient, fiel in der Musiktherapiegruppe seit Anbeginn durch ausgeprägte negativistische Tendenzen auf. Dies äußerte sich darin, daß er, wenn alle spielten, wie gelangweilt und geistesabwesend untätig ins Leere blickte und immer dann, wenn alle anderen schwiegen oder redeten, auf eine Trommel schlug. Er richtete dadurch entweder sich oder die anderen und vermied, mit ihnen in Beziehung zu treten. Ich sagte ihm, ich hätte den Eindruck, er wolle gar nicht mit den anderen mitspielen. Er bejahte dies mit einem kurzen Kopfnicken. Ich bot ihm daraufhin an, er brauche, wenn das so sei, nicht in der Gruppe sitzen, sondern könne sich mit seinem Stuhl ans Fenster setzen und seine Trommel mitnehmen. Er stand ohne zu zögern auf, nahm seinen Stuhl und seine Trommel und setzte sich ans Fenster. Der verbleibenden Gruppe bot ich an, über eine freie Improvisation einen gemeinsamen Rhythmus zu finden, so dicht, wie es angenehm sei. Daraufhin entstand ein gemeinsames Spiel, welches nach relativ kurzem Durcheinander und Suchen in einen Rhythmus einmündete, der sehr homogen und lebendig war und in dem soviel an Nähe zugelassen werden konnte, wie es bis zu diesem Zeitpunkt noch nicht möglich gewesen war. Es bereitete den einzelnen offensichtlich auch soviel Freude, daß sie gar nicht daran dachten, damit so bald wieder aufzuhören. Nach vielleicht 10 Minuten – ich wagte kaum meinen Ohren zu trauen – hörte ich vom Fenster her Trommelschläge, anfangs sperrig, dann über noch unbeholfene Synkopen ein Maß suchend zwischen Sich-abgrenzen und Mitmachen und noch etwas später in vollen Einklang mit der Gruppe – bis ich ihn nicht mehr heraushören konnte. Nur noch durch Hinsehen konnte ich feststellen, daß er mitspielte. Dann verging eine längere Weile, in der die Gruppe unverdrossen weiterspielte. Da stand er plötzlich auf, nahm seinen Stuhl und die Trommel, kam wieder zu den anderen herüber, drängte sich an seinen alten Platz und spielte nun in der Gruppe sitzend völlig integriert mit, als sei es das Selbstverständlichste auf der Welt.

Was war geschehen? Werner hat durch sein Verhalten in der Gruppe den anderen mitgeteilt: „Ich nehme von Euch keine Notiz, ihr existiert für mich nicht!" bzw. „Ich existiere in der Beziehung mit Euch gar nicht!". Um dies konsequent zu verdeutlichen, mußte er sein Verhalten aber paradoxerweise in eine sehr enge Beziehung zum Verhalten der Gruppe setzen. Damit war ein Spiel entstanden, bei dem es keinen Gewinner und Verlierer gab, es drohte ein Spiel ohne Ende zu werden. Mit meiner paradoxen Intervention (ich wollte natürlich ihn letztlich nicht aus der Gruppe entfernen, sondern ihm ermöglichen mitzuspielen) verordnete ich ihm seine Außenseiterrolle im Sinne einer Symptomverschreibung. Da er (auch auf der Station) immer das Gegenteil von dem machte, was andere, also auch ich, von ihm wollten (wenn ich der Gruppe ein Spiel anbot, spielte er ja nicht mit), war für ihn eine therapeutische Zwickmühle entstanden. Therapeutisch deshalb, weil ihn in jedem Fall eine neue Verhaltensweise und damit eine neue Erfahrung bevorstand, gleich welche Wahl er getroffen hätte. Er hätte sich z. B. dafür entscheiden können, weiterhin das Gegenteil von dem zu tun, was ich ihm empfahl. Dann hätte er in der Gruppe sitzen bleiben müssen. Da dies eine intentionale Entscheidung gewesen wäre, hätte er damit seine Beziehung zu den anderen eindeutig definiert („Ich will bei Euch sitzen bleiben!"), was er zuvor konsequent vermieden hatte („Ich sitze bei Euch, aber ich bin für Euch oder Ihr seid für mich nicht da!"). Er hätte nicht umhingekonnt zu erfahren, was passiert, wenn er die Beziehung zu den anderen definiert. Er wählte die andere der beiden Möglichkeiten und entschied sich, das zu tun, was ich ihm anbot. Damit hatte er seine sonst praktizierte Technik, immer das Gegenteil zu tun, aufgegeben und er konnte die Erfahrung machen, daß das Befolgen des Angebots einer Autoritätsperson diesmal nicht seine autonomen Regungen sabotierte. Er wurde nicht in der Gruppe (Familie) festgehalten, sondern seine Autonomiebestrebungen wurden respektiert. Das gab ihm die nötige Freiheit, den nächsten Schritt zu tun und die Beziehung zu den anderen Gruppenmitgliedern klar zu definieren: „Ich will bei Euch mitspielen, ich will bei Euch sein!". Wer gehen darf, kann auch aus freien Stücken kommen. Hier mußte nichts mehr gedeutet, verbalisiert oder gar erklärt werden. Neue Schritte waren getan, neue Erfahrungen waren möglich geworden.

Wie weiter oben bereits angedeutet, ähneln solche therapeutischen Interventionen in frappierender Weise dem ursprünglich traumatisierenden Kommunikationsstil und widersprechen der Forderung nach möglichst eindeutiger und klarer Kommunikation des Therapeuten mit einer Kongruenz seiner einzelnen Botschaften. Der Widerspruch läßt sich folgendermaßen auflösen: Der Mensch, der immer einer paradoxen Kommunikation ausgesetzt war, kann anfangs eine kongruente nicht als solche erkennen. Es gilt also auch hier die Empfehlung, den Patienten dort abzuholen, wo er sich befindet, seine „Sprache" zu sprechen – und die ist eben eine paradoxe. Später wird der Patient dann zunehmend in der Lage sein, kongruente Botschaften zu erkennen (und zu schätzen). Das therapeutische Gegenparadoxon unterscheidet sich in einem Punkt sehr wesentlich von den pathogenen Paradoxien der schizophrenen Familie: Es dient nicht seiner Einbindung, sondern seiner Befreiung, seiner Autonomie und Individuation. Dies ist letztlich die Grundbotschaft der therapeutischen Haltung. Aus diesem Grunde versteht es sich von selbst, daß solche Interventionen nicht als technischer Trick anzusehen sind (auch wenn es von manchen Systemtheoretikern – vielleicht provozierend – so beschrieben wird) und daß sie nicht ohne eine zutiefst positive Grundbeziehung zum Patienten angewendet werden dürfen.

Bei dieser Gelegenheit möchte ich darauf hinweisen, daß es natürlich nicht unbedingt eines so betont technischen und auch mechanistischen Systems bedarf, um solche Lösungen anzubieten und ihre Wirksamkeit zu erklären. Viele begabte (Musik-)Therapeuten machen ihren Patienten intuitiv ähnliche Angebote, ausgehend von einer therapeutischen Haltung und einer positiven Einstellung gegenüber dem leidenden Menschen. Wenn ein Patient sein darf, so wie er ist, mit all seinen Fehlern, Widersprüchlichkeiten, Symptomen, wenn er sie haben darf, dann kann er sie auch lassen, dann kann er auch wagen anders zu werden als er noch ist.

Ich betone nochmals das Aspekthafte und Reduktionistische jedes Modells und leugne seine alleinige Gültigkeit. Es ist beispielsweise ein leichtes, die oben geschilderte Szene mit Werner aus der psychoanalytischen Sicht zu beleuchten und zu erklären. (Der Trotz als autonome Regung, Abgrenzung aus Verschmelzungsangst, letztere wegen persistierendem Symbiosewunsch; durch räumliche Garantie der Distanz, Ermöglichung der Nähe, dann des Eins-Seins auf der musikalisch-rhythmischen Symbolebene; partielle Befriedigung der symbiotischen Wünsche als Basis für eine Individuation). Dennoch ist es sinnvoll, Modelle zu haben, solange man sich dessen bewußt ist, daß sie nicht mit der Welt identisch sind. Dann wird man sie auch nicht mit

Gewalt der Welt aufpressen, bis die Welt zum Modell paßt. Modelle bilden Bezugsmöglichkeiten und ermöglichen Kommunikation (z.B. unter Wissenschaftlern, unter Behandlern).

Nach diesem allgemeinen Exkurs, wieder zurück zu den familiendynamischen Aspekten. Gelegentlich wird Musiktherapie in der Familientherapie (wenn auch meines Wissens nicht mit schizophrenen Patienten) eingesetzt, mit Erfolg und interessanten Ergebnissen (s. z. B. VOREL 1984). Im folgenden Beispiel wurde eine verbale Familientherapie mit einer Gruppenmusiktherapie kombiniert.

Zusammen mit einem Kollegen als Co-Therapeuten leitete ich in einem psychiatrischen Bezirkskrankenhaus[8] eine Musiktherapie-Gruppe. An ihr nahm auch Marc teil, ein 21jähriger schizophrener Patient. Er wurde auf der Akutstation stationär behandelt, die mein Kollege und ich gemeinsam ärztlich betreuten. Uns war aufgefallen, daß der betreffende Patient jedesmal nach einem Wochenendurlaub zu Hause bei seiner Familie in desolatem Zustand wieder in die Klinik zurückkam. Zuvor hatte er immer erfreuliche Fortschritte gemacht, seine paranoiden Ideen relativiert, bessere Ich-Funktionen gezeigt, usw. Der Zusammenhang zwischen seiner jeweiligen Rückkehr in die Familie und der Verschlechterung seines Zustandes war nicht zu übersehen, und so entschlossen wir uns, gemeinsam mehrere Familiensitzungen in regelmäßigen größeren Abständen anzuberaumen. Die Familie war dazu zu motivieren. Gleichzeitig nahm Marc weiterhin an der Musiktherapie-Gruppe 2mal pro Woche teil. So hatten mein Kollege und ich Gelegenheit, gleichzeitig die Familiendynamik und die individuelle Entwicklung des identifizierten Patienten im Auge zu haben und therapeutisch zu beeinflussen. Schwierigkeiten, die in unserer Doppelfunktion lagen, waren zu bewältigen. Aus dem gesamten Komplex des Therapieverlaufs möchte ich nur weniges herausgreifen. In den Familiensitzungen war rasch deutlich geworden, daß auf Marc incompatible Delegationen der Eltern ruhten, die er loyal zu erfüllen versuchte, ein Unterfangen, das wirklich dazu angetan war, den Verstand zu verlieren. Der Vater wollte explizit, daß Marc einen bestimmten Beruf ergreift, die Mutter wollte das unausgesprochen nicht, sie sabotierte es unterschwellig, der Vater setzte sich nicht durch. Letztlich „stritten" sich die Eltern ständig mit Hilfe dieses Themas, ohne offen zu streiten. Es war ein symmetrischer Machtkampf, ein Spiel ohne Ergebnis, ohne Ende, ausgetra-

---

8 Bezirkskrankenhaus Werneck, Ärztlicher Leiter Dr. SOTTKY

gen auf Marc's Rücken. Er war das Bindeglied, er versuchte, die ausgesprochenen und die erahnten Wünsche beider zu erfüllen. Er war der Leid-Tragende. Vermutlich hatte Marc durch die Familiensitzungen diese Zusammenhänge erkannt. In einer Musiktherapiestunde geschah jedenfalls kurz später folgendes: Der musikalische Dialog von zwei Mitpatienten auf ihren Instrumenten geriet ihnen ganz offensichtlich zu einer Art Streitgespräch. Daraufhin äußerte Marc von sich aus wörtlich folgenden Wunsch: „Ich möchte mal dagegenspielen, wenn zwei sich streiten". Die Kenntnis der Familiendynamik hat mich leicht verstehen lassen, worum es ging. Ich habe ihm angeboten, die Situation genau nach seinen Vorstellungen zu inszenieren. Er gab daraufhin dem einen Gruppenmitglied die große Drehpauke, dem anderen ein großes Becken, während er sich selbst die Kinderleier nahm, dieses kleine zarte anthroposophische Saiteninstrument. In dem dann einsetzenden Getöse des „Streits" der beiden anderen ging er völlig unter. Aber in den folgenden Wochen wagte er mehr und mehr, seine unterdrückte aggressive Seite in der Musiktherapie spielerisch auszuprobieren. Gleichzeitig wehrte er sich zunehmend gegen seine Eltern. Um es kurz zu machen, möchte ich eine Szene aus der Musiktherapie wenige Wochen später, kurz vor seiner Entlassung schildern. Ich hatte ihn gefragt, ob er denn noch einmal die oben beschriebene Szene spielen wolle. Und ob er das wollte! Er verteilte siegessicher die Instrumente. Dem einen gab er ein kleines Glockenspiel, dem anderen die Leier. Er selbst umgab sich mit einer Batterie von Schlagwerk. Dann ließ er die beiden anderen „streiten", um sie mit sichtlichem Genuß kurz später mit einem ohrenbetäubenden Spektakel an die Wand zu spielen. Zu Hause hatte er gegen den anfänglichen Widerstand seiner Eltern durchgesetzt, sein Elternhaus und den Heimatort zu verlassen, um in einer therapeutischen Wohngemeinschaft aufgenommen zu werden.

Dieser Bericht spricht meines Erachtens so für sich, daß sich ein Kommentar erübrigt. Ich möchte deshalb zu den psychoanalytischen Überlegungen übergehen, die weiter oben andeutungsweise bereits gestreift wurden. Sie stehen in engem Zusammenhang mit den familiendynamischen Aspekten, denn Struktur und Dynamik der innerpsychischen Repräsentanzen sind natürlich der Niederschlag und die Verinnerlichung der in der Familie beobachtbaren Strukturen und Prozesse.

Psychoanalytische Aspekte

Die psychoanalytischen Aspekte des schizophrenen Krank-Seins auch nur einigermaßen dem heutigen Stand des Wissens entsprechend wiederzugeben, würde diesen Rahmen sprengen. Eine Zusammenfassung bietet z. B. KUTTER (1982), von dem die hier referierte Phasenlehre mit den entsprechenden Fixierungsstellen übernommen ist. Wer mehr über die Erkenntnisse der Ich-Psychologie wissen möchte, sei auf die Übersicht von BLANCK und BLANCK (1981) verwiesen.

Aus psychoanalytischer Sicht liegt der Urgrund für eine sich später manifestierende schizophrene Psychose in der frühen Mutter-Kind-Beziehung. Wenn man es nicht monokausal sieht, ist das sicher richtig. Wie bereits erwähnt, lassen sich pathologische Familienstrukturen von dem manifest schizophren Erkrankten über drei Generationen zurückverfolgen. Es kann daher zu Recht angenommen werden, daß die Mutter des Schizophrenen selber keine ausgewogene Mutter-Kind-Beziehung im ersten Lebensjahr erfahren hat. Ausgewogen heißt: Einreichend gut ist eine Mutter für ihr Kind dann, wenn ihr eine angemessene Balance zwischen optimaler Nähe und nötiger Distanz gelingt. Dabei verschiebt sich die Gewichtung mit dem Heranwachsen des Säuglings von der einen mehr zur anderen Seite. Eine verschlingende Liebe und ein alles gewährendes Verwöhnen sind ebenso schädlich wie kalte Distanz, Versagung und Unterdrückung. Das Hauptproblem des Kindes ist dabei, daß es nicht als eigenständiges Wesen wahrgenommen, nicht um seiner selbst angenommen wird. Es gibt viele Möglichkeiten, das Kind zur Befriedigung eigener unbewußter Bedürfnisse zu mißbrauchen. Es kann Ersatz für ein Elternteil sein, für einen Partner (was wohl sehr häufig ist), ein Geschwister oder für eigene unerfüllte Bedürfnisse. Es kann sowohl narzißtisch (zur Hebung des Selbstgefühls) als auch sexuell (zur Erfüllung von Triebwünschen, manifest oder latent) „mißbraucht" werden. Aber auch unter den sexuellen Wünschen liegt wohl zumeist eine Sehnsucht nach einer „frühen" Körperlichkeit, also nach Wärme und Geborgenheit.

Sowohl die Mutter als auch der Vater können auf diese Weise ein Kind „ausbeuten". Die Mutter, gemeinhin früheste Bezugsperson, wirkt sich in der ersten Zeit sozusagen direkt aus, der Vater indirekt. Er kann beispielsweise aus Eifersucht die Mutter-Kind-Einheit immer wieder stören. Oder er kann wegen zu häufiger Abwesenheit oder innerer Distanz Desinteresse und Geringschätzung signalisieren, eine Triangulierung erschweren oder gar verunmöglichen. Getrenntsein oder/und Eins-Sein kann von den frühen

Bezugspersonen oft nicht ausgehalten werden bzw. sich nicht in einem organischen Wechsel ablösen. So entsteht eine persistierende ambivalente Verwicklung. Die kindlichen Bedürfnisse nach Eins-Sein, Verschmolzen-Sein, Gestillt-, Gehalten-, Geschützt- und Getragen-Sein werden nicht oder übertrieben erfüllt. Es fehlt das Gleichgewicht und damit die Voraussetzung für eine gesunde Reifung und Differenzierung des Ichs. Deshalb kann später weder Getrennt-Sein noch Nähe ertragen werden.

Die analytische Psychosenlehre hat in den frühkindlichen Entwicklungsphasen Fixierungsstellen identifiziert, auf die der Patient im Falle einer späteren Psychose regrediert. Den einzelnen Fixierungsstellen werden bestimmte nosologische Untergruppen der Schizophrenie zugeordnet. Die in diesem Zusammenhang bedeutenden Entwicklungsphasen möchte ich wenigstens kurz erwähnen.

Es wird angenommen, daß in der undifferenzierten „autistischen" Phase des „primären Narzißmus" der Säugling sozusagen nur sich selbst kennt. Das Selbst ist narzißtisch besetzt. Zu wörtlich genommen ist diese Ansicht natürlich falsch, denn das Neugeborene steht in einer sehr engen Kommunikation mit der Mutter, die schon in der intrauterinen Zeit begonnen hat. In dem „frühen Dialog" paßt eine Mutter normalerweise mit instinktiver Sicherheit und Feinfühligkeit Sprach-*Rhythmen*, Wort-*Klang*, *Ton*-Fall und Satz-*Melodie* der fortschreitenden Entwicklung ihres Kindes an (vgl. NITSCHKE 1984). Störungen in den ersten drei Lebensmonaten können entstehen, wenn die Mutter nicht adäquat auf die Bedürfnisse des Kindes eingeht, weil sie z. B. aus eigener Unreife oder aus konstitutionellen Gründen seitens des Säuglings keine harmonische Beziehung herstellen kann. Das führt zu einer ersten Fixierungsstelle in dieser Phase. Die schizophrenen Erscheinungsbilder, die mit ausgeprägtem Autismus einhergehen, die Simplex-Form und die Hebephrenie werden als Regression auf dieses Niveau angesehen.

In der symbiotischen Phase der Dual-Union (etwa 2. bis 12. Lebensmonat) erfolgt auf der Stufe der „coenästhetischen Organisation" (SPITZ 1973, S. 44 f.) die Differenzierung des Ichs über kindliche Wahrnehmungen im Kontakt mit der Mutter. Von Bedeutung sind hierbei „Gleichgewicht, Spannungen (der Muskulatur und anderer Organe), Körperhaltung, Temperatur, Vibration, Haut- und Körper-Kontakt, Rhythmus, Tempo, Dauer, Tonhöhe, Klangfarbe, Resonanz, Schall und wahrscheinlich noch eine Reihe anderer ..." (SPITZ 1973, S. 46). In dieser Phase kann der Säugling nicht zwischen sich und seiner Umwelt unterscheiden. Die Mutter übernimmt die Funktionen des Versorgens im weitesten Sinne und auch des (Reiz-)Schutzes. Störungen in dieser Zeit führen zu einer weiteren Fixierungsstelle. Schwere paranoid-halluzinatorische Formen der Schizophrenie werden als Regression auf dieses Niveau betrachtet.

In der anschließenden Phase der Lösung aus der Dual-Union wird diese durch eine Verinnerlichung des Objektes im Selbst ermöglicht. Selbst und Objekt differenzieren sich. Dies gelingt mit Hilfe eines sog. „Übergangsobjekts" (WINNICOTT 1973, S. 10 ff.). Das Übergangsobjekt steht symbolisch für die Mutter und ersetzt sie. Es ist gleichzeitig das erste Objekt, welches als vom Selbst getrennt erlebt wird. Es steht am Übergang von der Mutter-Kind-Einheit zu einem Eigenständig-Sein des Kindes (Subjekt) und der Mutter (Objekt). Das Kind kann es als Mutterersatz bei sich haben und sich deshalb von der Mutter trennen. Übergangsobjekte und Übergangsphänomene können sein ein Bettzipfel, ein Tuch, ein Teddybär ebenso wie Summen, ein ganz bestimmtes Lallen, ein Lachen, Melodiefetzen aus einem Wiegenlied usw. (vgl. WINNICOTT 1973). Setzt die an sich erforderliche Trennung zu früh ein, wenn noch kein Übergangsobjekt vorhanden ist, so kommt es zu einer Traumatisierung und damit zu einer Fixierung auf der (1. Sub-)Phase der Lösung der Dual-Union. Leichtere Formen paranoider Schizophrenie und der Katatonie werden als Regression auf dieses Niveau angesehen.

Traumatisierungen in den beschriebenen Phasen führen zu einer gestörten Ich-Entwicklung, weshalb man bei der Schizophrenie von einer Erkrankung des Ichs spricht. Dies geht natürlich einher mit einer Störung der Beziehung zu anderen Menschen ebenso wie mit einer Störung der frühen Triebentwicklung. Der frühe Trieb ist der der Nahrungsaufnahme, der Einverleibung. Symbolisch gesehen geht es dabei nicht nur um Muttermilch, sondern auch um seelische Nahrung, letztlich um Mutterliebe und alles, was damit zusammenhängt. Sie ist für das seelische Wachstum notwendig. Bei Versagung dieser lebenserhaltenden „Nahrung" entsteht ohnmächtige, archaische Wut. Wechseln sich Befriedigung und erträgliche Enttäuschung nicht in einem ausgewogenen Rhythmus ab oder fehlt es überhaupt an „guten" Erfahrungen, so kann die Aggression nicht „neutralisiert" werden. Dem Ich steht dadurch nicht genügend neutralisierte Aggression zur Verfügung. HARTMANN (1972, S. 195) ist der Ansicht, daß neutralisierte Aggression die wichtigste Energiequelle der reiferen Abwehrmechanismen darstellt. Fehlende Abwehrmechanismen bedeuten eine schwere Gefährdung des Ichs. Bei Versagungen und Kränkungen drohen archaische Aggressionen das Ich zu überfluten.

Aus psychoanalytischer Sicht entsteht eine psychotische Erkrankung dadurch, daß bei der Entwicklung des Menschen durch bestimmte Traumatisierungen in den für die Ich-Entwicklung relevanten Phasen Fixierungspunkte entstehen und zwar dadurch, daß diese Phasen nicht normal durchlaufen werden konnten. Treten nun Konflikte auf, z. B. nach der Pubertät, wenn sich der Jugendliche normalerweise von den Eltern ablöst, so reagiert er mit seinem bevorzugten Abwehrmechanismus, der Regression. Das heißt, er weicht dem Konflikt dadurch aus, daß er sich in die Vergangenheit zurückflüchtet und zwar auf das Niveau seiner Fixierung. Seine Erlebens- und Verhaltensweisen entsprechen daher dieser Entwicklungsstufe; natürlich nur auf eine angedeutete, verzerrte und symbolische Weise, da er ja nicht in Wirklichkeit ein Säugling ist.

Welche Konsequenzen lassen sich aus dem Dargelegten nun für die Musiktherapie schizophrener Patienten ableiten? Wenn sich der Schizophren-Kranke auf einem Regressionsniveau befindet, welches jener Entwicklungsphase entspricht, die er nicht normal durchlaufen konnte, so bietet es sich natürlich an, Bedingungen zu schaffen, die nachträglich gewissermaßen kompensatorisch ihm ermöglichen, die nicht gemachten Erfahrungen zu sammeln. Da er aber kein Säugling mehr ist, kann dies nur auf der Symbolebene gelingen. In der Musiktherapie arbeiten wir auf einer nonverbalen Ebene. Psychogenetisch gesehen ist sie in diesem Fall *prä*verbal. Sie enthält mit ihren Elementen Klang, Rhythmus, Tonlage, Melodie, Resonanz usw. Zeichen und Signale, welche denen entsprechen, die SPITZ im Mutter-Kind-Dialog der Phase der Dual-Union identifiziert hat. Auch einige der von WINNICOTT beschriebenen Übergangsphänomene finden wir in der Musiktherapie wieder. Wir haben damit ein „Werkzeug", mit dem wir viel besser als mit dem gesprochenen Wort in der Lage sind, problematische oder fehlende frühe Erfahrungen zu korrigieren oder zu ermöglichen – natürlich auf der Symbolebene. Wir haben als Musiktherapeuten die Möglichkeit, dem regredierten Patienten auf der „musikalischen" Ebene intuitiv verstehend zu begegnen, so wie eine Mutter das Lallen ihres Säuglings versteht. Dazu muß der Therapeut wohl partiell (wie die Mutter) ebenfalls regredieren. Das ist ein wichtiger Teil seiner Arbeit, wohl der musiktherapie-spezifischste. Hierin unterscheidet sie sich grundlegend von den meisten anderen, insbesondere den verbalen Therapieformen. Oft wird der Musiktherapeut den „Sinn" seiner Intuition erst im Nachhinein verstehen und sich erklären können. Wer das nicht zulassen kann, dieses Stück Arbeit (Spiel) auf nicht-rationalem, vermeintlich unsicherem Boden, wird es als Musiktherapeut schwer haben. Wer es zulassen kann, wird die Erfahrung machen, daß seine aus den Tiefen des Unbewußten aufsteigenden Intuitionen mit viel größerer Sicherheit *stimmig* sind als rationale Überlegungen.

Wenn die Symptomatik des Schizophrenen (z. B. autistisch, hebephren, paranoid-halluzinatorisch usw.) wirklich so exakt über seine Fixierungsstelle etwas aussagt, wie die Phasenlehre der Psychoanalyse behauptet, dann können wir daraus ableiten, welche Entwicklungen und welche Erfahrungen korrigierend nachzuvollziehen sind. Auf der musiktherapeutischen Ebene sind wir in der Lage, sie zu ermöglichen. Denkbar wäre auch, daß die Zusammenhänge viel komplexerer Natur sind. Vielleicht können Beobachtungen aus der Musiktherapie dazu beitragen, noch offene Fragen zu klären, da sie ja viele Informationen über den präverbalen Ausdruck des Patienten liefern.

Im Großen und Ganzen geht es in der Musiktherapie mit dem Schizophren-Kranken darum, ihn aus seinem autistischen Rückzug herauszuführen, eine befriedigende, d. h. nicht verschlingende und nicht zu karge Symbioseerfahrung zu vermitteln und ihm mit Hilfe eines z. B. klanglichen Übergangsobjektes die Trennung zu ermöglichen. Was hier in einem Satz niedergeschrieben sehr einfach klingt, ist in Wirklichkeit ein sehr schwieriger und langwieriger Prozeß. Dies vor allem deshalb, weil Nähe als bedrohlich erlebt wird und alle Verschmelzungswünsche lange und massiv abgewehrt werden. Die (unbewußte) Sehnsucht nach Eins-Sein und Verschmelzen erzeugt Angst vor dem drohenden Identitätsverlust. Der Patient mit der „verschlingenden" Mutter hat ja entsprechende Vorerfahrungen; der mit der versagenden Mutter hat nicht genügend „gute" Introjekte und damit nicht genügend Vertrauen und Sicherheit. Deshalb ist es wichtig, daß er sich erst angenehme, wohlige Erfahrungen „einverleiben" kann. Diese können ihm über Musik vermittelt werden. Hier halte ich ausnahmsweise auch einmal den Einsatz rezeptiver Musiktherapie für sinnvoll, dem rezeptiven Niveau des Patienten entsprechend. Dies sollte wenn möglich aber nicht (nur) durch eine Musikkonserve geschehen. Der Musiktherapeut kann doch auch selbst intuitiv und individuell improvisieren, z.B. auf dem Monochord, auf dem Kontrabaß, er kann summen oder singen.

Die Angst vor dem Verschlungenwerden wird sich im Laufe der Zeit von selbst verlieren. Ich erkläre mir das so: Die Verschmelzung oder das Einswerden, das Ineinanderfließen mehrerer gleichzeitig oder in kurzer Abfolge nacheinander erzeugter Töne und Klänge ist eine reale, physikalische Gegebenheit. Wenn zwei Menschen miteinander improvisieren, wird zwangsläufig die Erfahrung gemacht, daß diese Verschmelzung auf der akustischen Symbolebene keinen verschlingenden Charakter hat. Eine gemeinsame Improvisation ist ein sich in einem organischen Prozeß wiederholendes Wechselspiel vom Verschmelzen und Trennen, von Nähe und Distanz. Ist ein Patient einmal in dem Stadium angekommen, wo er symbiotische Erfahrungen zulassen kann, dann hat sich für ihn eine Tür geöffnet. Dennoch wird sich eine solche Behandlung über viele Jahre hinziehen.

Positive Erfahrungen und die dadurch entstandenen guten Introjekte ermöglichen ebenso wie ein gesundes Wechselspiel zwischen liebevoller Zuwendung und erträglicher Frustration im Laufe der Zeit eine zunehmende Neutralisierung der archaischen Aggression. Die damit dem Ich zur Verfügung stehende neutralisierte Aggression kann der Patient dazu nutzen, sich zunehmend zu trennen, so daß die Ablösungsphase nachvollzogen werden kann. Da dem Patienten durch die regelmäßige Teilnahme an der Musiktherapie der Umgang mit musikalischen Elementen vertraut wird, und er sie zwangsläufig mit seinem Therapeuten bzw. seiner Therapeutin in Verbindung bringt, ist es nicht weiter verwunderlich, daß er Melodie- und Rhythmuselemente aus den Therapiestunden mit hinaus nimmt, die ihm als Übergangsphänomene die Ablösung ermöglichen. Die anfänglich isoliert nebeneinander existierenden total „guten" und „bösen" Subjekt- und Objektrepräsentanzen können im Laufe der Zeit eine Synthese erfahren (s. hierzu z. B. den Fallbericht von OSTERTAG 1985).

Um die durch die (letztlich mechanistische) analytische Terminologie etwas karg anmutende Landschaft zu beleben, möchte ich zu diesen Themen abschließend noch drei kleine Episoden aus der Praxis erzählen: Ich beginne, weil davon zuletzt die Rede war, mit einem Beispiel über den Umgang mit archaischer Wut. Das ist ein immer wiederkehrendes Thema. Da schizophrene Patienten meist sehr wenig spontane Regungen zeigen und kaum ihre Bedürfnisse anmelden, bin ich grundsätzlich bemüht, wenn irgend möglich, alle Wünsche und Vorschläge aufzugreifen und – manchmal vielleicht in sehr modifizierter Form – auch in das musiktherapeutische Tun umzusetzen. Wenn es um massive destruktive Aggressionen geht, gerate ich dann oft in Konflikte. Es soll ja niemand Schaden nehmen. Ein zerschlagenes Trommelfell halte ich nicht für ein Problem, aber die Mitpatienten könnten geängstigt werden und verstört reagieren. Wenn archaische Aggressionen den Patienten zu überfluten drohen, muß der Therapeut oft Hilfs-Ich-Funktionen übernehmen. In der folgenden Szene ist mir etwas eingefallen, was ich gerne weitergeben möchte:

Es handelt sich um Marc, von dem weiter oben die Rede war. In der Zeit, als er seine bislang abgespaltene Wut entdeckte, kam er eines Tages in die Musiktherapiestunde, mit dem Wunsch: „Heute möchte ich mal Bombenangriff spielen!". Ich war einen Moment ratlos und fragte dann, ob denn da noch jemand mitmachen wolle. Es meldeten sich noch zwei. Somit blieben drei übrig, die, von mir gefragt, zugaben, daß sie vielleicht Angst bekommen könnten. Ich ließ die drei mit der „Bombenwut" sich Instrumente aussuchen und in der einen Hälfte des Raumes Platz nehmen. Die anderen setzten sich in die andere Hälfte und ich stellte vor sie ein kleines Becken mit hohem schrillen Klang. Dann erklärte ich die eine Seite des Raumes mit den Aktiven zum „Fernsehgerät", in dem gleich ein Film über einen Bombenangriff laufen würde. Die anderen machte ich zu Zuschauern der „Sendung", gab jedem einen Schlägel in die Hand, ernannte das Becken zum Ausschaltknopf, der zu bedienen sei, wenn einem die Sendung nicht mehr gefalle. Es hat funktioniert: die einen haben bis zum Beckenanschlag eine Menge Aggression zulassen können, was ein wichtiges kathartisches Erlebnis darstellte, die anderen haben durch meine Empfehlung gehört, daß sie gut für sich sorgen sollten und daß sie nein sagen können, wenn ihnen etwas nicht gut tut.

Zum Thema „Nähe – Distanz" bzw. „Abgrenzung – Verschmelzung" habe ich eine bemerkenswerte Episode erlebt, die auch zeigt, daß die Symbolebene durchaus Realitätscharakter hat.

Die Teilnehmer der Musiktherapiegruppe saßen alle im Kreis und ich hatte angeboten „wanderndes Duo" zu spielen; der Reihe nach, weil noch viel Struktur nötig war. Also: Zwei, die nebeneinander sitzen, spielen zusammen. Wenn einer aufhört, kommt der Nebenmann auf der anderen Seite dazu usw., reihum. Ich saß mit im Kreis, links neben mir Resi. Als ich mit ihr zusammenspielte, wich sie mir derart konsequent mit völlig unberechenbar rhythmischen Sprüngen und bizarr abweisendem Spiel aus, daß von einem Zusammen-Spiel nicht die Rede sein konnte. In dem anschließenden Gespräch gab ich ihr eine entsprechende Rückmeldung. Sie wußte selbst genau, was los war und sagte: „Ja, ich muß mich eben von Ihnen abgrenzen!". Im Verbalisieren ist sie sehr gut. Hinter mir stand zufällig eine hohe Papprolle. Die legte ich zwischen sie und mich und fragte sie: „Hier ist die Abgrenzung, die Sie brauchen! Würden Sie jetzt noch einmal versuchen mit mir zu spielen?" Sie willigte ein, und es entstand ein Duett von Harmonie und zarten Berührungen. Ich war völlig verblüfft, denn ich hatte mich insgeheim schon einige Male gefragt, ob sie überhaupt anders spielen könne als hölzern. Sie hat mich unmittelbar darauf noch einmal verblüfft. Ich hatte geglaubt, ein Bann sei gebrochen und habe ein weiteres Mal mit ihr gespielt, diesmal ohne Papprolle. Es war wie beim ersten Mal. Sie brauchte die Grenzen noch im Außen. Dennoch hatte sie sich erstmals auf ein wirkliches Zusammenspiel eingelassen.

Schließlich möchte ich noch ein Beispiel für ein schönes, angenehmes und befriedigendes Symbiose- bzw. Verschmelzungserlebnis berichten. Es würde natürlich genauso in das Kapitel über kommunikationstheoretische Überlegungen passen, als Beispiel dafür, daß blockierte körperliche Erfahrungen auf dem Umweg über den bevorzugten auditiven Kanal gesammelt werden können.

Es geht um den 28 Jahre alten, schwer kranken, chronisch schizophrenen Johannes, der an massiven Zwangssymptomen leidet sowie an so extremen Muskelverspannungen, daß er wegen völlig verdrehter Haltung von Armen, Beinen und Schultern früher immer für einen Spastiker gehalten wurde. Inzwischen hat sich dies allerdings sehr gut gebessert. Die Gruppe, an der er teilnahm, bestand zum damaligen Zeitpunkt in dieser Zusammensetzung seit etwa neun Monaten. In fortgeschrittenen Gruppen wage ich immer, die sonst für schizophrene Menschen oft ängstigende Stimme mit einzusetzen. Mit dieser Gruppe ging das sogar sehr gut. So entstand eines Tages eine reine Stimmimprovisation, also ohne Instrumente, von der Dauer einer guten halben Stunde. Nach anfänglichem *Einstimmen* war eine Art Choral entstanden, ähnlich dem Gesang tibetanischer Mönche, von ergreifender Tiefe, Wärme und Schönheit. Nachher sagte Johannes – und das will für ihn sehr viel heißen – mit glücklich verklärtem kindlichem Gesichtsausdruck und etwas verlegen: „Das war schön, ich hab' ein ganz warmes Gefühl im Bauch!".

Wird es wohl eines Tages möglich sein, bis ins letzte zu erforschen, was hinter einem Geschehen steckt, das zu einer solchen Aussage führt? Wird es nötig sein? Oder können wir es ertragen, daß Staunen und Geheimnis auch in einer therapeutischen Beziehung bleiben dürfen?

Das Ganze ist mehr als die Summe seiner Teile

Diese wichtige Erkenntnis der Gestaltpsychologie soll im Zusammenhang mit dem hier Thematisierten noch einmal in Erinnerung gebracht werden.

Will man dem Ursprung und dem Wesen des schizophrenen Krank-Seins, des Gespalten- und Entwurzelt-Seins wirklich gerecht werden, so genügt es nicht, die einzelnen Teile dieses multifaktoriellen Geschehens zu kennen und zu verstehen. Sie müssen miteinander in Verbindung gebracht, zu einander in Beziehung gesetzt, als einander berührend und sich in vielen Bereichen überlagernd gesehen werden.

Auch das Heil-Werden des gespaltenen Menschen geschieht nicht nur dadurch, daß die einzelnen Fragmente, seine gespaltenen bzw. abgespaltenen Anteile gesehen, erkannt und erlebbar gemacht werden. Sie sind miteinander in *Beziehung* zu setzen. Dies geschieht vielleicht zuerst *im* Therapeuten, vermittelt durch seine wohlwollende und bejahende, ja liebevolle Haltung gegenüber allen Anteilen. Sie hat verbindenden Charakter. Die daraus erwachsende Therapeut-Patient-Beziehung läßt Nähe zu, ohne zu binden und ermöglicht es dem Kranken, auch in sich die zuvor isolierten Teile zu einem Ganzen werden zu lassen.

Auf die gleiche Weise möge der Leser mit den oben dargelegten Aspekten verfahren. Sie sind für sich alleine gesehen einseitig, ganz abgesehen davon, daß sie nicht vollzählig sind, sondern zu ergänzen, beispielsweise durch gesellschaftliche Aspekte, durch Gesichtspunkte der analytischen Psychologie C. G. JUNGS, der perinatalen und der transpersonalen Psychologie[9], durch schamanische Ansätze[10], vielleicht auch durch eine religiöse Dimension.[11] Auch die alleinige Aneinanderreihung[12] der verschiedenen Aspekte wird den Gegebenheiten des schizophren Kranken und den Möglichkeiten des therapeutischen Umgangs mit ihm nicht ganz gerecht. Es geht vielmehr darum, die sich aus den unterschiedlichen Blickwinkeln ergebenden Ansichten und therapeutischen Handlungsanweisungen miteinander in *Beziehung* zu setzen, sie übereinander zu legen und sie zu einer Einheit werden zu lassen. Ich weiß kein Rezept, wie das zu tun sei. Vielleicht geschieht es dadurch, daß die einzelnen Aspekte gesehen, erkannt und verstanden werden, dann aber auch wieder „vergessen" werden dürfen. Ich glaube, daß es das Unbewußte des

---

9 GROF (1985, S. 115) beispielsweise sieht in vielen Produktionen Schizophrener transpersonale Phänomene.
10 Siehe hierzu z. B. HARNER 1983
11 Um Mißverständnissen vorzubeugen sei betont, daß „religiös" hier in einem weiten Sinne gemeint ist: religare = rückbinden
12 Es ist wie bei der Musik, die nicht allein dadurch entsteht, daß Töne aneinander gereiht werden und sei jeder einzelne für sich noch so schön. Erst wenn sie sich aufeinander beziehen, entstehen musikalische Gestalten.

Therapeuten ist, welches die eigentliche synthetische Leistung vollbringt. Wenn dann ein Aspekt heraustritt, hervortönt, dann schwingen die anderen im Hintergrund modifizierend und ergänzend mit, geben eine andere Klangfarbe dazu. Das gelingt aber nur, wenn sie nicht als konträr und einander ausschließend angesehen werden, sondern als sich ergänzend, als miteinander in Resonanz stehend.

Ein Phänomen der Resonanz ist es wohl auch, wenn in der Therapie das Unbewußte dem Therapeuten, der durchlässig genug ist und seiner Intuition vertraut, die „richtigen" Einfälle und Reaktionsweisen liefert, die dann für den Patienten stimmig sind. Ich weiß, daß der streng naturwissenschaftlich Denkende diese Ansichten als diffus, vage und unsauber ablehnen wird. Derjenige aber, der in seinen Behandlungen das erfahren hat, was hier anklingt, wird keine Beweise brauchen.

Literatur

ALTSHULER, E. N.: A psychiatrist's experiences with music as a therapeutic agent. In: SCHULLIAN, D. M. u. SCHOEN, M. (Hrsg.): Music and medicine. New York 1948, S. 266–281.
BANDLER, R. u. GRINDER, J.: Metasprache und Psychotherapie. Die Struktur der Magie I. Jungfermann, Paderborn 1981.
BATESON, G.: Ökologie des Geistes. Suhrkamp, Frankfurt 1981.
BATESON, G. et al.: Schizophrenie und Familie. Suhrkamp, Frankfurt 1975.
BLANCK, G. u. BLANCK, R.: Angewandte Ich-Psychologie. Klett-Cotta, Stuttgart 1981.
CAPRA, F.: Wendezeit; Bausteine für ein neues Weltbild. Scherz-Verlag, Bern – München– Wien, 6. Aufl. 1983.
CIOMPI, L.: Wie können wir die Schizophrenen besser behandeln? – Eine Synthese neuer Krankheits- und Therapiekonzepte. Nervenarzt 52, 1981, S. 506–515.
CIOMPI, L.: Affektlogik: Über die Struktur der Psyche und ihre Entwicklung. Ein Beitrag zur Schizophrenieforschung. Klett-Cotta, Stuttgart 1982.
DRIGALSKI, D. v.: Blumen auf Granit. Eine Irr- und Leerfahrt durch die deutsche Psychoanalyse. Ulstein, Frankfurt – Berlin-Wien 1980.
GRINDER, J. u. BANDLER, R.: Kommunikation und Veränderung; Die Struktur der Magie II. Junfermann, Paderborn 1982.
GROF, S.: Topographie des Unbewußten. Klett-Cotta, Stuttgart, 2. Aufl. 1983.
GROF, S.: Vorstoß ins Unbewußte. In: WALSH, R. N. u. VAUGHAN, F. (Hrsg.): Psychologie in der Wende: Grundlagen, Methoden und Ziele der transpersonalen Psychologie – Eine Einführung in die Psychologie des Neuen Bewußtseins. Scherz-Verlag, Bern – München – Wien 1985.
HALEY, T.: Die Psychotherapie Milton H. Ericksons. J. Pfeiffer, München 1978.
HARNER, M.: Der Weg des Schamanen; Ein praktischer Führer zu innerer Heilkraft. Ansata, Interlaken 1983.
HARTMANN, H.: Ich-Psychologie; Studien zur psychoanalytischen Theorie. Klett, Stuttgart 1972.

HEMMINGER, H. u. BECKER, V.: Wenn Therapien schaden. Rowolt, Reinbeck 1985.
KNEUTGEN J.: Freie Improvisation als eindeutige Kommunikationsmöglichkeit für schizophren Erkrankte. Therapie der Gegenwart 919, 1980, S. 1025 – 1046.
KRINGLEN, E.: Zum heutigen Stand der Schizophrenieforschung. Nervenarzt 52, 1981, S. 68-73.
KUTTER, P.: Psychoanalytische Aspekte psychiatrischer Krankheitsbilder. In: LOCH, W.: Die Krankheitslehre der Psychoanalyse. Eine Einführung. Hirzel, Stuttgart, 4. Aufl. 1982, S. 173 – 260.
LOOS, G.: Spiel-Räume. Musiktherapie mit einer Magersüchtigen und anderen frühgestörten Patienten. G. Fischer, Stuttgart – New York 1986.
MAURER, Y.: Schizophrenie und körperzentrierte Psychotherapie. Psychotherapie und medizinische Psychologie 28, 1978, S. 11 – 15.
MAURER-GROELLI, Y. A.: Körperzentrierte Gruppenpsychotherapie bei akutschizophren Erkrankten. Psychiatrisches Archiv für Nervenkrankheiten 221, 1976, S. 259 – 271.
NITSCHKE, B.: Frühe Formen des Dialogs. Musikalisches Erleben – psychoanalytische Reflexion. Musiktherapeutische Umschau 5, 1984, S. 167 – 187.
OSTERTAG, J.: Der „wilde Mann" und die „sanfte Weise". Musiktherapie mit einem schizophrenen Patienten. Musiktherapeutische Umschau 1985.
SCHARFETTER, G. O. u. BENEDETTI, G.: Leiborientierte Therapie schizophrener Ich-Störungen; Vorschlag einer zusätzlichen Therapiemöglichkeit und grundsätzliche Überlegungen dazu. Schweizer wissenschaftliches Archiv für Neurologie, Neurochirurgie und Psychiatrie 123, 1978, S. 239 – 255.
SELVINI PLAZZOLI, M. et al.: Paradoxon und Gegen-Paradoxon. Klett-Cotta, Stuttgart, 3. Aufl. 1981.
SPITZ, R. A.: Die Entstehung der ersten Objektbeziehungen. Direkte Beobachtungen an Säuglingen während des ersten Lebensjahres. Klett, Stuttgart, 3. Aufl. 1973.
STIERLIN, H.: Die „Beziehungsrealität" Schizophrener. Psyche 1, 1981, S. 49 – 65.
STIERLIN, H.: Schizophrenie und Familie. Psyche 28, 1974, S. 116 – 134.
STIERLIN, H.: Delegation und Familie. Suhrkamp, Frankfurt 1973.
VOREL, W.: Musiktherapie in der Familientherapie. Musiktherapeutische Umschau 5, 1984, S. 207 – 223.
WATZLAWIK, P. et al.: Menschliche Kommunikation – Formen, Störungen, Paradoxien. Huber, Bern – Stuttgart – Wien, 1. Aufl. 1969.
WINNICOTT, D. W.: Vom Spiel zur Kreativität. Klett, Stuttgart 1973.

Die musiktherapeutische Balint-Gruppenarbeit
Eine erlebensorientierte Methode der Fallsupervision *

WOLFGANG STROBEL, GERTRUD LOOS UND TONIUS TIMMERMANN

Summary

In the relationship between therapist and patient, dissonances can occur whose roots are in the unconscious. They hinder both the therapeutic work and the healing process. The traditional Balint group attempts to uncover the cause of the disturbed relationship by means of verbalisation of the emotions and fantasies produced by the presentation of a case study. As communication at language level has proved insufficient in the supervision of treatment of some mentally disturbed patients, the method presented here extends the classical Balint group by adding the dimension of freely improvised musical expression. In the music therapy context there is greater emphasis on the non-verbal and atmospheric level of communication in the group process, the level at which the unspeakable can more easily be expressed and experienced.

Zusammenfassung

In der Beziehung zwischen Behandler und Patient können Dissonanzen auftreten, deren Wurzeln im Unbewußten liegen. Sie beeinträchtigen die therapeutische Arbeit und den Heilungsverlauf. In der herkömmlichen Balint-Gruppe wird versucht, durch *Verbalisierung* der durch einen Fallbericht ausgelösten Gefühle und Phantasien, die Ursache der Beziehungsstörung aufzudecken. Da sich die Sprachebene in der Supervision von Behandlungen mancher seelisch und geistig gestörter Menschen als unzureichend erwiesen hat, wird in der hier vorgestellten Methode die klassische Form um die Dimension des frei improvisierten *musikalischen Ausdrucks* erweitert. Auf musiktherapeutische Weise wird im Gruppenprozeß die nonverbale und atmosphärische Kommunikationsebene deutlicher einbezogen, auf der auch das Unsagbare leichter ausgedrückt und erlebt werden kann.

---

* Ursprünglich publiziert in: Musiktherapeutische Umschau 9, 1988, S. 267-283

Zur Geschichte und Methode der klassischen Balint-Gruppe

Die Balint-Gruppenarbeit ist heute eine weit verbreitete Form der kasuistischen Supervision. MICHAEL BALINT (1896 – 1970) war Psychiater und Psychoanalytiker in London. Im Jahre 1949 gründete er Arbeitsgruppen, vorwiegend für Ärzte, aber auch für Sozialarbeiter, die dort ihre Schwierigkeiten im Umgang mit Patienten besprechen konnten. Er richtete sein Augenmerk auf die zwischenmenschliche Beziehung in der therapeutischen Tätigkeit. Heute wird diese Methode für viele Menschen in helfenden Berufen angeboten, für Ärzte, Krankenschwestern, Pfleger, Psychologen, Seelsorger, Bewährungshelfer, Lehrer, Erzieher usw. (vgl. ROTH 1985).

Die herkömmliche Balint-Gruppe arbeitet ausschließlich mit verbaler Interaktion. Einer der Teilnehmer, der Referent, berichtet frei, ohne Aufzeichnungen oder andere Hilfsmittel von einer problematischen Beziehung in seinem Arbeitsfeld. Diese freie Darstellung löst in der Gruppe Einfälle, Gedanken, Phantasien, Gefühle, Bilder etc. aus. Manche Gruppenleiter tolerieren nach dem Fallbericht eine kurze Phase für die Klärung sich aufdrängender Sachfragen. Anschließend äußern die Gruppenmitglieder möglichst spontan und unzensiert ihre Eindrücke, Gefühle und Einfälle, ausgelöst durch Identifizierung mit dem Referenten oder seinem Klienten. Dadurch ist gewährleistet, daß die Äußerungen sich auf den Fall beziehen. Die Teilnehmer werden ermutigt, auch gewagte und entlegene Phantasien zuzulassen. In dieser Phase ist es sinnvoll, wenn der Berichtende schweigt, da er sonst erfahrungsgemäß durch „Richtigstellungen" Gefahr läuft, Äußerungen zu unterbinden, die abgewehrte Aspekte zutage fördern – und darum geht es ja gerade. Hat sich genügend Material aus dem Unbewußten angesammelt, wird der Referent wieder in den Gruppenprozeß mit einbezogen. Der Gruppenleiter braucht während der freien Assoziation wenig einzugreifen, auch wenn er hin und wieder eigene Gedanken und Gefühle einbringen kann. Seine Aufgabe ist es, durch Fokussieren, Verdeutlichen, Deutungsangebote und Zusammenfassungen die bislang unbewußten Konflikte, Abwehrmechanismen, Übertragungen und Gegenübertragungen aufzudecken.

Die Entstehung der musiktherapeutischen Balint-Gruppe

W. STROBEL berichtet, wie es dazu kam, das Kommunikationsmedium der Musiktherapie mit den Strategien der Balint-Gruppenarbeit zu verknüpfen:

„Im Jahre 1980 nahm ich an einem Balint-Gruppen-Wochenendseminar unter der Leitung von Frau ANNE THURN teil. Beim Mittagessen des zweiten Tages ergab sich zufällig, daß wir, die Seminarleiterin und einige andere, an einem Tisch saßen. Aufgrund der bisherigen Geschehnisse in der Gruppe kam die Rede darauf, wie häufig der sprachliche Austausch stagniert, wenn der Referent von einem psychotischen Patienten berichtet. Es wurde vermutet, daß die Schwierigkeit psychiatrischer Patienten, ihre Gefühle und Konflikte zu *verbalisieren*, sich im Gruppenprozeß niederschlägt. So konnte es beispielsweise geschehen, daß die gesamte Gruppe in ihrer Identifikation mit dem Patienten in einen Zustand der Sprachlosigkeit und Unansprechbarkeit verfiel und alle deutenden oder auch auffordernden Bemühungen seitens der Gruppenleitung erfolglos blieben. Sind doch auch die *interpretierenden* und *analysierenden* Bemühungen des Therapeuten bei seinen psychiatrischen Patienten oft ergebnislos. Dieses Phänomen war mir vertraut, da ich mich auf der Suche nach Behandlungsmöglichkeiten für schizophrene Patienten seit einigen Jahren mit Musiktherapie beschäftigt hatte (vgl. STROBEL 1985). Ich schlug daher vor, die übliche verbale Interaktion im Gruppenprozeß der Balint-Arbeit einfach um die nonverbale musiktherapeutische Kommunikationsebene zu erweitern. ANNE THURN war sehr interessiert und ließ sich von mir schildern, wie man in der Musiktherapie mit solchen auf das präverbale Niveau regredierten Patienten umgehen kann.

Nach der Mittagspause wurde die Gruppenarbeit fortgesetzt. War es Zufall, daß eine Psychiaterin die psychotherapeutische Behandlung eines schwer depressiven Patienten vorstellte, dessen extreme Rückzugstendenzen kontrastierten mit unausgesprochenen vereinnahmenden Forderungen? Sie erwog, ihn in eine psychotherapeutische Klinik einzuweisen. Während des Gruppenverlaufs endete die Phase des freien Phantasierens nach einigen Meinungsäußerungen sehr bald in stickig dumpfem Schweigen, was von der Gruppenleiterin zunächst toleriert wurde. Schließlich fragte sie, was denn jeder in dem Schweigen bei sich wahrnehme. Das aber löste keine Antworten aus. Auch Hinweise auf die Analogie zwischen dem Verhalten und Erleben der Gruppe und dem des Patienten blieben wirkungslos. Die ganze Gruppe verharrte in schweigend apathischer Verweigerung. Offensichtlich fiel Frau Thurn das Gespräch vom Mittagessen wieder ein. Sie wandte sich experimentierfreudig an mich, an dieser Stelle doch einmal ein musiktherapeutisches Angebot zu machen. Ich war zuerst erschrocken, aus meiner bequemen Teilnehmersituation herausgerissen zu werden. Auch hatten wir keinerlei Musikinstrumente zur Hand. Ich schlug vor, alle sollten einmal ohne Worte ausdrücken, was sie in sich spürten und zwar mit der Stimme, mit Händen oder

Füßen oder erreichbaren Gegenständen. Erst leise und zögernd, dann aber rasch an Lautstärke zunehmend, ertönte ein Ächzen, ein gelangweiltes Stöhnen, ein ärgerliches Brummen, Scharren und Schaben, ein Klagen und Knurren. Mehr und mehr gewann eine fordernde Tönung Oberhand. Immer deutlicher wurde spürbar, daß sich hier offensichtlich eine lange zurückgehaltene Energie aggressiver Qualität Luft machte. Die Improvisation schaukelte sich zu einem archaisch bedrohlichen Orkan hoch. Plötzlich stand eine Teilnehmerin auf, stellte sich auf ihren Stuhl, so daß sie alle anderen wie eine Siegesstatue überragte und sang mit hoher, heller und durchdringend klarer Stimme: Ich hab' mein Herz in Heidelberg verloren. Für sie war es ein Kampf gegen die Gruppengewalt, in der sie die Absicht zu spüren glaubte, ihren Drang nach Freiheit, Liebe und Leben unterdrücken, ja vernichten zu wollen. Durch das knallige Agieren in der Gruppe war das Ausmaß der archaischen und (selbst-)zerstörerischen Aggressivität des Patienten spürbar geworden, die sich gegen seine autonomen Strebungen richtete. Die Referentin konnte diese Spannung nicht mehr ertragen und lief aus dem Raum. Das Modell von Übertragung und Gegenübertragung erklärt, weshalb sie sich von dieser zuvor unbewußten Aggression bedroht fühlte. Die Ursache der Schwierigkeiten in der Behandlungssituation war deutlich geworden.

Hier war etwas geschehen, was sich später in meinen musiktherapeutischen Balint-Sitzungen wiederholte und bestätigte: Wo das Wort versagt, kann der nonverbale Ausdruck abgewehrte Inhalte und unbewußte Konflikte spürbar werden lassen. Das läßt manchmal Entwicklungsmöglichkeiten des Patienten vorausahnen. Wenn diese in der Balint-Arbeit aufleuchten, können sie dem Referenten Wegweisung und Hoffnung für die weitere Behandlung bedeuten.

In der oben beschriebenen Gruppensitzung hat der Wechsel auf die nonverbale Ebene dazu beigetragen, die Blockierung des Gruppenprozesses (die sich als Regression auf die präverbale Ebene verstehen läßt) zu überwinden. Nun konnten abgewehrte Gefühle ausgedrückt und für alle erlebbar werden. Damit war die musiktherapeutische Balint-Gruppenarbeit entstanden."

Die Methode der musiktherapeutischen Balint-Gruppe

In der Praxis, Forschung und Lehre[1] haben wir seither diese Arbeit weitergeführt und zu systematisieren versucht. Mehrfach reflektierten wir, ob es vertretbar sei, Balints Namen auch für diese Art der Supervision zu verwenden. *Dagegen* könnte sprechen, daß sich dieses Verfahren vordergründig von der klassischen Methode (hörbar) unterscheidet. *Dafür* spricht, daß wir die Grundprinzipien von Michael Balint beibehalten und lediglich eine weitere, nonverbale Interaktionsebene zugefügt haben – die musikalische. *Dafür* spricht ferner, daß wir die pluralistische Methodenflut nicht mit einer weiteren Benennung überfrachten, sondern lieber ein bestehendes Verfahren erweitern wollen. Ein weiteres Argument ist die Tatsache, daß in der freien musikalischen Improvisation regressive Zustände ermöglicht werden, mit denen sich Michael Balint beschäftigt hat (vgl. BALINT 1968), lange bevor Therapiemethoden entstanden sind, in denen die Regression mutiger und selbstverständlicher genutzt wird.

Die Vorteile der *musiktherapeutischen* Balint-Gruppe liegen daher auch in der Supervision von Therapeuten, die mit Patienten arbeiten, deren Konflikte und Nöte über das Wort schwer zu erreichen sind. Es liegt auf der Hand, daß dies gerade bei Musiktherapeuten der Fall ist, da ihnen solche Patienten bevorzugt angeboten werden. Die musiktherapeutische Balint-Arbeit ist aber keineswegs auf diese Berufsgruppe beschränkt. Als sehr hilfreich hat sie sich in der Arbeit mit Psychiatern erwiesen, auch wenn diese Musiktherapie nicht verwenden. Gemischte Gruppen halten wir für besonders fruchtbar.

Praktisch gehen wir folgendermaßen vor: Die Vorstellung des „schwierigen Patienten" und die Informationsrunde unterscheiden sich in der Regel nicht von der herkömmlichen (verbalen) Methode. Danach aber findet die freie Assoziation, das freie Phantasieren, agierend auf der „musikalischen" Ebene über freie Improvisation statt. Damit der Kontext zum Bericht gewährleistet ist, fordert der Leiter die Gruppe auf, die durch die Schilderung entstandenen Eindrücke, Gefühle und Empfindungen musikalisch auszudrücken. Die Identifikationen werden also nicht nur verbal phantasiert, sondern ausgelebt. Wenn wir „musikalisch" sagen, meinen wir einen erweiterten Musikbegriff (im ursprünglichen Sinne des griechischen Wortes musiké); er impliziert

---

[1] Z. B. in dem Projekt „Musik in Prävention und Therapie" an der Abtl. für Anthropologie und Wissenschaftsforschung der Universität Ulm, Leitung: Prof. Dr. Dr. H. BAITSCH.

klanglich-rhythmischen Ausdruck ebenso wie Bewegung, Berührung, Mimik, Gestik, Tanz, dramatische und poetische Elemente – hier alles in Form einer freien Improvisation (von im-provisus = nicht vorhergesehen, unvermutet).

An dieser beteiligen sich auch (ein weiterer Unterschied) der Referent und der oder die Gruppenleiter. Das ist möglich, weil die Beteiligung des *Referenten* im nonverbalen Raum nicht die Funktion einer „Richtigstellung" annehmen kann, die das Auftauchen unbewußter Motive verhindert. Vielmehr kann auch er durch die Gruppeninteraktion zu einem ihm vorher verschlossenen (abgewehrten) tieferen Erleben hingeführt werden. Das Mitagieren der *Gruppenleiter* halten wir sogar für nötig: Sie sind in der Supervisionsgruppe als Leiter gegenüber der Gruppe in derselben Situation wie der Referent als Therapeut gegenüber dem Patienten. Aus dieser speziellen Situation heraus können sie oft noch andere (zuvor unbewußte) Facetten des Problems erspüren. Wir haben den Eindruck, daß eine reine Beobachterrolle des Leiters dem Gruppenprozeß diese Möglichkeit des Aufdeckens vorenthalten würde. Dies gilt vorwiegend für die Supervision der Behandlung von (sog. frühgestörten) Patienten, deren psychische Struktur noch nicht soweit entwickelt ist, daß sie Konflikte in ausgesprochen neurotischer (also auf reifere) Weise ausdrücken können. Ihre Beziehungsprobleme lassen sich leichter durch Agieren rekonstruieren. In der realen Konstellation „Gruppenleiter versus Gruppe" bildet sich die Beziehung „Therapeut(in) – Patient(in)" ab, welche wiederum Konstellationen zwischen „Vater/Mutter(-Anteilen) und Kind(-Anteilen)" repräsentiert. Bei zwei Gruppenleitern (im Idealfall unterschiedlichen Geschlechts), was sich in dieser Arbeit empfiehlt, können sich sogar die für strukturell Ich-Gestörte typischen Spaltungsphänomene bei den Leitern abbilden. So zu arbeiten, stellt bestimmte Anforderungen an die Gruppenleiter und setzt eine klare Definition des Abstinenzbegriffs voraus. Abstinenz bedeutet für uns (in der Supervision wie in der Therapie), daß der Therapeut sein Fühlen, Handeln und Denken in den Dienst des Patienten stellt und es nicht für eigene Motive benutzt. Abstinenz bedeutet für uns nicht, daß er sich gänzlich und bis zur Unkenntlichkeit zurückziehen muß. Es geht um eine innere Enthaltsamkeit, die nicht das Einhalten äußerlicher Regeln meint, sondern um eine dem Patienten angemessene, heilsame Haltung.

Nach dem freien Agieren verbalisieren alle Beteiligten ihr Erleben, Fühlen und Handeln. Hier hat der Referent Gelegenheit, zu berichten, was er bei sich und den anderen Neues erlebt und erkannt hat. Die Aufarbeitung ist in der

Regel identisch mit der klassischen Balint-Arbeit. Letztlich wird in der musiktherapeutischen Variante also nur das freie Phantasieren um das freie „musikalische" Agieren ergänzt. Dies beinhaltet aber beachtliche Weiterungen, deren kritische Beleuchtung, Diskussion und theoretische Fundierung wir fortsetzen.

Die musiktherapeutische Balint-Gruppenarbeit hat in der Regel also folgende Struktur:

1. Fallbericht
2. Sachfragen der Gruppe
3. Inszenierung des Unbewußten durch klanglichen, handelnden Ausdruck
4. Verbale Aufarbeitung der Spielphase
5. Gelegentlich bieten sich Varianten dieser Vorgehensweise an: z. B. eine Falldarstellung anhand von Zeichnungen eines Patienten; eine nonverbale Falldarstellung auf der musikalischen Ebene; eine abermalige Klangphase bei Blockierung der verbalen Durcharbeitung; etc.

Ab und zu war es bei dieser gefühlsintensiven Arbeit (z. B. wenn es sich um Patienten mit starken destruktiven oder fragmentierenden Tendenzen gehandelt hat) hilfreich, den Teilnehmern Raum für eine heilsame Schlußimprovisation zu geben.

Kasuistische Beispiele

Anhand von drei Beispielen wollen wir versuchen, die praktische Arbeit anschaulich zu machen, wenngleich die wörtliche Darstellung nur unzureichend die Geschehnisse der klanglichen Ebene wiederzugeben vermag.

Referent V. A.

1. Fallbericht
V. A. ist ein Musiktherapeut, der einen 5jährigen Jungen in der Kinderklinik betreut. Das Kind leidet an einer akuten myeloischen Leukämie. Es wird medizinisch mit Zytostatika (zellteilungsbehindernden Mitteln) und von V. A. musiktherapeutisch behandelt. Dieses krebskranke Kind ist das erste Mal in der Klinik. Sein Tod ist möglich, aber nicht zwingend (Heilungschancen etwa 60%). Die Mutter ist auffällig viel und nahe bei ihm, von einer nicht-

gelösten Symbiose ist die Rede. Die Eltern sind geschieden, und es scheint, als sei der Junge für die Mutter der Partnerersatz. Beim Erstkontakt zieht er sich schüchtern zurück und spricht mit dem Therapeuten nur indirekt, d. h. über die Mutter. Aber in den nächsten MT-Sitzungen ist sie bereit, sich hinter einer Zeitung in die Zimmerecke zurückzuziehen. Bei späteren Spielstunden verläßt sie auch den Raum.

Überraschend war der Einstieg auf das Instrumentenangebot: Der Junge schlug heftig, laut und lange auf eine Trommel. V. sieht darin einen möglichen Zusammenhang mit dem Klinikgebot, sonst immer leise sein zu müssen, wegen eines schwerkranken kleinen Patienten im Nebenzimmer. Es war nie die Rede davon, daß dieses Kind gerade gestorben war. Aber in allen Spielen war etwas Dunkles mit im Zimmer; der Junge sagte „der andere", wußte aber nicht zu benennen, wen er damit meinte. Einmal jedoch nannte er den Namen des verstorbenen kleinen Mitpatienten „Michael". Es klang, als stünde dieser Name für „Tod".

Sie bauten einen Kreis aus Instrumenten, den sie als Kaufladen bezeichneten. Das Kind verkaufte dem Therapeuten Töne, aber in den Kreis wollte es nicht hineingehen (Angst vor Gefangenwerden, nicht wieder herauskommen?). Sie schauten aus dem Fenster; V. A. sollte den Baum hereinholen, forderte das Kind. Ob es ahnte, daß es nicht mehr hinausgehen könne zu den Dingen?

Beeindruckend war der Bericht über die immer lauernde Todesanwesenheit in Spielen und Gesprächen. Es war die Stimme des kleinen Jungen und die Atmosphäre des Klinikzimmers, wenn V. A. berichtete: „Wir summten wie die Wespen und zischten wie die Schlangen" und das Kind dann sagte: „Da war die Wespe tot!" oder „Dann ist die Schlange aus dem Fenster gefallen und war tot!". Der Junge baute auffällig oft ganz labile Gebilde, die von vornherein zum Umfallen bestimmt waren. Er hängte zwei kleine Becken mit den Schlaufen innen und außen an die Türklinken, so daß sie krachend und scheppernd die Stille zerschnitten, wenn jemand die Tür öffnete und sie auf den gekachelten Krankenhausfluren einen gellenden Widerhall erzeugten.

V. A. spielte uns ein Tonband vor. Es blieb im Gegensatz zu seinen verbalen Darstellungen, worin Betroffenheit, Trauer und Hilflosigkeit mitgeschwungen hatten, seltsam flach, vordergründig und mager; und das vor vielen Musiktherapeuten, die doch Hinter- und Untergründiges mithören können. Da tönten zwar einige unkoordinierte Trommelschläge des Kindes und antwortende Interventionen des Therapeuten – aber die Klänge vom Band übermittelten nichts von der eindrucksvollen Beziehungsebene der beiden in Todesahnung Eingeschlossenen. Das war ein Zeugnis von den Grenzen der Technik. Nicht umsonst hat Balint Aufzeichnungen nicht zugelassen – ein Vorschlag von tiefer menschlicher Weisheit.

2. Sachfragen der Gruppe
Die Fragen beschäftigten sich vorwiegend mit dem zu erwartenden Krankheitsverlauf, mit der Medikation und deren schwer zu ertragenden Begleiterscheinungen. Auch nach der Familiensituation wurde genauer gefragt: Die sehr enge (einengende) Beziehung zur Mutter wurde verdeutlicht durch ihr Verbot gegenüber dem Vater, das Kind in der Klinik zu besuchen. Der einschließende Instrumentenkreis tauchte noch einmal auf, der Todesstachel, die sich häutende Schlange – Fragen nach dem Symbolgehalt. Das sind schon Übergänge von Sachfragen zu Wahrnehmungen und eigenen Phantasien – also Zeit, die Fragephase zu beenden.

In die Stille, die sich immer zwischen Sprach- und Klangebene ausbreitet, tönte hier Glockengeläut von außen herein. Ein Zufall? Die Gesichter spiegelten Betroffenheit.

3. Inszenierung des Unbewußten durch klanglichen, handelnden Ausdruck
Tastend begann die Klangdarstellung. Zunächst waren Resonanzen auf den Krankenbericht hörbar: laute Trommelschläge, herunterfallende Becken, eine einsame Flötenmelodie und andere separate Tongebilde. Einige Teilnehmer legten sich auf den Boden, signalisierten Rückzug. Eine baute aus Steinen und Xylophonstäben wackelige Gebilde und ließ sie zusammenstürzen. Ein wütender Donner aus den hängenden Röhrenglocken schloß diese Phase ab, in der jeder isoliert für sich gespielt hatte. Aus dem Nachhall entfaltete sich eine gemeinsame Trauerimprovisation, die schon durch die Gemeinsamkeit tröstlich war. Aus dem Unbewußten der Gruppe schien eine befreiende Freude mitzuschwingen, War es die Freude des Kindes darüber, daß ein Mann kam (der Therapeut als Vaterfigur?), der mit ihm spielte, der auch Trauer fühlbar werden ließ und ermöglichte, daß das Thema „Tod" anklingen konnte? War mit dem väterlichen Freund auch der Freund Tod ins Spiel gekommen? Immer mehr rhythmische Elemente mischten sich in den gemeinsamen Klang, ein füreinander Bewußtwerden, etwas wie Ergeben in das Schicksal, gar ein Trauermarschmetrum. Da brach übergangslos eine Riesenwut auf.

Vehemente Auflehnungsimpulse und Lebenseinklage wurden laut, schrille Blas- und Trommeltöne, Glockenschläge und Instrumententumult. Plötzlich warfen alle alles, was sie in Händen hatten, wütend in die Mitte des Raumes: Kissen, Körbe, Klangkörper. Auf eine in die Mitte geflogene Matratze warf sich eine Teilnehmerin und überließ sich ohne Hemmung einem herzzerreißenden Schluchzen. Klangliche und körperliche Berührung spendeten Trost. Das tat ihr und allen gut.

4. Verbale Aufarbeitung der Spielphase
Wie sich im Nachgespräch klären ließ, hatte sie stellvertretend für die ganze Gruppe dieses Weinen zugelassen, was von vielen als Erleichterung erlebt wurde. Sie berichtete, daß es ausgelöst worden war durch eine plötzlich deutlich werdende Sehnsucht nach einem Vater (ihr Vater war in ihrer Kindheit gestorben).

Alle Gruppenmitglieder hatten nun Gelegenheit, ihr klangliches oder körperliches Agieren ins Bewußtsein zu bringen und auszusprechen. Ein Teilnehmer gestand, daß er wieder seiner alten, im Alltag sonst verdeckten Todessehnsucht begegnet war, dem Wunsch nach Stille und Frieden. Einige hatten den Kampf gegen den Tod gespielt, andere die Trauer der leidenden, nicht loslassen könnenden Mutter, einige hatten das unmenschliche Intensivstationsklima gemeint, andere das Eingeengtsein in eine symbiotische Beziehung klanglich aufgegriffen.

Ein Teilnehmer hatte plötzlich all die Klänge und Klangerzeuger gehaßt und als unstimmigen Ausdruck der heutigen Zeit empfunden. Er hatte nur noch Plastik und „Scheißspielzeug" gesehen, zu seiner Klarinette gegriffen und (Zitat) „reine, sehnsüchtige, echte, wahrhaftige, gen Himmel schwebende" Melodieketten gespielt, um all dem aus seiner Sicht chaotischen, ungewissen Treiben der Menge zu entfliehen. Hat er die Sehnsucht des kranken Kindes nach Beendigung der beunruhigenden und schmerzhaften Behandlungsmaßnahmen erspürt?

Ein anderer Teilnehmer konnte die an Lautstärke zunehmende Improvisation kaum aushalten. Zuerst war er noch an das Trommel schlagende Kind erinnert, aber dann wurde er ergriffen von einem bitteren Ernst, von Kampfeswut, Auflehnung, Verzweiflung und Ohnmacht – bis hin zum Akzeptieren des Unfaßbaren. Die Ergriffenheit lief ihm in Wellen von Schauder über den Rücken.

Eine Kollegin berichtete: „Ich folgte, mit der Lotosflöte umhergehend, dem Surren einer Hornisse und fürchtete die Beendigung des Surrens. Dies Gefühl steigerte sich panikartig, als hätte ich keinen Einfluß auf Bestehen oder Beenden des Klanges. An seinem Ende mußte der Todesstachel sein Werk verrichten, das war unausweichlich – ich spielte um mein Leben. Der Krach der Röhrenglocken hat mich erlöst."

Wie immer bei dieser intensiven musikalischen Balint-Arbeit, gerieten alle Teilnehmer durch ihre unterschiedliche Schwingungsfähigkeit in Resonanz mit den verschiedenen Aspekten des Patienten oder des Behandlers. Rückmeldungen und Aufarbeitung erlaubten folgende Zusammenfassung: Da ist Angst vor dem Tod, Wut, Auflehnung und Verzweiflung gegenüber dem Tod, aber auch eine Sehnsucht nach dem Tod. Auffällig, die Parallele zu der Sehnsucht nach einem Vater! Beide männlichen Wesen, der „Gevatter Tod" wie auch der Vater, können eine Befreiung aus der Enge der Zwei-Einigkeit in der Mutter-Kind-Beziehung bedeuten. Es ist sicher zu gewagt (neben anderen Faktoren), hier eine psychische Wurzel der bösartigen Erkrankung zu vermuten; umgekehrt könnte ja auch die Enge der Beziehung die Folge der Krankheit sein. Aber wenn der Therapeut den Aspekt der Triangulierung im Auge hat, kann er die Sehnsucht nach Befreiung durch eine Vaterfigur stillen. Das wird vielleicht keine Alternative mehr zum Tod sein können. Er kann nicht die „andere" männliche (aber lebende) Person werden – aber sein Dazutreten könnte die Verleugnung des Todes beenden, könnte Ablösung und Expansion bedeuten und die dazugehörigen Gefühle befreien.

Für den Referenten war die wichtigste Erfahrung aus der Improvisation über seinen Fallbericht die von den Gruppenmitgliedern zugelassene Fülle unterschiedlicher Gefühle, die er als befreiend und ermutigend für sich und seine Arbeit erlebte. Er sagte, daß sein Ziel jetzt sei, mit mehr Mut emotional aufrichtig dem Jungen zu begegnen, der in seiner Umgebung (im Krankenhaus, wie auch im Zusammensein mit der Mutter) immer nur eine Verleugnung dieser Gefühle erfährt.

Ein weiteres, starkes Erlebnis für V. A. war, daß er sich in unserer Gruppe als Mensch und Therapeut verstanden und ernstgenommen gefühlt hat, eingebettet in eine Gemeinschaft von gleichgesinnten und gleichwertigen, urteilsfähigen Menschen, die das Gewicht seines therapeutischen Handelns bemessen können. Das ist etwas, was einem Musiktherapeuten aufgrund seines heutigen Status im Klinikteam selten begegnet.

Referentin R. G.

1. Fallbericht
Eine musiktherapeutisch ausgebildete Psychiaterin stellt eine Patientin vor, die von ihr ambulant sowohl psychiatrisch als auch in einer Gruppe musiktherapeutisch betreut wird. Die Patientin zeigt eine vornehm und exklusiv wirkende Fassade. Ihre Symptomatik: Angst vor Flugzeugen, welche sie bedrohen und zu ihr reden. Es gibt in der Vergangenheit einen Ladendiebstahl, bei dem sie Wäschestücke entwendete. Die bisherige Behandlung mit einem hochpotenten Neuroleptikum hatte erst nach längerer Einnahme einen Effekt im Sinne einer Symptombesserung gezeigt. Dann war eine zunehmende Apathie aufgetreten, so daß die Medikation reduziert werden mußte, was zu einem Wiederaufflammen der Symptomatik geführt hatte. Mehrere Zyklen von Symptomrezidiven, medikamentösen Behandlungen, Dosisreduktionen und erneuten Symptomrezidiven waren abgelaufen.

Die Patientin hat sich immer sehr für avantgardistische Musik interessiert und war von R. G. mehrfach in Konzerten dieser Art angetroffen worden. In einer der letzten Musiktherapiestunden hatte die Patientin, während einer sich in der Gruppe abspielenden Trauerarbeit, zu weinen begonnen. Daraufhin hat sie, offenbar aus Angst vor einer Destabilisierung, die Musiktherapie beendet und sich wieder zurückgezogen. R. G. fragte sich nun, ob sie dies akzeptieren oder die Patientin zur weiteren Teilnahme an der Musiktherapie überreden solle. Das Krankheitsschicksal schien die Referentin sehr zu bewegen, denn gegen Ende ihres Berichtes mußte sie selbst mit den Tränen kämpfen. Damit diese Emotionalität nicht verlorengehe, schlugen wir der Gruppe eine sofortige Umsetzung des Erlebens in den musikalischen Ausdruck vor.

2. Sachfragen der Gruppe: Entfallen aus dem genannten Grund.

3. Inszenierung des Unbewußten durch klanglichen, handelnden Ausdruck
Verkürzt wiedergegeben, geschah während der Gruppenimprovisation folgendes: Es kam zur Spaltung zwischen einer bedrohten Seite, welche durch eine einzige Teilnehmerin verkörpert, und einer bedrohlichen Seite, welche durch den Rest der Gruppe (neun Teilnehmer) ausgedrückt wurde. Ungezügelte Gefühle verschafften sich klanglich Gehör: Unkontrolliertes Aufwallen von Wut, gemischt mit Gefühlen von Verzweiflung und Trauer, abrupt umschlagend in Zerstörerisches, wurden ebenso spürbar, wie die Lust am Eruptiven und am ungeordneten Chaos. All dem schutzlos sich ausgesetzt fühlend, flüchtete die eine Teilnehmerin weg von der Gruppe in eine Ecke des

Raumes, wo sie sich zusammenkauerte, ohnmächtig, auch nur irgendetwas zu unternehmen. Sie konnte nur, wie gelähmt, ausharren, hoffend, daß alles vorübergehen möge.

4. Verbale Aufarbeitung der Spielphase

Die Gruppe hatte sich ganz offensichtlich wie psychotisch gebärdet. Einerseits war eine gewisse Ähnlichkeit zu der letzten Musiktherapiestunde der Patientin auffallend, andererseits ließen sich die bedrohlichen und bedrohten Aspekte auch als Anteile der Patientin verstehen. Vermutlich erlebt sie ihre Gefühle wegen deren archaischer (psychotischer) Qualität als bedrohlich. In der berichteten Musiktherapiestunde hatte sie womöglich durch die „Trauerarbeit" Anlaß, ihre eigenen gefürchteten Gefühle auf die Restgruppe zu projizieren, vor denen sie dann geflohen ist. Jetzt wurde auch das Interesse der Patientin an moderner Musik verständlich. In der „schrägen" Musik gelang es ihr offensichtlich, den von ihr als bedrohlich erlebten „unstimmigen" Anteil ihres Selbst in genügender Distanz (nämlich auf der Bühne) ausleben zu lassen. So kann wohl die von ihr gefürchtete Seite auf sozial akzeptierte und kontrollierte Weise, in nicht zu bedrohlicher Konfrontation (anders als in der Musiktherapiestunde), einen Ausdruck finden.

Der sich auf der verbalen Ebene fortsetzende Gruppenprozeß, in den zunehmend die Referentin miteinbezogen wurde, endete schließlich in einer Fülle von Ratschlägen, was sie denn nun zu tun habe. Jeder schien es besser zu wissen. Schließlich kam paradoxerweise noch der Ratschlag auf, der Patientin auf keinen Fall Ratschläge zu erteilen. Die Gruppenleiter verwiesen auf die Analogie der Überlegungen, die in diesem Stadium die Gruppe anstellte, und den Überlegungen der Referentin, in Bezug auf ihre Patientin. Dies ermöglichte R. G. zu entdecken, daß ihr nicht die Ratschläge der Gruppe in ihrer schwierigen Behandlungssituation weiterhelfen, sie diese vielmehr gar nicht hören mag. Sie spürte, daß die Erhellung und Verdeutlichung dessen, was in der Gruppe und vermutlich auch in der Patientin ablief, sie aus ihrer eigenen Verstrickung (Identifizierung mit der bedrohten Seite der Patientin) und ihrer daraus resultierenden zu starken Übernahme von Verantwortung erlöste. Sie entschloß sich, der Patientin keine Ratschläge zu erteilen, ihr weder von einer weiteren Teilnahme an der Musiktherapiegruppe abzuraten noch sie dazu zu überreden. Sie wollte sich vielmehr in der fortlaufenden psychiatrischen Betreuung dafür einsetzen, daß die Patientin ihre inneren Vorgänge verstehen und äußere Realitäten wahrzunehmen lernt, damit sie in die Lage versetzt wird, selbst die Entscheidung zu treffen, ob und wann eine weitere Teilnahme an der Musiktherapiegruppe für sie möglich wird.

5. Schlußimprovisation
Nachdem auf der verbalen Ebene einiges geklärt werden konnte, entstand, aufgrund eines immer noch anwesenden Gefühls von Zerrissenheit, in der Gruppe der Wunsch, auf der klanglichen Ebene wieder zu einer Gemeinsamkeit zu finden. Es begann mit einer relativ langen, diffusen Begegnungssuche, führte dann alle wieder zusammen und endete in einem befreienden Rhythmusspaß. Ob hierin etwas Richtungweisendes für den weiteren Therapieverlauf lag, haben wir nicht mehr reflektiert.

Referentin C. R.

1. Fallbericht
Die Musiktherapeutin C. R. stellt einen 52 jährigen Mann vor, der an einer schweren Depression leidet und zum zweiten Mal in der Psychiatrie behandelt wird (endogene Depression). Der Patient ist verheiratet, hat eine attraktive Frau, die es mit ihm schon lange nicht mehr aushält, und eine 17jährige Tochter. Er arbeitet in einer Behörde und hat 30 Jahre lang im wesentlichen Akten von hier nach dort transportiert und geordnet (vermutlich zwanghafte Persönlichkeitsstruktur).

In der Musiktherapie sitzt dieser korpulente Mann zumeist vornübergebeugt da. Er ist sehr korrekt gekleidet und parfümiert. Sprachlich kann er sich kaum artikulieren, auf Fragen antwortet er nur mit einem ballernden Laut. Er spielt im wesentlichen nur vier Töne in stereotyper Wiederholung auf dem Xylophon und wartet dann auf eine spiegelbildliche Antwort. In einem exakt feststehenden Zeitintervall beginnt er auf der Eins zu spielen, unabhängig davon, was die Therapeutin in der Zwischenzeit tut, oder ob sie gar eine Pause macht. Er spielt also stereotyp seine vier Töne, läßt ein Intervall von derselben Zeitspanne frei und beginnt wieder von vorn, ohne sein Gegenüber zu beachten. Er bleibt auch dabei, wenn die Therapeutin das Instrument wechselt oder frei improvisiert. Er hat sich darüber beklagt, daß er den Wechsel nicht wolle.

2. Sachfragen der Gruppe
Nach der sehr anschaulichen Darstellung wurden kaum Fragen gestellt.

3. Inszenierung des Unbewußten durch klanglichen, handelnden Ausdruck
Die Gruppenimprovisation war gekennzeichnet durch zwei Tendenzen: Die eine Hälfte der Gruppe erlebte sich (in der Identifikation mit einer Seite des

Patienten) als zeitlos im Nirwana aufgehend. Diese Teilnehmer spielten stetig wiederkehrende Schläge mit Trommeln, Stäben und Steinen, als wollten sie Unendlichkeit ausdrücken. Die anderen interpretierten es als Sturheit. In Bewegungen und Gesichtsausdruck wirkten sie wie unerreichbar.

Diese Teilgruppe (identifiziert mit dem abgewehrten Patientenanteil) wollte gegen solche Rückzugstendenz Lebendigkeit und Veränderungsmöglichkeit einbringen. Sie rasselte und klapperte fordernd und wütend in die Unbeweglichkeit des statischen Klangbildes hinein. Es war wie ein Kampf.

Interessant war, daß in diesem Gemeinschaftsspiel die beiden Gruppenleiter gespalten wurden. Der männliche Leiter fühlte in jedem aus der Gleichförmigkeit abweichenden Impuls der Gegengruppe eine bedrohliche Forderung, gegen die er sich mit verstärktem Festhalten an seinem Metrum wehren mußte. Er war mit einem „idealen" Therapeuten identifiziert, der dem Patienten den Wunsch nach Schutz durch Statik bis zur Unendlichkeit erfüllen wollte.

Die Gruppenleiterin wiederum erlebte einen vehementen Drang nach Dynamik und Beweglichkeit. Sie versuchte ein Kinderspiel mit Glöckchen und Rasseln. Die uniforme Öde der Gegenseite vernahm sie als Todesmuster. Sie war identifiziert mit der „idealen" Therapeutin, die durch eine Vielzahl von Angeboten Veränderungen anstrebte. Das absichernde Verharren der Gegenseite tat ihr körperlich weh.

4. Verbale Aufarbeitung der Spielphase

Wütende und klärende Gespräche konnten die beiden gegnerischen Parteien über ein Verstehen des Gruppenprozesses wieder vereinen. Die Referentin steuerte noch einige ergänzende Details zur Biographie bei. Aus Erlebnis- und Wissensanteilen konnte folgendes Resümee gezogen werden: Psychodynamik und unbewußter Konflikt des Patienten wurden verständlicher durch den Kampf zwischen Stereotypie, Zwanghaftigkeit und Depression einerseits und dem Drang, lebendig zu sein, etwas tun zu wollen andererseits. Zusammenhänge mit einem mütterlichen Aktionismus wurden vermutet. Vielleicht hat der Mutter dieses Patienten die Fähigkeit gefehlt, in Ruhe und Stille mit dem Kind in einer selbstverständlichen Kommunikation zu sein. Möglicherweise hat sie mit zu vielen Angeboten das Kind überfordert und überfallen. Dann wird von dem Säugling Lebendigkeit als Forderung erlebt. Er kann nicht die Erfahrung machen, einfach akzeptiert zu sein, wie er ist, ohne Lebendigkeits-Leistungen zu liefern. Vielleicht hat die Mutter Ruhe und Stille mit beziehungsloser Leere verwechselt und deshalb gefürchtet. Die ständige Präsenz einer solchen Mutter erschwert die Entwicklung von Abgrenzung und Autonomie. Diese wird nur in der Verweigerung, in diesem Falle fatalerweise in der Verweigerung von Lebendigkeit, möglich. Vielleicht fordert der Patient mit seiner Krankheit einen ihm vorenthaltenen basalen bzw. vegetativen Dialog auf der symbiotischen Ebene ein. Wenn wir dies nicht als zu beseitigende Krankheit, sondern als sinnvollen Wunsch seines Unbewußten verstehen, so können wir es interpretieren als den Versuch, wieder in die Balance zu kommen und den Mangel auszugleichen.

Was die Beziehung zwischen Musiktherapeutin und Patient angeht, hat die Improvisationsphase, insbesondere das Erleben der beiden Gruppenleiter, dazugeführt, daß die Therapeutin in der Tat nun diese beiden Seiten in sich wahrnehmen konnte. Sie war (nach dem Muster der projektiven Identifikation) um so mehr mit der aktionistischen Seite identifiziert und konnte die andere in sich weniger wahrnehmen, je mehr der Patient die beharrende Seite verkörperte und den Wunsch nach Veränderung in sich abwehrte. Diesen auf die Therapeutin projizierten Anteil konnte er dann in ihr bekämpfen. Für die Therapie ergaben sich einige Weiterungen: Einmal erkannt, können die beschriebenen Phänomene möglicherweise angesprochen werden. Im Sinne einer korrigierenden Neuerfahrung könnte es sinnvoll sein, auf den Wunsch nach einem ruhigen, steten und zuverlässigen „symbiotischen" Dialog einzugehen. Auf zuviel Angebote und Aktivität zu verzichten, schließt nicht aus, zu jeder Veränderung bereit zu sein, wenn beim *Patienten* die Zeit dafür gekommen ist.

Erfahrungen und Reflexionen

Analog zur herkömmlichen Balint-Gruppe spiegelt sich in der freien Improvisationsphase der musiktherapeutischen Variante die unbewußte Dynamik der therapeutischen Beziehung. Dies geschieht durch Identifikation der Teilnehmer mit dem geschilderten Geschehen.

Während in der rein verbalen Gruppenarbeit die verschiedenen Voten nur in zeitlichem Nacheinander vorgebracht werden können, bildet sich in der musiktherapeutischen Bearbeitung durch die simultanen Äußerungen stets der Prozeß des Ganzen ab, die Gesamtheit der unbewußten Identifikationen der Teilnehmer. Oft gelingt es der Gruppe, gerade jene Beziehungsanteile ans Licht zu födern, die Patient und Therapeut gemeinsam abwehren. Es handelt sich um Aspekte, welche beide aufgrund eines gemeinsamen „blinden Flecks" nicht erkennen können bzw. nicht zu sehen wagen. (Beispielsweise kann ein Behandler aus eigener Angst vor Nähe die abgewehrten Wünsche seines Patienten nach Nähe nicht thematisieren).

Wenn es sich z. B. um einen strukturell ich-gestörten Patienten handelt, bildet die Gruppe (da sie in der nonverbalen Interaktion auf einer mehr regressiven Ebene arbeitet) sehr anschaulich die Gleichzeitigkeit seiner noch unverbundenen Facetten ab; z. B. unzureichend synthetisierte positive und negative Selbst- und Objektrepräsentanzen. Auch die frühen Abwehrmechanismen treten in Erscheinung, wie z. B. projektive Identifikation, Spaltung und Projektion, Idealisierung und Entwertung, sowie damit zusammenhängende Beziehungsstörung, Beziehungsverleugnung oder unzureichende Abgrenzung.

Wenn wir uns fragen, was die Patienten gemeinsam haben, für die (bzw. deren Therapeuten) diese Variante der Balint-Arbeit *besonders* vorteilhaft ist, so zeigt sich, daß es sich vorwiegend um Menschen handelt, die Schwierigkeiten haben, über Worte sich verständlich zu machen, ihre unbewußten Konflikte und Nöte auszudrücken bzw. Heilsames zu erfahren.

Wir wollen versuchen, die Phänomene dieser Gruppenarbeit modellhaft zu erklären. Der Referent liefert durch seinen Bericht Informationen vom Patienten, von sich und der therapeutischen Beziehung. So entsteht ein atmosphärischer Eindruck, der sich aus vielfältigen „Schwingungen" zusammensetzt. Die Gruppe läßt sich als Klangkörper betrachten, der durch diese Schwingungen in Resonanz versetzt wird. Auch auf die unbewußt vermittelten Schwingungen (auf die es uns ja gerade ankommt) reagiert dieser „Resonanzkörper". Die spontane musikalische Improvisation macht viele dieser unbewußten Botschaften hörbar, da sie Zensur und Kontrolle der rational-verbalen Ebene nicht durchlaufen. Sie fungiert als quasi vorbewußter Ausdruck wie ein Dolmetscher zwischen Unbewußtem (Tiefenbewußtsein) und dem Bewußtsein (Oberflächen- oder Wachbewußtsein).

Jeder Teilnehmer bringt seinen individuellen Anteil an Schwingungsfähigkeit ein, deren Summe den Gruppen-Resonanzkörper darstellt. Der Bericht des Referenten läßt in jedem Teilnehmer jene Saiten anklingen, die aufgrund ähnlich gelagerter Vorerfahrungen (aus Biographie oder eigenen Behandlungssituationen) angestoßen werden.

Dieses Modell erklärt zwar die Entstehung der Klangimprovisation, nicht jedoch die Frage, welche der auftauchenden Phänomene dem Referenten (also dem Therapeuten) und welche dem Patienten zuzuschreiben sind. (Dies haben bereits THOMÄ und KÄCHELE 1985, S. 93 f., problematisiert). Die Schwierigkeit entsteht dadurch, daß der Patient nur über den Bericht, nicht aber realiter anwesend ist. Dabei können Interpretationen der Gruppenleiter wohl hilfreich sein, letzten Endes aber bleibt dies der selbstkritischen Entscheidung des Referenten überlassen. Somit stellt diese Form der Behandlungssupervision letztlich eine patientenzentrierte *Selbsterfahrung* des Therapeuten dar. Diese besteht aus einem wachsenden Verständnis für die Patienten und einem Erkennen der eigenen „blinden Flecke" in der therapeutischen Situation.

Auch wenn andernorts versucht wird, Supervision von Selbsterfahrung streng abzugrenzen, läßt sich nicht leugnen, daß bei kontinuierlicher Teilnahme an einer (musiktherapeutischen) Balint-Gruppe die langfristige Wirkung dieses Verfahrens in einer berufsbezogenen Selbsterfahrung besteht. Die Bedeutung für den *Augenblick* liegt in der Überwindung der aktuell blockierten Behandlungssituation.

Wir respektieren Balints Sorge bezüglich einer möglichen Indoktrination in der Supervision (vgl. BALINT 1947) und sind der Ansicht, daß es nicht um die Klärung sehr persönlicher Probleme des Referenten geht (s. die Ausführungen von ZEUL 1988, S. 405). Allerdings muß dies nicht durch Ausklammern von Selbsterfahrung geschehen. Die Gruppenleiter sollten (auch zum Schutz des Referenten) lediglich darauf achten, daß die Bearbeitung patientenzentriert und therapiebezogen bleibt.

Damit die Gruppenimprovisation verstehbar wird, verbalisieren die Teilnehmer zunächst ihr Handeln und Erleben. Da der bzw. die Leiter in der Improvisationsphase selber mitagiert haben, können sie ihr subjektives Erleben einbringen. Es entwickelt sich also ein verbaler Gruppenprozeß. Somit setzt sich das bisher primärprozeßhafte Geschehen auf der Ebene des Sekundärprozesses fort. Erfahrungsgemäß dauert es eine geraume Zeit, bis sich die Gruppe wieder aus der Regression herausgearbeitet hat. Vom Geschick der Leiter hängt es ab, zur rechten Zeit interpretierend einzugreifen, Deutungen anzubieten, einen roten Faden herauszuarbeiten und auf mögliche Analogien zwischen dem Gruppenprozeß und der therapeutischen Beziehung hinzuweisen.

Es versteht sich von selbst, daß der bzw. die Gruppenleiter über einen entsprechenden diagnostischen, theoretischen und Erfahrungshintergrund verfügen. Da sie mitagieren, müssen sie in der Lage sein, zwischen Erleben und Erkennen zu oszillieren (partielle Regression). Die Empathie zum Verstehen, gerade in einem nonverbalen Prozeß, entsteht in ihren regredierten Anteilen. Im Gegensatz zu den Teilnehmern, die vorübergehend, wie in Trance, ganz in das Geschehen eintauchen können, müssen sie stets gleichzeitig die Gesamtsituation im Auge behalten. Das garantiert den ständigen Kontakt zu der Intention der Gruppe, durch ein Erkennen der Vorgänge Hinweise auf die unbewußte Problematik der Therapeut-Patient-Beziehung zu erhalten. Bei zwei gut kooperierenden Leitern organisiert es sich häufig von selbst (ohne vorherige Absprache), daß der eine sich mehr auf das Erleben einläßt und der andere mehr auf der beobachtenden und damit erkennenden Ebene bleibt.

Wir glauben und hoffen, daß die von uns vorgestellte Durchdringung von Balint-Arbeit und Musiktherapie sich auf beide Richtungen fruchtbringend auswirkt, zum Wohl des Patienten.

Literatur

BALINT, M. (1947): Die Urformen der Liebe und die Technik der Psychoanalyse. Huber, Bern 1966.
BALINT, M. (1968): Therapeutische Aspekte der Regression. Die Theorie der Grundstörung Rowohlt, Reinbeck 1973.
ROTH, J. K.: Hilfe für Helfer: Balint-Gruppen. Piper, München 1985.
STROBEL, W.: Musiktherapie mit schizophrenen Patienten. Erfahrungen und Überlegungen. Musikther. Umsch. 6, 1985, S. 177–208.
THOMÄ, H. u. KÄCHELE, H. (1985): Lehrbuch der psychoanalytischen Therapie. 1. Grundlagen. Springer, Berlin, Heidelberg, New York. 1986.
ZEUL, M.: Der diskrete Analytiker: Überlegungen zur Supervision in der psychoanalytischen Ausbildung. Psyche 42, 1988, S. 406–416.

Aktualisierung prä- und perinatalen Erlebens und korrigierende Neuerfahrung in der klanggeleiteten Trance*

WOLFGANG STROBEL

Einförmige, monotone Klänge – ich nenne sie gerne monochrom, weil sie eine bestimmte Klangfarbe besitzen – können einen veränderten Wachbewußtseinszustand (VWB) anstoßen. Er wird auch außergewöhnlicher Bewußtseinszustand (obwohl er durchaus gewöhnlich ist) oder kurz Trance genannt. (Ich verwende diesen Begriff wie MILTON H. ERICKSON[1].) Das bedeutet nicht, daß das rationale Wachbewußtsein aufgehoben ist, es ist lediglich transformiert. Schon seit Menschengedenken nutzen die Schamanen jene Bewußtseinszustände zu Heilzwecken. Auch sie gebrauchen akustische Stimuli – zumeist Trommel oder Rassel –, um in Trance zu fallen und ihre Patienten in Trance zu versetzen. Seit etwa 20 Jahren beschäftige ich mich mit Musiktherapie, ursprünglich aus persönlichem Interesse, später in der Absicht, Behandlungsmöglichkeiten für auf dem präverbalen Niveau gestörte Menschen zu finden (bei denen man eine Psychose, ein Borderline-Syndrom, eine narzißtische Neurose oder eine psychosomatische Krankheit diagnostiziert hat). Dabei fiel mir auf, daß das Agieren in der freien musikalischen Improvisation (in der aktiven Musiktherapie) nicht selten die Reinszenierung eines präverbalen Erlebens darstellt und daß durch akustische Eindrücke ausgelöste Erfahrungen (in der rezeptiven Musiktherapie) sich oft als Erlebnisregression auf vorsprachliche Zeiten verstehen lassen. Später entdeckte ich, daß die Art des verwendeten Klanges einen Einfluß auf die erlebten Inhalte und Themen hat.[2] Es war so, als würde die energetische Qualität eines Klanges ähnliche Erfahrungen aus verschiedenen Lebenszeiten ins Bewußtsein rufen – manchmal mehrere nacheinander in chronologischer Reihenfolge –, welche alle zu einem Grundthema gehörten. Ich sah hierin eine Analogie zu den von Grof[3] formulierten COEX-Systemen (systems of con-

---

* Ursprünglich publiziert in: JANUS, L. (Hrsg.), Erscheinungsweisen pränatalen und perinatalen Erlebens in den psychotherapeutischen settings. Gross, Heidelberg 1991, S. 129-141
1 ERICKSON, M. H. und ROSSI, E. L.: Hypnotherapie. Pfeifer, München 1981
2 Siehe das Beispiel von Anna in Strobel, W.: Klang, Trance, Heilung. Die archetypische Welt der Klänge in der Psychotherapie. Musiktherapeutische Umschau, 9, 1988, S. 119–139
3 GROF, S.: Realms of the Human unconscious. The Viking Press, New York 1975. Dt.: Topographie des Unbewußten: LSD im Dienst der tiefenpsychologischen Forschung. Klett-Cotta, Stuttgart, 2. Aufl. 1983

densed experience). Er definiert sie als spezifische Konstellation von Erinnerungen, welche aus Erfahrungen und damit verknüpften Phantasien verschiedener Lebensabschnitte stammen. Ihr gemeinsamer Nenner ist ein alle Schichten durchdringendes Grundthema

Ein monotoner Klang erzeugt also nicht nur einen veränderten Wachbewußtseinszustand (und für diesen Zustand typische ätiologieunabhängige Phänomene[4], siehe Schema 1), sondern steuert auch einen ganz bestimmten Themenbereich an (von etwas anderer Art als die Grundthemen der Grof'schen COEX-Systeme), welcher in Resonanz steht mit der spezifischen energetischen Qualität des Klanges. (Dasselbe gilt für rhytmische Phänomene.)

Gemeinsame Phänomene veränderter Wachbewußtseinszustände (VWB), unabhängig von der Art der auslösenden Reize (nach DITTRICH 1985)

1. Primärprozeßartige Veränderung der Denkabläufe
2. Veränderung des Zeiterlebens
3. Angst vor Verlust der Selbstkontrolle
4, Intensive Emotion (von Glückseligkeit bis Panik)
5. Körperschema-Veränderungen (bis zur Körperlosigkeit)
6. Optische halluzinatorische Phänomene, Synästhesien
7. Verändertes Bedeutungserleben

Schema 1

In den vergangenen Jahren habe ich nun versucht, die Grundthemen verschiedener Klänge (Klang-Archetypen) herauszukristallisieren. Erschwert wird das dadurch, daß das Klang-induzierte Erleben nicht von dem Klang allein abhängt, sondern von einer Vielzahl von Variablen (auf die ich in diesem Rahmen nicht näher eingehen kann). Es ist also keineswegs sicher, ob das vom Klang anvisierte Grundthema überhaupt ins Bewußtsein dringt. Genauso wenig kann vorhergesagt werden, aus welchem Lebensabschnitt die angestoßene Erfahrung stammt. (Sie läßt sich verschiedenen Schichten des Bewußtseins zuordnen, die ich in Anlehnung an Grof[3] topographisch geordnet habe, siehe Schema 2). Allerdings ist – neben transpersonalen Phänomenen – der Anteil an Erlebnissen, die aus der Prä- und Perinatalzeit stammen, relativ hoch. Das mag an der Affinität des nonverbalen Mediums zu dieser Lebenszeit liegen. Darüber hinaus stehen manche Klänge aufgrund ihres immanenten Grundthemas der Prä- und Perinatalzeit näher als andere. Aus den Beispielen, die ich nun schildern möchte, kann dies deutlich werden.

Die Schichten des Wachbewußtseins, denen die Antworten auf den Klang zugeordnet werden können [d) bis g) nach GROF 1975]

Normales Wachbewußtsein
- a) Ebene der kritischen Beschreibung des Außenreizes
- b) Ebene der Alltagsassoziationen
- c) Ebene diffuser Gefühlswahrnehmungen
- d) Ebene abstrakter oder ästhetischer Erfahrungen

Verändertes Wachbewußtsein
- e) Ebene psychodynamischer Erfahrungen
- f) Ebene prä- und perinataler Erfahrungen
- g) Ebene transpersonaler Erfahrungen

Schema 2

Es ist eine Eigentümlichkeit des MONOCHORDS ozeanische Gefühle von Selbstentgrenzung auszulösen. Beim Eindruck schwerelosen Schwebens – in der Luft oder im Wasser – wird gleichzeitig ein Getragensein gespürt, ein Gefühl völliger Bedürfnislosigkeit bzw. globaler Befriedigung aller Bedürfnisse, ein Einssein mit allem. Solche Gefühlsqualitäten erlebt der Mensch in der Natur, in Kunst und Religion oder in der Verliebtheit. Der Säugling mag es im Gestilltwerden wiederfinden, wenn er es in der frühen intrauterinen Zeit erfahren hat. Damit entspricht der Monochord-Klang-archetypus dem, was Grof[4] die perinatale Matrix I nennt, die Ureinheit mit der Mutter.

Auf gute Mutterschoß-Erfahrungen eines ungestörten intrauterinen Lebens lassen die Eindrücke eines Mannes schließen, die in dieser Form für eine Zusammenfassung des Monochord-Archetypus stehen können: „Ich hatte ein starkes Gefühl von gleichzeitigem Entgrenztsein und Aufgehobensein. – Es war vergleichbar dem Schwimmen im Wasser. Das war Kosmos – nicht als bedrohliche Unendlichkeit, sondern erfüllt mit ‚Sein'."

---

4   Siehe Anm. 3

Therapeutisch bedeutsam ist nun folgendes: Wenn die archetypische Erlebnisqualität, mit der sich der Klang in Beziehung setzen möchte, durch biographisch bedingte Vorerfahrungen verstellt ist, dann ruft der Klang eben diese ins Bewußtsein. So werden beispielsweise bedrohliche Mutterleibserfahrungen durch den Monochord-Klang aktualisiert. Das Beispiel einer 25jährigen Frau, die zwei Abtreibungsversuche der Mutter überlebt hat, verdeutlicht dies: „Da ist etwas Unangenehmes. Ich verliere den Boden unter den Füßen. Ich habe Angst. Jetzt schwebe ich. Ich spüre, daß das eigentlich schön sein könnte, aber mir ist kalt, ich friere. Irgend etwas ist mir sehr feindlich gesonnen. Es ist das alles um mich herum. Es fühlt sich an, wie unendlich viele spitze Nadelstiche von allen Seiten."

Ein unmittelbar nach seiner Geburt von der Mutter zur Adoption weggegebener junger Mann hat während des Monochord-Klanges das Gefühl, in einem Wald zu sein, der durch sauren Regen völlig vergiftet und verseucht ist. Er klammert sich an die Hoffnung, daß der Förster bald kommt, um ihn aus dieser lebensbedrohlichen Situation zu retten.

Obwohl ich eher zögere, die durch den Monochord ausgelösten Wahrnehmungen vorschnell als Erlebnisregression auf die frühe Intrauterinzeit zu interpretieren, begegnen mir immer wieder Überraschungen. Eine Frau, die den Klang anfangs als störend erlebt, kann sich erst nach einer Weile in Trance fallen lassen. Über das dann Folgende berichtet sie: „Ich kam in Träume. Da wurde gestritten, es war mir unangenehm. Ich mußte mich wehren." Nach einer Wiederholung in einer weiteren Sitzung schildert sie dasselbe: „Wieder wurde gestritten und ich mußte mich wehren. Was dann geschah, weiß ich nicht mehr, mir blieb nur die Erinnerung an den Streit." Es ist schon auffällig, wenn jemand bei dem zarten Klang des Monochords mit den hellen Obertönen einen Streit erlebt. Ich hätte dennoch nie gewagt, diese Eindrücke als aus der intrauterinen Zeit stammend zu interpretieren. Im Nachgespräch fiel dieser Frau jedoch ein, daß sie unerwünscht war und hätte abgetrieben werden sollen. Zur Zeit der Schwangerschaft habe es ständig Streit zwischen der Mutter und dem über die Schwangerschaft erbosten Vater gegeben, der die Mutter nicht geheiratet habe. Natürlich läßt sich nicht verifizieren, ob es sich um eine Aktualisierung präverbalen Erlebens oder um eine sekundäre Verknüpfung des Erlebten mit aus dem Bewußtsein stammenden Inhalten handelt. Entscheidend bleibt die therapeutische Wirksamkeit solcher Erfahrungen. Die Frau, die zuvor von dem Streit nur gewußt, ihn nun im Zusammenhang mit dem Klang erlebt hatte, äußerte später: „Jetzt kann ich diese Gegebenheiten zur Kenntnis nehmen. Sie stören mich jetzt nicht mehr und ich kann darüber sprechen, was ich vorher nicht konnte."

Was den therapeutischen Nutzen betrifft, muß noch ein Spezifikum der Klänge angeführt werden: Nach Durcharbeitung der ursprünglich schlimmen Erfahrungen, beispielsweise des ‚bösen' Mutterschoßes, kann der Patient von dem Klang hingeführt werden zu dem eigentlichen archetypischen Erleben, in diesem Fall zu einer Erfahrung der kosmischen Ureinheit. Mit einer solchen erlebnismäßigen Aufarbeitung wird ein wirkliches Durcharbeiten möglich. Die Wirksamkeit solcher korrigierender Neuerfahrungen ist beträchtlich. Auch wenn ein quantitatives Nachholen nicht möglich ist, so können doch bestimmte Erlebnisqualitäten das Repertoire vorhandener Ressourcen erweitern.

Ich möchte ein die frühe postnatale Zeit betreffendes Beispiel schildern, bei dem es um eine Erfahrung des Neubeginns im Sinne BALINTS[5] geht: Ein 35jähriger Mann mit schizoider Persönlichkeitsstruktur befindet sich wegen depressiver Verstimmungen seit einem Jahr bei mir in bis dahin rein verbal geführter analytischer Psychotherapie. In einer Sitzung regrediert er bei der Schilderung einer unglücklichen Begegnung ganz offensichtlich in jenen trostlosen Zustand, der etwas mit dem frühen Trauma seiner Mutter-Kind-Beziehung zu tun hat. Der Tonfall wird unmodulierter und leiser, die Worte werden brüchig und verwaschen. Die Sprache zerfällt förmlich zu dem resignierten Jammern und Klagen eines verlassenen Säuglings. Da ich das schon mehrfach erlebt habe, kommt mir die Wiederholung der immer gleichen Trostlosigkeit sinnlos vor. Er scheint von der Außenwelt und damit auch von mir völlig abgeschnitten, kann somit meine Anteilnahme nicht wahrnehmen. Deshalb greife ich zum Monochord und unterlege sein nicht mehr verständliches Klagen mit diesem zarten Klang. Es würde zu lange dauern, den weiteren Verlauf[6] genau zu beschreiben; ich will nur auf den Schluß eingehen: Sein Gesicht hellt sich immer mehr auf, es entsteht eine Atmosphäre von unsagbarer Trauer, aber großer Innigkeit. Schließlich bekommt er einen glückseligen Ausdruck. Seine Lippen spitzen sich zu und gehen in rhythmischen Bewegungen über, die unmißverständlich an das wonnige Saugen eines zufriedenen Säuglings beim Stillen erinnern.

---

5 BALINT, M.: The basic fault. Therapeutic aspects of regression, Tavistock, London 1968. Dt.: Therapeutische Aspekte der Regression, Klett, Stuttgart 1970
6 Näheres siehe: STROBEL, W. und TIMMERMANN, T.: Ethnotherapeutische Elemente in der psychotherapeutischen Praxis. Klanggeleitete Trance mit Monochord, Gong oder Klangschale als Weg zum Unbewußten, in: ANDRITZKY, W. (Hrsg): Kulturvergleichende Therapieforschung. Medizin, Ethnologie und Psychotherapie. Lit-Verlag, München 1990.

Das letztgenannte Beispiel veranlaßt mich, auf die Möglichkeiten der verschiedenen Erfahrungs- und Erlebnisebenen hinzuweisen (siehe Schema 3): Neben der in der Therapie immer wieder vorherrschenden verbalkognitiven Ebene sind die vom Klang stimulierten Prozeßebenen die der Imagination (meist visuelle Eindrücke, aber auch akustische, Geruchs- oder Geschmacksempfindungen), die der Gefühle, der Körperempfindungen und der Körperbewegungen. Während beispielsweise das katathyme Bilderleben[7] sich auf die Ebene der inneren Bilder beschränkt, werden in der klanggeleiteten Trance die vier averbalen Prozeßebenen gleichberechtigt genutzt.

Erlebnis- Erfahrungsebenen in der klanggeleiteten Trance

1.) Verbal-kognitive Ebene
2.) Ebene der Imagination (meist visuelle, aber auch andere Sinnesempfindungen)
3.) Ebene der Gefühle
4.) Ebene der Körperempfindungen
5.) Ebene der Körperbewegungen

Schema 3

Ich möchte nun auf die TROMMEL zu sprechen kommen. Gemeint ist eine weich gespannte Trommel (Indianertrommel, Rahmentrommel, Buk), die einen warmen Ton erzeugt und mit einem konstanten Metrum von etwa 60 pro Minute gespielt wid. Der in dem Klang und dieser Spielweise enthaltene Archetypus wird am leichtesten verständlich, wenn ich versuche, die Sprache der Trommel in Worte zu übersetzen. Die Trommel sagt etwa: „Wenn du dich auf mich einläßt, kannst du etwas von dem Gefühl des Erdendaseins spüren. Ich begegne dir in deinem eigentlichen Wesen, unabhängig von all deinen Errungenschaften und Leistungen." Die Trommel kann damit sowohl etwas Tröstliches als auch etwas Unerbittliches haben. Sie schlägt wie das vorgeburtliche Mutterherz (verläßlich oder unzuverlässig), schickt die Männer in

---

[7] LEUNER, H. C.: Experimentelles katathymes Bilderleben als klinisches Verfahren in der Psychotherapie. Grundlegung und Methode. Zschr. Psychother. Met. und Psychol. 5, 1955, S. 185–202. Über das durch komponierte Musik unterlegte katathyme Bilderleben siehe: LEUNER, H. C. und NERENZ, K.: Das musikalische Symboldrama und seine psychotherapeutische Wirkung. Heilkunst 77, 1964, S. 330–335.

den Krieg, erscheint wie der Gevatter Tod, wenn das letzte Stündchen geschlagen hat. Sie macht über die rhythmische Strukturierung Zeit erfahrbar, dieses typische Phänomen von Erdendasein und Vergänglichkeit. (Im Zusammenhang damit besteht eine gewisse Verbindung zur Leistungsproblematik.)

Da hier nur die prä- und perinatalen Themen interessieren, möchte ich eine Besonderheit erwähnen: Wenn ich nach vorangegangenen Monochord-Klang diesen mit einem steten Trommelschlag kombiniere, so läßt sie gelegentlich das aus der Anfangszeit der Schwangerschaft stammende Erleben in ein der Endphase zuzurechnendes überleiten. Mit dem Erscheinen einer irdischen Dimension erlischt, sofern es erlebt wurde, das apersonale ozeanische Gefühl. Es tauchen mehr personale Qualitäten auf. Kommunikation mit einem Gegenüber spielt eine Rolle, welches Mutter oder Welt heißt und je, nach Vorerfahrungen, unterstützend oder bedrohlich sein kann.

Julian, so will ich ihn nennen, war ein 26jähriger mittelgroßer Mann mit feingeschnittenem Gesicht und feingliedrigem Körperbau.

Er wirkte feminin, und bewegte sich grazil, wie ein Balettänzer. Er war als Frühgeburt in der 26. Schwangerschaftswoche mittels Kaiserschnitt zur Welt gekommen und hatte die ersten Monate im Inkubator verbracht. Sein Vater war zehn Monate nach seiner Geburt verstorben. Sofort nach Einsetzen des Monochords wird ihm (von keinerlei perinatal-psychologischem Wissen oder suggestiven Bemerkungen beeinflußt) klar, daß er sich im Mutterleib befindet. Es überkommt ihn ein heftiges Weinen, denn er spürt augenblicklich, daß es diese Gefühlsqualitäten sind, nach denen er sich viele Jahre lang gesehnt hat, ohne es zu wissen. Während der 30 Minuten dauernden Klangphase hält dieses glückliche Weinen über die nun erfüllte Sehnsucht an.

Als dann die Trommel hinzukommt, ist urplötzlich der von Panik durchdrungene Schrei in ihm: „Laßt mich doch hier drinnen, es ist noch nicht so weit!" Er wundert sich selbst über diesen spontan in ihm auftauchenden Satz, kommt dabei in einen etwas wacheren Bewußtseinszustand und denkt, daß das wohl das Gefühl des drohenden Kaiserschnitts gewesen sein muß. In seinem fluktuierenden Bewußtseinszustand erlebt er jedesmal, wenn er tiefer eintaucht, die vernichtende Angst, sein glücklicher Zustand könne zu früh beendet werden.

Ganz anders war es bei Beate: Bei der ersten Erfahrung mit dem Monochord kommt es zu von außen deutlich sichtbaren rhythmischen Kontraktionen des

Zwerchfells, wie sie bei heftigem Schluchzen auftreten. Dieses langanhaltende Körperphänomen ist aber von keinerlei Gefühlsregung begleitet. Erst bei einem späteren zweiten Erleben desselben Klangs bekommt sie Kontakt zu einer tiefen, aber erlösenden Trauer. Sie schluchzt heftig, fühlt sich im Mutterleib und spürt die Ablehnung ihrer Mutter. (Es war ihr bekannt, daß ihre Mutter sie nicht hat austragen wollen, da es sehr kurz nach der Geburt ihres Bruders versehentlich zu einer Empfängnis gekommen war.) Plötzlich sieht sie aus einer Perspektive, als würde sie Kopf stehen, ihre Mutter, die den Bruder stillt. Sie sieht die Szene also aus dem Blickwinkel ihrer intrauterinen Körperlage. (Handelt es sich dabei um ein frühes Engramm? Oder ist diese Vision genährt von dem Wissen, daß sie sich im Mutterleib mit dem Kopf nach unten befand, während die Mutter den Bruder stillte? Oder ist das eine symbolische Darstellung ihres „Kopfstehens" darüber, daß ihre Mutter sie nicht annehmen kann, weil sie noch mit dem Stillen des Bruders beschäftigt ist?) Beim Einsetzen der Trommel versiegt das Weinen und sie beginnt, sich im Mutterleib zunehmend besser zu fühlen. Sie meint, stetig zu reifen, widerstandsfähiger und stärker zu werden. Immer mehr breitet sich das Gefühl aus, eine Daseinsberechtigung zu bekommen.

Ich komme nun zu dem chinesischen Gong (Chau luo). Bei einer Spielweise, durch die ein kontinuierlicher Klang entsteht, werden häufig Prozesse ausgelöst, die durch große Dynamik gekennzeichnet sind. Es kommt zu dramatischen Szenen und raschen Veränderungen. Unvorhergesehene Ereignisse tauchen auf oder werden befürchtet. Nicht selten steht ein Wandel bevor von einem Zustand in einen anderen. Eine Phase von Veränderungen wird durchlaufen. Es handelt sich also um Wandlungs-, Durchgangs- oder Entwicklungsprozesse. Die Erlebnisse sind oft von heftigen Gefühlen, Ängsten oder Schmerzen begleitet. Kein Wunder also, wenn hier häufig die Themen Geburt und Tod auftauchen.

Am Beispiel einer vor Kriegsende geborenen Frau, Mutter von zwei Kindern, kann deutlich werden, daß ihre diffusen Angstzustände, depressiven Verstimmungen und Rückzugstendenzen ihre Wurzeln in der Geburtssituation haben. Gleich nach Beginn des Gong-Klangs bemerkt sie ein Ziehen im Bauch, welches in richtige Wehen überzugehen scheint. Sie legt sich auf den Boden und zieht die Beine in Gebärstellung an. Da spürt sie eine Verzweiflung: Das Kind muß zwar heraus, darf aber doch nicht in eine so bedrohliche Welt geboren werden. Dann wird die Angst vor der bösen Welt in ihr ganz lebendig und sie wird zu dem Kind, welches geboren werden soll. Sie wechselt die Stellung, kauert sich zusammen und zieht sich eine Decke über den

Kopf. Sie ist das Kind im Mutterleib, weiß, daß sie heraus muß, daß es höchste Zeit wird. Aber in ihr ist ein entsetztes „Nein"! Jetzt wechselt die Szene. Sie ist ein ganz kleines Kind in einem Luftschutzkeller. Um sie herum ist alles eng und zusammengepfercht. Sie hört die Motorengeräusche der Bomber und hat panische Angst vor dieser tödlichen Bedrohung. Es kommt häufig vor, daß Erlebnisse aus der vorgeburtlichen Zeit zum Teil aus der Sicht der Mutter, dann wieder aus der Sicht des Kindes geschildert werden. Die Szene im Luftschutzkeller stellt mit ihrer Enge und Bedrohung eine analoge Situation zu der unmittelbar vor der Geburt dar.

Das nächste Beispiel stammt aus der körperorientierten analytischen Langzeittherapie einer an Multipler Sklerose erkrankten Frau. Nach Bearbeitung von anfänglich lange anhaltender Abwehr symbiotischer Nähe- und Verschmelzungswünsche kommt es zu einer mehrmonatigen Phase, die nicht anders als eine intrauterine bezeichnet werden kann. Ihr Erleben während der Sitzungen und Trauminhalte legen diese Interpretation nahe. Die Patientin hat ein großes Bedürfnis, sich in Embryonalhaltung zusammenzurollen und anzulehnen. Sie braucht viel Schutz durch reales Gehaltenwerden. Die immer wieder aufflackernden Symptome eines schwelenden Schubs bilden sich schließlich zurück. Lange Zeit bin ich mir sicher, daß hier Richtiges und Heilsames geschieht. Dann aber wird das, was bislang sinnvoll war, zu einem Vermeidungsverhalten. Es wird deutlich, daß eine Fixierung auf dem intrauterinen Niveau den Kern der Problematik darstellt.

Da die Entwicklung stagniert, hoffe ich, mit Hilfe des Gongs an nicht bewußtseinsfähige Themen zu kommen.

In der ersten Stunde mit dem Gong fühlt sich die Patientin in dem Klang ganz geborgen und von ihm getragen. Dann wird es beunruhigend, so als würde von außen irgendetwas von ihr gefordert. In der nächsten Sitzung ist zuerst wieder die Geborgenheit da, Wellen, die sie tragen und wiegen. Dann erlebt sie sich in einer Höhle. Die Klänge sind jetzt keine Unterstützung mehr, sie wollen etwas von ihr, kommen von außen, schiebend und zerrend. Es ist ihr unangenehm, sie will das nicht haben.
In der dritten Stunde ist sie wieder in der Höhle, sucht einen Weg Richtung Ausgang. Aus der Höhle wird ein Gang, in dem ein Wasser fließt. Er wird enger, dunkler und bedrohlicher. Es treten verschiedene Hindernisse auf, die ich hier nicht näher ausführen kann. Schließlich sieht sie einen hellen Schimmer von außen; es gelingt ihr aber nicht, zu ihm hinzukommen.

In der vierten Stunde ist sie sofort wieder in dem Gang. Das Wasser strömt schneller und treibt sie voran. Die Hindernisse tauchen wieder auf, aber die Wellen tragen sie daran vorbei. Der Gang wird immer enger, die Wände kommen näher auf sie zu, es wird immer schrecklicher. Schließlich steckt sie fest, hat starke Angst und kommt weder vor noch zurück. Vorn sieht sie eine Öffnung, gebildet von zwei gegeneinander gerichteten Halbbögen. Das Licht ist für ihre Augen schmerzlich. Sie will nicht hinaus, aber zurück ist unmöglich. Sie steckt fest. Sie wird von Verzweiflung geplagt, weiß, daß sie hinaus muß, schreckt aber davor zurück. Schließlich überfällt sie eine tiefe Resignation. Als alles ausweglos scheint, kommt ihr die Realität der Therapiestunde ins Bewußtsein. Wie ein Hoffnungsschimmer fällt ein Gedanke in ihr Erleben: Wenn da draußen jemand wäre, der mich liebevoll empfangen und halten würde, dann könnte ich mich weiter wagen. Mit dieser Hoffnung erreicht sie das Licht und kommt ein Stück hinaus.

Die fünfte Gongsitzung liefert die Fortsetzung. Sie ist ganz draußen aus der Höhle. Es ist ein sehr unbehagliches Gefühl. Sie will wieder zurück. Draußen ist alles so weit, frei und offen, so hell und feindlich. Sie weiß, daß es kein Zurück mehr gibt, fühlt sich ganz verlassen und verstoßen. Dann geht sie offensichtlich mehr auf eine kognitive Ebene und meint, daß es wohl so gewesen sein muß, nach ihrer Geburt. Sie realisiert dabei wieder die aktuelle Behandlungssituation und meine Nähe, denn sie sagt: „Mir wird klar, daß ich es hier draußen aushalten kann, wenn ich die Nähe noch haben darf. Das tut so gut, ich habe gar nicht gewußt, wie sehr ich das brauche."

In der folgenden Stunde spürt sie starke Rückzugstendenzen und hat Angst, sich wieder in die Höhle verkrochen zu haben. Um das zu klären, wünscht sie noch einmal den Gong. Dabei erlebt sie, daß alles um sie herum weiter Raum ist. Die Erinnerung an die Höhle und den Gang ist noch da, aber sie spürt, daß sie nicht mehr zurück will in diese Enge und Unfreiheit. Dann hat sie das Gefühl, ganz klein zu sein und frei auf meinem Bauch zu liegen, der in diesem Fall ein Mutterbauch ist. In dieser Nähe genießt sie die Weite. Die Szene wechselt und sie hat den Eindruck, auf meinem Bauch liegend durch das Weltall zu schweben. Sie beschreibt ein frohes Gefühl von gleichzeitiger Geborgenheit und Freiheit. In ihrer Vision löst sie sich dann versuchsweise einmal ganz von mir und hält nur noch meine Hand. Die will sie nicht loslassen.

In der weiteren Behandlung macht sie von da an Entwicklungsfortschritte. Ein halbes Jahr später will sie sich erneut dem Gong aussetzen. Sie findet sich in der ihr vertrauten Höhle wieder, die diesmal aber viel weiter, höher und mächtiger ist. Ein Bär begleitet sie, der ihr (innerer) Führer ist. Die Höhle ist ganz prächtig ausgestattet, viele Edelsteine funkeln. Das hat etwas Majestätisches und sie spürt eine Erhabenheit wie in heiligen Hallen. Ein tiefes, gutes Gefühl erfüllt sie, gemischt mit dem Schmerz aus der Erkenntnis, daß sie hier nicht bleiben kann. Sie weiß, daß sie nur in diese Höhle darf, um Kräfte zu sammeln. Der Bär führt sie weiter. Es wird niedriger und sie kommt wieder nach draußen auf eine Wiese mit Blumen. Sie spürt, daß sie wieder in ihrer normalen Welt ist. Bevor er verschwindet, sagt der Bär, daß sie nun allein weitergehen könne. Sie weiß, daß das jetzt auch geht. Kommentierend meint sie anschließend, daß die Höhle zwar noch Mutterleibsqualitäten gehabt habe, jetzt aber auf eine transzendente Weise. Ihr Erlebnis bezeichnet sie als Einweihung – in eine Dimension, die eine Kraftquelle darstellt, um das Leben in der Alltagswelt wieder annehmen zu können. Was pathologischer Rückzug war, hat sich in eine Erholungsregression verwandelt. Abschließend möchte ich noch die sehr ungewöhnliche Erfahrung schildern, die Julian gemacht hat. Die Wiederbelebung seiner zu früh abgebrochenen Intrauterinzeit stand am Anfang einer einwöchigen Selbsterfahrung in einer Gruppe. Julians Schwierigkeiten mit seiner männlichen Identität hatte ich anfänglich auf die fehlende väterliche Identifikationsfigur zurückgeführt. Später wurde klar, daß auch die Tatsache, daß er sich nicht auf normalem Wege durch den Geburtskanal hat kämpfen müssen, das Ihre dazu beigetragen hat. Zwei Tage nach dem Monochord-Trommel-Erlebnis war in der Gruppe eine Situation entstanden, die darauf schließen ließ, daß alle Gruppenmitglieder die gemeinsame unbewußte Phantasie teilten, Aggressionen müßten, weil zu gefährlich, in hohem Maße abgewehrt werden. Um dem auf die Schliche zu kommen, schlug ich eine freie musikalische Improvisation auf den zur Verfügung stehenden Instrumenten vor. Meine einzige Anregung war, jeder solle spüren, was in ihm sei und versuchen, es ohne Worte zum Ausdruck zu bringen. Es entsteht ein langes, zaghaftes und undifferenziertes Geplänkel. Keiner will Farbe bekennen, keiner will hervortreten. Mehrere Versuche von einzelnen, lauter oder deutlicher zu werden, gehen immer wieder unter. Einige versuchen sich kurz an dem großen chinesischen Gong, legen den Schlegel aus Angst vor der Klangintensität aber bald wieder weg. Als hätte er allen Mut zusammengenommen, tritt schließlich Julian an den Gong heran. Mit zwei großen Schlegeln versetzt er ihn beidhändig, zunächst bedächtig und mit mäßiger Lautstärke, dann immer kräftiger, in Schwingung. Unbeirrt und stetig steigert er Tempo und Lautstärke. Der Gong schwillt zu einem orkanartigen Klang an, der den ganzen Gruppenraum ausfüllt. Einige Ängstliche verkriechen sich oder suchen bei anderen Zuflucht. Ich bin in Sorge, entschließe mich aber, den Prozeß ungestört weiterlaufen zu lassen. Ich habe das Gefühl, Julian jetzt auf keinen Fall bremsen zu dürfen. Das ganze Geschehen, dessen Protagonist er ist, wird von immer mehr Gruppenteilnehmern mitgetragen. Sie tun es ihm gleich oder feuern ihn an. Es wird ein wahrer Hexensabbat, der einem ekstatischen Gipfel zustrebt. Archaische, undifferenziert libidinös-aggressive Energien machen sich Luft. Dann kommt der Höhepunkt: Dort, wo eine Steigerung nicht mehr möglich scheint, legt Julian wie von Sinnen noch einmal zu, bis schließlich ein letzter Hieb den Gong durchschlägt und aus seiner Mitte ein kindskopfgroßes Stück herausbricht. In diesem Moment fällt er wie ohnmächtig in sich zusammen und liegt eine Weile reglos und erschöpft da. Ich setze mich neben ihn. Als er wieder zu sich kommt – strahlt er. Er ist durchdrungen von einem triumphalen Gefühl. Erst jetzt entdeckt er das Loch im Gong. Seinen Durchbruch hat er nicht mehr bewußt mitbekommen. (Damit wegen des kaputten Gongs keine Schuldgefühle aufkommen, vereinbare ich mit ihm, dieses Problem später in Ruhe zu klären.) Er berichtet von seinem Erleben: Anfangs habe er das Gefühl gehabt, diesmal all seinen Mut und seine Kraft zulassen zu wollen. Es habe sich immer mehr angefühlt wie eine verzweifelte Wut: „Diesmal muß ich es schaffen, diesmal muß ich es schaffen!" Dann habe er um sich herum nichts mehr wahrgenommen und sei nur noch von dem Gefühl erfüllt gewesen: „Diesmal muß ich unbedingt da durch!" Im Nachgespräch fielen ihm frühere Situationen ein, die ihn geängstigt hatten. Vor einer Mauer stehend sei er beispielsweise von dem Impuls überflutet worden, mit dem Kopf durch die Mauer rennen zu müssen. Vielen Gruppenmitgliedern war die Deutung spontan ersichtlich: Es muß sich bei dem Durchbruch um den normalen Geburtsweg gehandelt haben, der ihm wegen des Kaiserschnitts vorenthalten worden war. Für Julian war das ein Aha-Erlebnis. Ihm war plötzlich alles klar. Sein triumphales Gefühl, es geschafft zu haben und nun erlöst zu sein, bekam einen Sinn. Genau ein Jahr nach diesem „Geburtsprozeß" hat Julian mich angerufen, um mir mitzuteilen, daß diese Erfahrung eine Initialzündung für seine Entwicklung gewesen sei: für sein Durchsetzungsvermögen und sein Selbstwertgefühl. Ein so „durchschlagendes" Ereignis muß nicht immer einen Gong kosten. Aber diesmal hat es eben so sollen sein. Auch andere von mir verwendete elementare Klangstrukturen, wie sie, um nur einige zu nennen, mit der Klangschale, dem Didjeridu, der Shruti-Box, dem Berimbao erzeugt werden, können zu einer Erlebnisregression auf prä-, peri- oder frühe postnatale Zeiten führen. Das ist dann der Fall, wenn die aus jener Zeit stammenden Erfahrungsmuster eines Menschen einem dieser Klang-Archetypen entsprechen. Das kann in diesem Rahmen nicht näher ausgeführt werden. Ich hoffe aber, daß Sie anhand der drei exemplarisch dargestellten Instrumente eine Ahnung davon bekommen konnten, wie die Klänge mit archetypischen Grundthemen des Menschen in Resonanz stehen. Da mir eine ganzheitliche Sichtweise am Herzen liegt, möchte ich nicht schließen, ohne davor zu warnen, diese Vorgänge auf ein mechanistisches Interpretationsmodell zu reduzieren. Sonst kommt es zu einer Art Klangapotheke und viele für das Verständnis menschlicher Entwicklung wichtige Aspekte gingen verloren: z. B. die Bedeutung von Beziehung.

Die klanggeleitete Trance in der Psychotherapie*

WOLFGANG STROBEL

Einleitung

Dieser Beitrag handelt von einer psychotherapeutischen Arbeitsweise, die ich in den vergangenen 15 Jahren entwickelt habe und „klanggeleitete Trance" nenne. Damit soll die Flut von Psychotherapiemethoden nicht um eine neue erweitert werden. Mein Anliegen ist vielmehr, die bereits vorhandenen Therapieformen um ein Element zu bereichern, welches auf sanfte Weise Wege zu Gebieten eröffnet, die sonst schwer zu betreten sind oder nur mit Hilfe stärker eingreifender Mittel (z. B. psychoaktiver Substanzen). Die „klanggeleitete Trance" hat mehrere Wurzeln und stellt eine Synthese verschiedener therapeutischer Ansätze dar, die aus Musiktherapie, Hypnotherapie, Psychoanalyse und Tiefenpsychologie stammen. Nicht zuletzt macht sie Anleihen bei den Schamanen, die zu allen Zeiten und in den unterschiedlichsten Kulturen die Zaubermacht der Musik, der Gesänge, Tänze und Rhythmen nutzten, um einen „schamanischen Bewußtseinszustand" (HARNER 1982) hervorzurufen. (Wer an einem umfassenden Überblick über die schamanische Literatur interessiert ist, sei auf UCCUSIC 1991 verwiesen.) Das gebräuchlichste Instrument ist wohl die Trommel, die als „Pferd des Schamanen" bezeichnet wird (DRURY 1989), ausgehend von der Vorstellung, daß der Schamane auf ihr in die Unterwelt reitet. Auch andere Instrumente, wie zum Beispiel Glöckchen, Schellen und Rasseln werden verwendet. Im östlichen Kulturkreis werden auch Gongs bei magischen Heilungen eingesetzt (SIMBRIGER 1939). Im traditionellen Kontext befindet sich der Schamane in tiefer Trance, um auf der Ebene der „nichtalltäglichen Wirklichkeit" (CASTANEDA 1973) seine Arbeit zu verrichten. Bei der hier vorgestellten Methode

---

* Erweiterte Fassung des ursprünglich auf Spanisch publizierten Aufsatzes „El mundo arquetipico de los sonidos en musicoterapia (The Archetypal World of Sounds in Music Therapy)", Revista Internacional Latinoamericana de Musicoterapia (International Latin-American Journal of Music Therapy) 4, 1998, 3-36.
Es handelt sich um eine Zusammenfassung früherer Publikationen zu diesem Thema:
„Klang – Trance – Heilung. Die archetypische Welt der Klänge in der Psychotherapie", Musiktherapeutische Umschau, 9, 1988, S. 119 -139 und
„Die klanggeleitete Trance. Eine analytisch orientierte Form nonverbaler Hypnotherapie", Hypnose und Kognition, 9, 1992, S. 98 – 117.

kommt vorrangig der Patient in den Genuß dieses kreativen Bewußtseinszustandes. Dies gelingt um so leichter, je mehr der Therapeut steuernde und schützende Funktionen übernimmt und die Verbindung zur äußeren Realität garantiert. Seine Wirksamkeit vergrößert sich, wenn er die Kunst beherrscht, sich gleichzeitig auch auf einen Zustand des veränderten Wachbewußtseins einzulassen. Er ist dann in einem besseren Kontakt mit der Erlebnisebene des Patienten und mit den Quellen seiner Emphatie und Intuition.
Wie alle monotonen Reize induzieren einförmige, sich stetig wiederholende Klang- und Rhythmusstrukturen einen veränderten Wachbewußtseinszustand. Sie tun dies durch eine Erhöhung der Intensität und eine Erniedrigung der Variabilität des Wahrnehmungsfeldes (vgl. DITTRICH 1985). Wenn dies immer mit ein und demselben Klang geschieht, so handelt es sich um ein formalisiertes, ritualistisches Verfahren, wie es beispielsweise aus der klassischen Hypnose bekannt ist. In der „klanggeleiten Trance" liegt das Neue in der Erkenntnis, daß die Art des verwendeten Klanges das Erleben thematisch beeinflußt – zumindest mit einer gewissen Wahrscheinlichkeit. Der Klang besitzt also neben der Trance induzierenden auch eine die Trance inhaltlich gestaltende Wirkung. Bildlich gesprochen könnte man sagen, der Klang möchte den Erlebenden an die Hand nehmen und ihn in einen klangspezifischen Erfahrungsraum leiten.

Während beim direkten Erleben diese Zusammenhänge unmittelbar evident und nachvollziehbar werden, bleiben sie bei rein theoretischer Erörterung schwer vorstellbar. Um diese Schwierigkeit zu überbrücken, greife ich immer wieder auf kurze Fallbeispiele zurück und wähle gelegentlich eine mehr narrative Form der Darstellung.

Ein Beispiel aus der therapeutischen Praxis

Zur Veranschaulichung schildere ich eine viele Jahre zurückliegende Therapiesitzung, die man nach vielen hinführenden Vorerfahrungen wohl als meine Geburtsstunde der „klanggeleiteten Trance" bezeichnen kann. Damals behandelte ich noch die meisten meiner Patientinnen und Patienten psychoanalytisch. Nur bei mangelndem Introspektionsvermögen wandte ich verbale Hypnotherapie an, und psychiatrisch Erkrankte behandelte ich vorwiegend musiktherapeutisch. Eine Patientin - ich will sie Anna nennen - gab mir den Anstoß, diese Elemente miteinander zu verbinden. Die zehn Minuten Pause zwischen zwei Analysestunden hatte ich dazu verwendet, mich mit Hilfe des Tons einer kleinen tibetischen Klangschale zu entspannen. Ich stellte sie neben meinem Sessel auf den Boden und bat Anna herein. Zu jener Zeit war sie 33 Jahre alt und schon fast zwei Jahre bei mir in analytischer Psychotherapie. Sie war seelisch krank gewesen, hatte unter vielen Ängsten, mangelndem Durchsetzungsvermögen und großer Unselbständigkeit gelitten. Obwohl verheiratet, lebte sie in einer völlig unrealistischen, infantilen Welt. Ihre Kindheit war voll von schrecklichen Erfahrungen gewesen, so daß sie das Erdendasein nur als bedrohlich erlebt und sich der Realität entzogen hatte. Insgesamt drei Fehlgeburten bei großem Kinderwunsch waren der letzte Anstoß, eine Therapie zu beginnen. Offensichtlich mußte sie aber zunächst selbst erst noch einmal zur Welt kommen. Nach einer Anfangsphase der Vertrauensbildung hatte sie nämlich in der Behandlung noch einmal ganz von vorne angefangen. Eines Nachts hatte sie in einem Ausnahmezustand, in welchem sie mich anrief, ihre äußerst bedrohliche Geburt wieder erlebt. In der Therapie und auch außerhalb vollzog sie in der Folgezeit auf symbolische, manchmal auch auf konkrete Weise viele kindliche Entwicklungsschritte nach. So sagte sie beispielsweise ein halbes Jahr lang zu mir konstant „Mama", was ich auch zuließ. Erst später konnte sie in mir einen Mann sehen. Zu Hause schlief sie während dieser Zeit zum Ärgernis ihres Ehemannes nachts mit einem Schnuller. Das Abgewöhnen war ebenso schwierig wie bei einem wirklichen kleinen Kind. Zu jener Zeit, von der ich jetzt berichten will, war aber schon ein anderes Thema aufgetaucht: Die genitale Sexualität. Seit einiger Zeit und auch in der vorhergehenden Sitzung beklagte sie ihre Unfähigkeit, einen Orgasmus zu erleben. Es war deutlich geworden, daß die Ursache letztlich in einer Angst vor Hingabe lag, in einer Angst vor der Aufgabe der Kontrolle. Als Anna an jenem Tag nun meinen Behandlungsraum betrat, sah sie die Klangschale am Boden stehen und interessierte sich dafür. Ich zeigte sie ihr und bot ihr eine Klangwahrnehmung an. Sie legte sich hin und schloß die Augen. Ich ließ den hellen, hohen Ton erklingen und bat sie, mir ihre Erlebnisse zu schildern. Ein existenzbedrohendes Angstgefühl stieg in ihr auf, und sie geriet in Panik. Erst als ich ihr versicherte, sie zu begleiten und zu schützen, konnte sie sich weiter auf den Klang einlassen. Die Erinnerung an den Augenblick des Eintretens der Narkose vor einer Operation tauchte in ihr auf und kurz darauf erlebte sie sich als bewußtlos, wobei sie dann minuziös genau die leiblichen Eindrücke einer gynäkologischen Operation beschrieb. Aus meiner Jahre zurückliegenden kurzen Zeit als Assistenzarzt einer gynäkologischen Abteilung wußte ich, daß sie mir Schritt für Schritt und Detail für Detail die leiblichen Eindrücke einer Ausschabung schilderte. (Es war bei ihr tatsächlich eine Abrasio in Vollnarkose durchgeführt worden.) Da sie von medizinischen Dingen, ja von ihrer eigenen Anatomie kaum etwas wußte, konnte es sich um nichts anderes handeln, als um die

Wiederbelebung leiblicher Eindrücke während der Narkose. Die Analogie zwischen dem Zustand der Narkose und der durch die Klangschale induzierten Trance war augenfällig.

Anschließend tauchten noch weitere lebensgeschichtlich bedingte Erfahrungen auf, die dem Erlebnismuster des hilflosen Ausgeliefertseins entsprachen: Zunächst eine Situation, in der sie als Säugling von der Großmutter mit einer Wärmflasche am Bauch verbrannt wurde – wovon heute noch schlimme Narben existieren –, dann die Szene ihrer Geburt, bei der die Mutter – damals allein zu Hause – das Bewußtsein verlor, was auch Anna beinahe das Leben gekostet hätte. Sie erlebte diese Geburtsszene einmal aus der Sicht der gebärenden Mutter, dann wieder aus der Sicht des Kindes. Im Anschluß daran spürte sie das Gefühl eines nahenden Orgasmus, welches schlagartig durch ein inneres Gelähmtsein unterbrochen wurde.

Mir war klar, daß der Klang sozusagen eine Schublade geöffnet hatte, in der sich aus unterschiedlichen Lebenszeiten stammende Erfahrungen befanden, die alle einem Thema zugehörig waren: Nämlich, im Zustand eingeschränkten beziehungsweise aufgehobenen Bewußtseins bedrohlichen Kräften ausgesetzt zu sein, welche irgendeinen Zusammenhang mit dem Unterleib hatten. Die Ähnlichkeit dieser Schreckenserfahrungen mit der Situation vor dem sexuellen Höhepunkt hatte dazu geführt, daß die Patientin - unbewußt eine Wiederholung der zerstörerischen Bedrohungen fürchtend – die Hingabe verweigerte, die im Schwinden der bewußten Kontrolle liegt.

Dies alles konnte nun bearbeitet werden, was einige Sitzungen in Anspruch nahm. Etwa vier Wochen später aktualisierte sich noch einmal die während der Klang-Trance erlebte Panik bei der sexuellen Vereinigung mit ihrem Mann im Augenblick des nahenden Orgasmus. Sie gab der Angst einen Ausdruck und schrie. Ihr Mann hat sie verständnisvoll gehalten, und es gelang ihr, die Realität der Gegenwart wahrzunehmen und die Nähe als beglückend und tröstend zu spüren. In der Nacht darauf hat sie ihren ersten Orgasmus erlebt. Damit ich nicht mißverstanden werde: Es ging nicht nur um das vordergründige Therapieziel der Orgasmusfähigkeit, sondern um die Entwicklung von Vertrauen und Hingabe – an einen Menschen und an die Existenz.

Später habe ich ihr noch einmal eine Trance-Sitzung mit der Klangschale angeboten. Sie erlebte folgendes: „Um mich herum wird alles hell und licht. Ich liege auf einer Wiese. Immer mehr durchflutet mich das Licht. Ich spüre ein Gefühl tiefer Glückseligkeit. Alles ist gut und alles ist in Ordnung – ich und die Schöpfung. Ich fühle mich wie sich nach außen fortpflanzende kreisförmige Wellen, wie bei einem Stein, der ins Wasser fällt. Ich tauche in die Tiefe des Meeres, bis zum Grund. Es ist der Urgrund überhaupt. Ich habe das Gefühl, viel umfassender zu sein, sowohl zeitlich als auch räumlich. Ich spüre, daß ich nicht die auf mein jetziges Leben begrenzte Person bin. Ich war davor und bin danach und ich ahne die unendliche Weite des Kosmos." Anna war erwachsen geworden und hatte so viel Ich-Stärke entwickelt, daß sie loslassen konnte. Zwei Jahre danach ist auch ihr Kinderwunsch in Erfüllung gegangen.

Die Welt der Klang-Archetypen

Meinem Freund Tonius Timmermann, der schon vor mir mit elementaren Klangstrukturen experimentiert hat, verdanke ich die Idee, daß auch im akustischen Bereich energetische Urmuster und Urkräfte existieren, die man Klang-Archetypen nennen kann. Meine eigenen Erfahrungen mit verschiedenen Klängen, und nicht zuletzt das Erlebnis mit Anna, haben mich neugierig gemacht, jene Themenkomplexe herauszuarbeiten, die die Klänge im Unbewußten des Menschen anzustoßen vermögen. Der Begriff „Archetyp" geht auf KEPPLER zurück (vgl. TIMMERMANN 1987, S. 65), der bereits damals Ent- sprechungen zwischen musikalischen Urformen und Strukturen der Seele vermutet hat. Annas Reaktionen auf die hohe Klangschale, deren Schwingungen ich ja ebenfalls ausgesetzt war, haben mich auf überzeugende Weise den Zusammenhang zwischen der Qualität des Klangs und der Thematik des Erlebens spüren lassen. Durch systematische Untersuchungen habe ich in der Folgezeit bei sehr vielen Menschen eine thematische Übereinstimmung der Reaktionen auf die verschiedenen einfarbigen Klangmuster finden können. Versuche mit gleichgestimmten unterschiedlichen Instrumenten (z.B. Klangschale und Shruti-Box) haben eindeutig gezeigt, daß die hier beschriebenen Klang-Archetypen nicht von der Tonhöhe (Frequenz) abhängig sind, sondern von der Klangfarbe. Aus diesem Grund spreche ich auch gerne von monochromen Klängen. Die verschiedenen Klangfarben ergeben sich aus der spezifischen Zusammensetzung der Obertonspektren. Zusätzlich spielen Ein- und Ausschwingvorgänge eine gewisse Rolle. Alle Klänge werden „live" auf urtümlichen Instrumenten erzeugt und enthalten ein rhythmisch perseverierendes Element. Dieses steht bei der Trommel sehr stark im Vordergrund und kommt bei der geriebenen Klangschale lediglich in einer kaum merklichen Schwebung zum Ausdruck. Dennoch erlaube ich mir, vereinfachend von der Wirkung der Klänge zu sprechen. Wenn auch im folgenden von bestimmten Instrumenten die Rede ist, so darf nicht der Eindruck entstehen, daß der Klangarchetypus vom Instrument allein abhängt. Er wird vielmehr ganz wesentlich auch von der Spielweise bestimmt. Verändert man diese, so ist die Wirkung eine völlig andere.

Schließlich sei noch betont, daß der Begriff „Klangarchetyp" streng genommen zwei miteinander zusammenhängende Gegebenheiten meint: das energetische und physikalisch meßbare Phänomen des Klangs einerseits und den damit in Resonanz stehenden psychologischen Bedeutungshof andererseits. Von C.G. JUNG (Nachdruck 1984), der die Archetypen in der Welt der Bilder und Mythen untersucht hat, stammt ein Hinweis, der sich trefflich auf die durch Klänge ausgelösten Motive und symbolischen Urbilder übertragen läßt: Sie sind schwer zu definieren und ausgesprochen vage; es handelt sich um keine wissenschaftlichen Begriffe, von denen Eindeutigkeit gefordert werden kann, und sie entziehen sich deshalb einem engen und allzu intellektuellen Zugriff. Dennoch will ich im folgenden versuchen, die Bedeutung von fünf Klang-Archetypen zu umschreiben, die ich aus der Palette der von mir verwendeten Klänge exemplarisch herausgreife.

Die hohe Klangschale

Als Hinweis auf ihr vermutliches Stammland wird sie auch Tibetische Klangschale genannt. Sie ist jedoch ebenso in anderen Himalaja-Ländern beheimatet und hat sich in den unterschiedlichsten Variationen im gesamten buddhistischen Bereich verbreitet, bis hin nach Japan. Im buddhistischen Zeremoniell wird sie am Anfang und am Ende der Meditation angeschlagen. Mündlichen Informationen zufolge soll sie im Himalaja in der Krankenbehandlung oft tagelang von sich gegenseitig abwechselnden Mönchen gespielt worden sein (STROBEL und TIMMERMANN 1991). Wer ihrem eindringlichen und klaren Klang lauscht, kann augenblicklich verstehen, weshalb sie als akustisches Objekt der Meditation verwendet wird. Sie zentriert die Aufmerksamkeit und erleichtert die Öffnung zu einem transzendenten Bereich. Um die hier beschriebene Wirkung zu erzielen, wird sie nicht angeschlagen, sondern mit einem Stab an der Außenseite gerieben, so daß ein kontinuierlicher Ton entsteht.

Die Klangschale hat von allen der von mir verwendeten Instrumente den stärksten Trance-induzierenden Effekt, was vermutlich nicht nur psychologische, sondern auch physikalisch-physiologische Gründe haben dürfte. Die anfänglichen Reaktionen auf den Klangschalenton sind deshalb oft Ausdruck dieser fast Trance-erzwingenden Wirkung, die zu einer Dissoziation zwischen „Kopf" und „Bauch" führt. Die Klangschale will das rationale Denken „einschläfern" und die Achtsamkeit auf die aktuelle Wahrnehmung lenken. Das führt beispielsweise zu folgenden Erlebnissen: „Auf einmal war mein Kopf völlig ausgeschaltet und er war irgendwie überhaupt nicht mehr beteiligt." Oder: „Ich falle, schnell und tief, das Komische ist, der Kopf fällt sehr, sehr schnell, der Körper aber langsam." Oder: „Beim Aufsteigen des Tons fing alles an, sich zu drehen, der Kopf andersherum als der Körper." Oder: „Etwas will, daß der Kopf ausgeschaltet wird, er wehrt sich aber... Es tut sehr weh im Kopf." Das letzte Beispiel verdeutlicht, daß sich Widerstände nicht selten in Form von Schmerzen äußern. Das geschieht zum Beispiel bei Menschen mit intellektualisierender Abwehr, die unbedingt die rationale Kontrolle behalten müssen oder, wie bei Anna, bei jenen Menschen, die aufgrund entsprechender traumatisierender Vorerfahrungen einen hingebungsvollen Zustand unbewußt als bedrohlich erleben und vermeiden wollen. Wenn sich die Widerstände durch Unterstützung oder Bearbeitung nicht auflösen lassen, empfiehlt es sich, einen anderen Weg einzuschlagen (z. B. durch die Wahl eines anderen Klanges), um den immer auch als sinnvoll verstehbaren Widerstand überflüssig zu machen und aufzulösen. Wenn, wie das Beispiel von Anna zeigt, trotz anfänglicher Widerstände ein Sich-Einlassen möglich ist, wird spürbar, welche Bedingungen dazu geführt haben, daß ein Loslassen so gefährlich ist und die Kontrolle aufrechterhalten werden muß. In einem solchen Fall wird das archetypische Thema dann nicht in seiner reinen, sondern in der blockierten Form spürbar. Bildlich gesprochen könnte man sagen, der Erlebende stößt auf seinem Weg zu dem archetypischen Erfahrungsraum auf jene Hindernisse (traumatisierenden Vorerfahrungen), die den Weg blockieren und diesen Raum verschließen. Erst, wenn die Hindernisse beseitigt worden sind, kann der archetypische Klangraum betreten werden (vgl. das Beispiel von Anna). Ist der Weg frei, dann klingen die Schilderungen der Erfahrungen wie folgt:

Eine zuvor knabenhaft wirkende Frau, die in der Therapie an der Entwicklung reifer Weiblichkeit gearbeitet hat, berichtet: „Ich sehe einen Feuerball mit einem Schweif, der sich durch den Raum bewegt. Er dringt von oben durch den Kopf in mich ein und füllt mich aus. ... Mein Becken wird weiter, offen, breit und rund. ... Es ist so angenehm, umfassend und voll." – Eine Frau um die Sechzig erlebt den Ton anfangs als unangenehm. Sie sieht ein Licht, gelb-weißlich und hell. Dann öffnet sie den Mund und entschließt sich, den Klang in sich hineinzulassen. Augenblicklich breitet sich ein völlig angenehmes Gefühl in ihr aus. Eine religiösen Themen gegenüber skeptisch eingestellte Frau erfährt eine Veränderung ihrer körperlichen Empfindung, so daß sie sich fühlt wie ein großes rundes Ei. Dann sieht sie einen Vogel im Licht und weiß, daß er den Heiligen Geist symbolisiert. Schließlich nimmt sie den auferstandenen Christus wahr inmitten eines Lichtkranzes, von Wolken umgeben. Sie spürt Freude und Ergriffenheit, gleichzeitig ist ihr Verstand kritisch und ablehnend. – Ein ganz ähnliches Erlebnis schildert eine Frau Ende Vierzig: „Es war für mich im Kopf aufwühlend und drängend. Von den Füßen her kamen Wellen. ... Dann sah ich etwas Helles, Weißes, was immer heller wurde, immer weißer. Schließlich war es ein gleißend helles, weißes Licht, wie der auferstandene Gott. Ich stand unten in dem Lichtkegel. Ich stand eindeutig nicht auf der Erde, aber ich hatte schon das Gefühl, fest zu stehen." – Ein Mann erlebt, wie der Klang ihn elektrisiert, mit Energie auflädt und ihm „eindeutig in den Kopf geht". Daraufhin tritt eine starke sexuelle Erregung auf. Er hatte früher längere Zeit vergeblich bioenergetisch mit dem Becken gearbeitet, um seine sexuelle Energie freizusetzen. Er vermutet, daß die Klangschale die „Blockierung im Kopf" gelöst hat. – Ein Mann aus derselben Gruppe berichtet: „Für mich hat es sehr viel zu tun gehabt mit Sich-überlassen und Schmelzen-können. Ich habe sehr starke Gefühle gehabt. ... Vorwiegend habe ich eine tiefe Liebe gespürt, nicht sexuell, sondern eine tiefere Form von Liebe."

Voraussetzung für jedweden Trancezustand, gleichgültig, wodurch er ausgelöst wird, ist ein Sich-einlassen-können. Der fast überirdisch rein erscheinende, helle, gleißende Ton der kleinen tibetischen Klangschale stellt das Thema Hingabe jedoch ganz besonders in den Vordergrund. Das liegt wohl an seiner eindringlichen Kraft und Klarheit, der man sich nur schmerzlich widersetzen oder eben hingeben kann. Daher geht es in den Erlebnissen häufig um die Begegnung mit einer starken Kraft. Das kann die Sexualität ebenso sein wie eine umfassendere Energie, die Liebe, das Licht oder eben auch Gott. Das Erleben beglückender Hingabe an eine überwältigende Kraft oder höhere Macht ist blockiert, wenn Menschen in ihrem Leben negative Erfahrungen machen mußten mit dem Ausgeliefertsein an eine stärkere Macht oder gar Gewalt. Da die ganze frühere Kindheit eine Zeit des Abhängigseins von der Macht der Eltern darstellt, kommen nicht selten Erlebnisse aus dieser Lebensphase an die Oberfläche. Auch andere Traumata zu dem Thema des Ausgeliefertseins an eine stärkere Macht können wieder aktiviert werden, z. B. Vergewaltigung, Mißhandlung, Bombenangriffe, Unterdrückung etc. Entsprechend sind die ausgelösten Gefühle Angst, Panik, Verzweiflung oder Auflehnung und Widerstand. Wenn negative Vorerfahrungen fehlen oder, wie bei Anna, aufgearbeitet werden können, wird nicht selten die bewußtseinserweiternde Erfahrung einer hingebenden Vereinigung mit einer transzendenten Kraft erlebt, die häufig als Licht gesehen wird. Ein tiefgreifendes Verstehen der menschlichen Existenz, Zustände von Verzückung oder religiöser Ekstase werden beschrieben. Sie gelingt durch eine Überwindung des Ich, die nicht mit einer regressiven Verschmelzung verwechselt werden darf. Jede Ego-Transformation bedarf eines gesunden, voll entwickelten Ichs.

In der Therapie ist die Klangschale stets dann gefragt, wenn es um die Themen Kontrolle und Hingabe geht, um die Bearbeitung von schlimmen Erfahrungen des Ausgeliefertseins, um Macht und Ohnmacht. Das ist viel häufiger der Fall, als man denkt, denn hinter vielen Symptomen versteckt sich eine Verweigerung gegenüber dem Leben, die ein Nichtannehmen-können der Macht des Schicksals bedeutet. Die starke zentrierende Kraft der Klangschale hat die Tendenz, auf das Zentrum des unbewußten Konflikts zu fokussieren. Das mag zwar in der Psychotherapie grundsätzlich hilfreich erscheinen, die zwingende Schärfe, mit der die Klangschale dies tut, ist jedoch nicht immer zumutbar.

Eine Patientin, die nach einem Psychiatrie-Aufenthalt wegen Suizidalität und Brennen am ganzen Körper zu mir in Behandlung geschickt worden war, reagiert auf einen ersten Klangschalenversuch mit derartig heftiger Angst und Panik, daß er abgebrochen werden muß. In dem dann folgenden Jahr analytischer körperorientierter Psychotherapie wird deutlich, daß es in der Zeit nach der Geburt an emotionaler Wärme, körperlicher Nähe und Gehaltensein gefehlt hat. Erst mit zunehmendem Vertrauen in die haltende Funktion der therapeutischen Beziehung kann über Altersregression mehr und mehr die Bewußtwerdung solcher traumatischer Situationen zugelassen werden. Es bedarf also erst einer Nachreifung durch (in diesem Fall reales) Holding. Nach etwa einem Behandlungsjahr löst die Klangschale dann folgendes aus: Die Patientin kauert sich, wie schutzsuchend, in Embryonalhaltung zusammen. Dann beginnt sie sichtbar zu zittern und zu beben, und es treten am ganzen Körper heftige myokloniforme Zuckungen auf. Ich frage, ob sie irgendeine Unterstützung braucht. Sie bittet mich um eine körperliche Berührung, damit sie in dieser Sicherheit die Angst aushalten kann. Dadurch gelingt es ihr, in Trance zu gehen, und sie sieht Farben: zuerst ein dunkles Lila bis Blau, dann ein sich spiralig drehendes Rot, in welches sich schließlich orange und gelbe Farben mischen. Dann wird sie von einer starken Kraft gezwungen, ihren Körper wahrzunehmen. Sie bemerkt, daß sie am ganzen Leibe zittert und friert und fühlt sich wie ein verlassenes Neugeborenes. „Es ist sehr unangenehm, und ich wehre mich innerlich gegen dieses irdische

Dasein, das mit dem Körper zusammenhängt oder mit dem Im-Körper-Sein. Ja, ich will es nicht, dieses Dasein." Später erläutert sie ihre Wahrnehmungen: „Ich habe deutlich gefühlt, wie ich dieses Bewußtwerden des Daseins vermeiden möchte, welches eindeutig mit dem Körper zu tun hat. Aber die Klangschale hat mich zu dieser Wahrnehmung gezwungen. Das hat mich zittern und frieren lassen. Ich war in einer trostlosen Eiseskälte." Wenn in einem unterstützenden Rahmen solche verdrängten Inhalte bewußt werden können, sind oftmals Veränderungen möglich. Diese Patientin hat, in einer symbiotischen Beziehung lebend, bis dahin aus Angst vor Trennung und Verlassenheit jegliche Abgrenzung vermieden und sich damit selbst völlig aufgegeben. In der Folgezeit lernte sie, für ihre eigenen Interessen einzutreten, Realitäten zu akzeptieren und sich Konflikten zu stellen.

Das Monochord

Ursprünglich war das Monochord ein einfacher Holzkasten, auf den eine Saite gespannt war. Angeblich geht das Instrument auf Pythagoras zurück. Sicher ist, daß es für die Pythagoreer ein Meßinstrument war, auf dem sie die Entsprechung zwischen Musik und Zahl entdeckten, was sich einfach demonstrieren läßt: Wird eine Saite im Verhältnis ganzer Zahlen geteilt, so entsteht die Obertonreihe. Bei dem Klangarchetypus, um den es nun geht, wird ein Instrument mit 13 Saiten verwendet, die alle auf den gleichen Ton gestimmt sind. Durch eine bestimmte Spielweise kann man einen völlig kontinuierlich fließenden Grundton entstehen lassen, über dem nach einer Zeit des Einhörens der tanzende Reigen der natürlichen Obertöne wahrnehmbar wird. Diese Obertöne sind in der Tat der sinnlich wahrnehmbare Ausdruck einer in dem Klang enthaltenen harmonikalen mathematischen Ordnung beziehungsweise Naturgesetzmäßigkeit.

Einige charakteristische Beispiele mögen belegen, welche Erlebnisqualitäten (im nichtblockierten Zustand) durch diesen Klang häufig ausgelöst werden: „Ich spürte eine große Weite und tiefe Ruhe, wie ein Meer, das sich ausbreitet und mich begleitet." berichtet ein Mann. – Ein anderer: „Das war wie Sphärenklänge, ätherisch, einfach himmlisch. Ich bin durch mein rechtes Ohr einfach aus mir hinausgeschwebt in die Lüfte. Dort hab' ich mich ausgedehnt ... einfach himmlisch." – Oder: „Ich fühle mich wie in einer Hülle, geborgen und getragen, schwebe und bin gleichzeitig grenzenlos. So muß das Paradies sein!" Ganz ähnlich: „Der Klang ist wie eine Hülle, die mich zart um- gibt. Ich schwebe, habe aber auch den Eindruck, in einer Hand zu liegen, die mich trägt und schützt. Alles ist ganz ohne Zeit." - Eine junge Frau berichtet: „Ich fühlte mich ganz wohlig und geborgen, wie in einer warmen Badewanne." – Eine andere: „Ich hatte einfach ein total gutes Gefühl, dabei war ich gar nicht mehr ich, ich war vielmehr eher alles und alles war ich." – Die folgende Schilderung eines Mannes klingt beinahe schon wie die Zusammenfassung des Monochord-Archetypus: „Ich hatte ein starkes Gefühl von gleichzeitigem Entgrenztsein und Aufgehobensein. Es war vergleichbar dem Schwimmen im Wasser. Das war Kosmos, nicht als bedrohliche Unendlichkeit, sondern erfüllt mit ‚Sein'."

Das Monochord löst häufig Gefühle von ozeanischer Selbstentgrenzung aus. Himmlisch, paradiesisch, glückselig sind oft verwendete Adjektiva zur Beschreibung jenes Zustands von schwerelosem Schweben (im Wasser, in der Luft oder im All), in dem gleichzeitig ein Entgrenztsein gespürt werden kann und ein Verbundensein mit allem, in dem die Widersprüchlichkeit von Auflösung der Körperlichkeit und gleichzeitigem Getragensein überwunden wird. Es handelt sich um die Wahrnehmungsqualität der Alleinheit, zu der die Menschen in verschiedenen Momenten Zugang bekommen können: in der Natur, in Kunst und Religion oder in der Verliebtheit. Die Erlebnisse während spontan auftauchender Altersregression in der klanggeleiteten Trance mit dem Monochord lassen die Annahme zu, daß der Säugling beim Gestilltwerden und das ungeborene Kind in der frühen intrauterinen Zeit derartiges wahrnehmen kann (immer vorausgesetzt, daß es sich um eine gute und ungestörte Beziehung handelt). GROF (1983) spricht in diesem Zusammenhang von der perinatalen Matrix I, die er als die Ureinheit mit der Mutter charakterisiert. Die Mutter stellt in dieser Zeit noch kein abgegrenztes Gegenüber dar, sondern Umwelt schlechthin. So steht die Ureinheit mit der Mutter auch für die Ureinheit mit der Welt, der Schöpfung, dem Kosmos. Dieses Eingebettetsein ermöglicht eine tiefe Erfahrung echter Harmonie.

Wo immer der Zugang zu solcher Erfahrung gestört ist, bietet sich das Monochord an, um solche Blockierungen bewußtseinsfähig zu machen. Nicht selten ermöglicht der Monochordklang einen erlebnismäßigen Zugang zu traumatischen Erfahrungen aus der vorgeburtlichen Zeit. Wenn sie durchgearbeitet werden, wird deutlich, daß diese Menschen heute noch mit sich so umgehen, wie eine zerstörerische und ablehnende Mutter mit ihrem Ungeborenen oder Neugeborenen.

Eine magersüchtige Patientin, die zwei Abtreibungsversuche der Mutter überlebt hatte, spürt sich in einem feindlich gesonnenen Milieu schwebend, während viele Nadelstiche von allen Seiten sie quälen. – Ein beziehungsgestörter junger Mann, der unmittelbar nach der Geburt von seiner Mutter zur Adoption weggegeben worden war, findet sich in einem durch sauren Regen völlig vergifteten und für ihn lebensbedrohlichen Wald. – Eine durch psychotische Dekompensation gefährdete Borderline-Patientin sieht ein gefoltertes Baby kopfunter im Wasser schwimmen. – Ein schizoider Mann, der wegen starker Verschmelzungsängste die Nähe zu Menschen meiden muß, erlebt beim Monochord, wie sich alles um ihn herum verdunkelt. Er sieht ein Meer aus ganz dunklem Wasser und eine Brandung an felsiger Steinküste. Die ausgewaschenen Kalkfelsen sehen aus wie Sehnenstränge. Das Wasser ist sehr kalt, und die Stimmung beschreibt er als „tödlich" und „auf des Messers Schneide".

Die Wiederbelebung früher Traumata durch Altersregression ermöglicht die Bewußtwerdung und Bearbeitung dieser Themen. Danach ist der Weg frei für die zuvor verstellte Erfahrung der Alleinheit, die das Monochord nun vermitteln kann. Diese Ureinheit, die ich als eine präpersonale bezeichnen möchte, geschieht durch Verschmelzung und Auflösung. Die von der hohen Klangschale geförderte transpersonale Erfahrung geschieht durch Ich-Überwindung. Obwohl ich in dem einen eine regressive, in dem andern eine progressive Tendenz sehe, möchte ich darunter keine Wertung verstehen, denn ich bin der Ansicht, daß wir beides brauchen. In der Verschmelzung können wir uns grenzenlos und gleichzeitig getragen fühlen, als ein Teil des Ganzen. Und die Auflösung ermöglicht uns zugleich die Erfahrung, daß wir auch das Ganze sind. M. E. müssen wir im Sinne einer Erholungsregression diese Erfahrung immer wieder machen, damit wir Menschen es aushalten können in dieser Welt der Polaritäten und Getrenntheit, und damit wir beginnen, mit uns und „Mutter Erde" liebevoll umzugehen.

Die Schamanen-Trommel

Die Trommel ist das gebräuchlichste „Fahrzeug" in nicht alltägliche Wirklichkeiten und wird seit Jahrhunderten von den Schamanen vieler Völker verwendet. Sie ist in Nord- und Mittelamerika ebenso gebräuchlich wie in Sibirien oder im Himalaja-Gebiet, um nur einige Beispiele zu nennen. Wenn es lediglich um die Induktion eines „schamanischen" Bewußtseinszustands geht, ist es relativ unerheblich, welche Art von Trommel verwendet wird. Es geht um eine rhythmische Stimulation an sich. Die Schamanen unterstützen den Trommelschlag darüberhinaus oft durch Gesang oder Tanz.
Die Frequenzen des monoton metrischen Trommelschlages sind unterschiedlich. HARNER (1982) empfiehlt beispielsweise 205 bis 220 Schläge pro

Minute, und bei Tonbandaufnahmen einer Tamang-Schamanin konnte ich eine Frequenz von 300 pro Minute zählen.

Wenn es jedoch um das umschriebene archetypische Themenfeld geht, von dem hier die Rede ist, so müssen zwei Bedingungen erfüllt sein: Es bedarf einer nicht allzu hart gespannten Trommel, auf der sich ein weicher, warmer, eher tiefer Ton erzeugen läßt mit einem singenden Obertonspektrum und relativ langem Nachklang. Hierfür eignen sich doppelseitig bespannte Indianer-Trommeln, Rahmentrommeln oder ähnlich gebaute Instrumente. Auf ihnen wird am besten mit der Hand oder aber mit einem weichen Schlegel ein gleichförmiges stetes Metrum von etwa 60/min geschlagen. Wir liegen hiermit im Frequenzbereich des Herzrhythmus, und es versteht sich von selbst, daß die Wirkung bei einer wesentlich höheren Frequenz oder gar einem differenzierteren Rhythmus eine gänzlich andere ist. Hier wird deutlich, daß der Klang-Archetypus nicht allein von dem verwendeten Instrument abhängt, sondern ebenso von der Spielweise. Ich werde öfter gefragt, warum ich nicht einen realistischeren Herzschlagrhythmus spiele. Das liegt daran, daß es mir um eine Symbolebene geht, die zwar einen Herzschlag einschließt, ansonsten aber eine breitere Projektionsfläche darstellt und damit auch viel tiefere Schichten erreicht als eine konkretistische Herzschlagimitation. Die Gemeinsamkeit der durch den Trommelschlag hervorgerufenen Erlebnisse ist auf den ersten Blick nicht so leicht zu erkennen, da vordergründig sehr unterschiedliche Themen auftauchen können und sich der Archetypus in den allermeisten Fällen nicht direkt, sondern in seiner blockierten Form zeigt. Ich hoffe dennoch, an einigen typischen Beispielen den gemeinsamen Nenner aufzeigen zu können.

Eine Frau Anfang vierzig berichtet während des Erlebens: „Da ist ein Wald mit einer Opferstätte. Aus dem Wald lösen sich eine Reihe von Gestalten, die auf den Altar zuprozessieren. Sie sind in helle Gewänder gekleidet und haben Kapuzen auf, so daß man ihre Gesichter nicht erkennt. Die Menschen sind anonym, so als ginge es um irgend etwas Elementares, als käme es gar nicht auf die einzelnen Persönlichkeiten an. Die Menschen sind so etwas aus der Natur heraus Geborenes, der Natur entsprungen." - Ein Mann Ende zwanzig berichtet im Anschluß an die Klang-Trance: „Ich lag neben einer lebendigen, pulsierenden Wand. Die Farbe war dunkelblau und die Situation hatte etwas mich sehr Beruhigendes. Ich fühlte mich auf eine irgendwie elementare Weise angenommen." – Ein anderer Mann: „Ich habe eine Indianerfamilie gesehen im Wigwam, Pfeife rauchend um das Feuer sitzend. Es herrschte eine friedvolle und friedfertige Stimmung. Auf einmal waren mehr Menschen da, ich sah verschiedene Gesichter und hatte das Gefühl von mehreren Möglichkeiten. Alle waren sie auf ihre Weise in Ordnung. Es war ein ausgewogenes Bild, hatte irgend etwas Offenes, etwas Chancen-Öffnendes." – Eine über sechzigjährige Frau mit massiven Selbstwertproblemen, die sich in einer Gruppe von Menschen immer abgelehnt fühlte, kann mit Hilfe der Trommel eine neue Erfahrung machen: „Die Trommel ruft. Sie ruft die Menschen, sie sollen herbeikommen. Es ist wie eine Einladung. ... Da ist eine Lichtung in einem Wald. Menschen nahen. Es sind viele, und sie kommen von allen Seiten. Sie sind alle ganz nackt, völlig nackt! ... Es sind Menschen aller Hautfarben. Jetzt fangen sie alle an herumzutanzen. Ich bin auch dabei, ich bin in dem Kreis und tanze mit. ... Ach, ich bin einfach glücklich, es ist schön, so zu sein und dazuzugehören, ein Gefühl von Angenommensein. Ich muß nichts dafür tun, sie haben mich aufgenommen, so wie ich bin. Ich gehöre dazu!"

Ist die archetypische Ebene nicht (mehr) durch biographische Vorerfahrungen verstellt, wird die Sprache der Trommel klarer verständlich. In Worte übersetzt sagt sie etwa: „Wenn Du Dich auf mich einläßt, kannst Du etwas vom Wesen des menschlichen Erdendaseins spüren. Vor mir sind alle Menschen gleich. Ich begegne Dir in Deinem eigentlichen Wesen, nehme Dich an wie immer Du bist, unabhängig von all Deinen Errungenschaften und Leistungen. Ich möchte Dir in Deinem wahren Selbst begegnen!" Bei anderen lebensgeschichtlichen Vorerfahrungen – und das ist zumindest in unserer Kultur fast die Regel – wird deutlich, was den Menschen daran gehindert hat, so zu werden, wie es seinem ureigenen Wesen entspricht. Dann kommt gelegentlich das Thema Exekution auf, oder die Trommel wird erbarmungslos und leistungsfordernd. Aus dem „Alle Menschen sind gleich" wird Gleichschaltung. So erlebt eine Frau Ende fünfzig den Klang als unangenehm und zwingend. Sie fühlt sich an die Nazi-Zeit erinnert und an Sklavengehorsam. Dann tauchen Szenen auf, bei denen Soldaten unter dem Trommelklang in die Speere laufen. Eine bedrückende Stimmung von „Führer befiehl, wir folgen dir" liegt in der Luft. Es hängt also von den Vorerfahrungen ab, ob die Trommel etwas Tröstliches oder etwas Unerbittliches hat. Oft schlägt sie auch wie das vorgeburtliche Mutterherz, verläßlich oder unzuverlässig. Ein Mann erlebt sich ganz konkret als ungeborenes Kind, zusammengekauert im Mutterleib, das Herz dicht neben sich. Er ist erfüllt von der Besorgnis, daß es zu schlagen aufhören könne. Ein Patient mit einer Herzneurose hat ein fast identisches Erlebnis. Bei einer objektiv kaum wahrnehmbaren Schwankung des Trommelschlags gerät er in einen Panikzustand „als würde es sein Ende bedeuten. Wie zu eruieren war, hat seine Mutter während der Schwangerschaft an Herzrhythmusstörungen und Angstzuständen gelitten. Nicht nur den Anfang, sondern auch das Ende des Lebens kann die Trommel thematisieren. Dann macht sie hörbar, daß das letzte Stündchen geschlagen hat. Sie erscheint wie Gevatter Tod, vor dem auch alle gleich sind und der ebenfalls jedem in seinem eigentlichen Wesen begegnet.

Vergleicht man das 60/min-Trommel-Metrum mit dem Monochord-Klang, so fällt auf, daß die Erlebnisse wesentlich „irdischer" sind als bei dem zur Selbstentgrenzung auffordernden Monochord. Phänomenologisch betrachtet ist das nicht weiter verwunderlich, macht doch die Trommelpulsation über die rhythmische Strukturierung Zeit erfahrbar. Der Ablauf linearer Zeit ist nun einmal eine charakteristische Eigentümlichkeit des Erdendaseins, seiner Vergänglichkeit.

Der Trommel-Archetypus hat seinen Platz in der Therapie immer dann, wenn das zu bearbeitende Thema damit zusammenhängt, daß jemand in seinem *wahren Selbst* (WINNICOTT 1974) nicht akzeptiert wurde und sich deshalb nicht annehmen kann. Das ist der Fall, z. B. bei einer Leistungsproblematik, bei narzißtischen Größenideen oder Selbstwertproblemen.

Ein erfolgreicher, dynamischer Geschäftsmann, dessen kühl distanzierte Überheblichkeit und überzogene Selbstsicherheit durch sich häufende Panikattacken in Frage gestellt wurden, erlebte bei der Trommel zwei Szenen: Er sieht ein Feld mit lauter gleichen Halmen, die im Wind gewiegt werden. Er erlebt es als unangenehm, „ ... daß die sich alle im gleichen Takt wiegen müssen... Also, ich möchte schon etwas anderes sein." Dann hat er den Eindruck, als würde jemand stetig auf ihn schlagen: „Es fühlt sich an, als würde jeder Schlag sagen: 'Na kapier's doch endlich, Du mußt nach *Deinem* Rhythmus leben!'" – Eine Frau mit gnadenlos leistungsforderndem Über-Ich erlebt die Trommel anfangs als streng und unbarmherzig. In einer zweiten Sitzung spürt sie: „Da ist noch die Strenge, die ich fürchte, aber auch etwas anderes, so etwas wie Eigenverantwortung: Ich muß geradestehen für mich! ... Ich bin eigenverantwortlich, ich allein muß für mich geradestehen. Und das ist gut! Nicht mehr sein wollen, als ich bin. Es ist eher erleichternd. Ich bin, wie ich bin, dazu kann ich stehen! Das ist ein sehr klares Gefühl. Ja, 'klar', das ist das richtige Wort!" Zehn Wochen später: „Die Strenge, die ich erwartet habe, ist weg. Jetzt ist die Trommel viel gnädiger und gütiger, mehr so im Einklang mit dem Leben, wie es nun mal ist... Die Trommel sagt so etwas Ähnliches wie: 'Komm doch zurück zum Wesentlichen, schau doch auf das Wesentliche, das andere ist nicht so wichtig.' Es ist nicht wie eine Ermahnung, sondern wie eine Einladung. Ich kann auf das Wesentliche schauen und von dem anderen mal absehen."

An dieser Stelle möchte ich erneut darauf hinweisen, daß der Klangarchetypus nicht dem Instrument allein zuzuschreiben ist, sondern ganz wesentlich von der Spielweise abhängt, mit der das spezifische monochrome Klangmuster erzeugt wird. Bei der Trommel ist das besonders einleuchtend, da man sich im Falle eines einfachen Metrums in einer direkten Korrelation zu Pulsationen befinden kann, die im menschlichen Organismus vorkommen. So kann bereits die deutliche Beschleunigung des 60/min-Metrums zu Unruhe und Aufregung und das Absinken unter 50/min zu bedrohlicher Panik bis hin zu Todesangst führen. Eine gänzlich andere Erlebnisqualität bzw. archetypische Wirkung findet sich, wenn man in Frequenzbereiche geht, die von der Herzfrequenz weiter entfernt sind.

Zur Veranschaulichung will ich die Wirkung einer viel schnelleren Pulsationsfrequenz des Trommelschlags kurz erläutern, die ich Thetafrequenz nenne. Sie liegt in einem Bereich von etwa 240 bis 300 Schlägen pro Minute (4 –5 Hertz) und damit in einem Frequenzbereich, der von vielen Schamanen in den unterschiedlichsten Kulturen angewandt wird, um eine „Reise nach innen" (einen veränderten Wachbewußtseinszustand) zu erzeugen. Ich spreche deshalb von Thetafrequenz, weil es sich hierbei interessanterweise um einen Frequenzbereich handelt, der (im EEG) den Thetawellen des Gehirns (4 - 7 / sec.) entspricht. Sie treten auf, wenn sich ein Mensch in einem hypnoiden, also einem tagtraumähnlichen Entspannungszustand befindet. Das bedeutet, daß man die Trommel als Schrittmacher für die Frequenz der Hirnwellen verwenden kann. Ist es nicht faszinierend, daß die Schamanen aller Naturvölker dies seit Jahrhunderten auf intuitive Weise „wissen" und nutzen, um bei sich und den Patienten einen schamanischen Bewußtseinszustand zu induzieren. Der energetische Archetypus des „Schamanenschlags" besitzt kein derart umschriebenes Thema wie der des Herz-Metrums und hat demnach einen eher unspezifischen Charakter. Dies kommt der schamanischen Arbeitsweise entgegen, bei der die akustische Stimulation lediglich zur Tranceinduktion und nicht zur inhaltlichen Arbeit verwendet wird. Die spezifische Arbeit des Schamanen wird auf andere Weise erreicht.

Der „Schamanenschlag" hat zunächst eine bewegungsinduzierende Wirkung. Läßt man sich zu rhythmisch-monotonen Bewegungen verführen, so unterstützen diese die trancefördernden Effekte des Klanges. Wird die Bewegung durch die Situation oder durch eine entsprechende Instruktion unterbunden, so bewirkt die rhythmische Stimulation eine innere Bewegung. Über akustische Resonanz wird also ein Trancezustand erzeugt und eine innere

Bewegung der Psyche in Gang gesetzt. Diese Aktivierung ist relativ unspezifisch, d. h., sie bietet kein spezielles Themenfeld an. Die Türen zum Unbewußten werden geöffnet, ohne daß ein bestimmter Erlebnisbereich vom Klang an sich angesteuert wird. Aus diesem Grund eignet sich der „Schamanenschlag" besonders gut für thematische Trance-Reisen, bei denen man sich zuvor (verbal) auf eine bestimmte Absicht geeinigt hat (z. B. Krafttiersuche, Rückholung verlorener Seelenteile, Extraktion von Eindringlingen, Heilung, etc.). Der qualitativ neutrale Charakter, bzw. die fehlende thematische Vorgabe des energetischen Schamanenschlag-Archetypus öffnet somit den Raum für die Arbeit mit schamanischen Themen und Absichten. (Einen ähnlich offenen Charakter - wenn auch aus anderen Gründen - besitzt auch die Rassel, die, in derselben Frequenz gespielt, sich für die gleichen Vorhaben anbietet und eignet.)

Der Gong Chau luo

Wenn ich diesen chinesischen Gong hier mit seinem Vor- und Zunamen (Feuer-Gong) nenne, so deshalb, weil Gongs in der Regel eine ausgeprägte Persönlichkeit besitzen. Die Wirkung dieses Gongs ist sehr spezifisch und kann nicht mit anderen verglichen werden. Ein balinesischer Gong hat beispielsweise eine völlig andere Charakteristik. Der Chau luo entfaltet ein beeindruckendes Klangvolumen, wobei aus einem im wörtlichen Sinne ergreifenden Grundton Eruptionen unberechenbarer Obertöne hervorbrechen. Gongs haben im kultischen und schamanischen Gebrauch ebenfalls eine lange Tradition als Instrumente der magischen Heilung und Geisterabwehr (vgl. SIMBRIGER 1939, S. 64 ff.). Als Vermittler zwischen Diesseits und Jenseits hat der Chau luo nicht nur eine rühmliche Tradition; diente er doch in China noch bis zur Kulturrevolution als zeremonielles Instrument bei Enthauptungen. Im therapeutischen Rahmen kann es jedoch für manchen hilfreich sein, einmal den Kopf zu verlieren. Die Erlebnisse, die ich nun schildern möchte, wurden durch eine Spielweise ausgelöst, bei der eine dichte Abfolge von Schlägen einen konfluierenden Klang mit stetig wechselndem Obertonchaos entstehen läßt. Beim Chau luo ist die Streubreite der Erlebnisse bei oberflächlicher Betrachtung relativ groß und der gemeinsame Tenor erst bei näherem Hinsehen erkennbar.
Eine Gruppenteilnehmerin berichtet: „Ich stand am Meer. Eine starke Brandung rollte auf mich zu. Ich spürte, daß das etwas mit Grenze zu tun hatte oder mit Grenzüberschreitung; ich stand aber nur davor und fragte mich, was wohl passieren würde, wenn ich da hineingeriete. Es war etwas ganz Existen-

tielles." – Eine Frau aus derselben Gruppe erlebt eine ganz andere Szene, bei der jedoch auch das Thema der Grenze auftaucht: „Ich war in einer Kirche, in einem dunklen, langen Kirchenschiff. Der Chorrraum vorne war hell, und ich näherte mich ihm mehr und mehr, kam aber nie ganz hin. Es war wie eine unsichtbare Grenze, die ich nicht überschreiten konnte." – Eine weitere Teilnehmerin: „Ich habe einen Vulkan erlebt, einen großen Krater, aus dem Lava strömte. Alles bebte, es war faszinierend. Das Feuerelement war mir ganz deutlich. Dann hatte ich auf einmal das Bild von Moses und dem brennenden Dornbusch. Dann bin ich sehr erschrocken, weil ich wahrgenommen habe, daß ich unbemerkt göttlichen Boden betreten habe. Es war so, als wäre ich unvorbereitet dem Feuergott begegnet." – Eine für den Chau luo typische Erfahrung stammt von der Teilnehmerin eines Fortbildungsseminars: „Ich war in einer Röhre, die war viel zu eng, und ich wurde von allen Seiten zusammengepreßt. Es war mir klar, ich mußte da durch. Es war dunkel, und ich wurde einerseits hindurchgepreßt, andererseits kämpfte ich mich auch da durch. Es war unzumutbar anstrengend und beängstigend. Dann war da ein Licht und das Gefühl, es geschafft zu haben." – Nahezu identisch klingt die Schilderung eines jungen Mannes, der während seines Erlebens berichtet: „Es kommt irgendetwas Bedrohliches auf mich zu. Ich habe das Gefühl, ich muß irgendwo durch. Ich werde von einer starken Gewalt in etwas hineingepreßt, so ähnlich wie eine Röhre. Es quetscht mich sehr zusammen, mein Kopf wird gestaucht, meine Schultern werden zusammengedrückt. Jetzt wird mein Körper von allen Seiten zusammengepreßt. Das sind starke Kräfte, das ist sehr unangenehm. Jetzt sehe ich ein grelles Licht, es schmerzt. Jetzt wird es weit, und der Druck von allen Seiten läßt nach." – Eine Studentin: „Ich spüre ein unangenehmes Gefühl im Rücken. Es ist wie ein Kribbeln und ein Reiben. Ich merke, daß ich nackt auf dem Rücken liegend auf einer Bahn entlanggeschleift werde. Ich hänge an einem Wagen, der mich am Boden entlangschleift. Ich sehe, daß ich auf dem Boden eine dunkelrote Spur von Blut und dem, was von mir abgerieben wird, zurücklasse. Es ist schrecklich, ich spüre ganz deutlich, wie ich dünner werde und sich Rücken und Beine abreiben... Jetzt spüre ich gar nichts mehr, der Wagen schleift mich weiter hinter sich her. Es ist schrecklich, aber ich spüre gar nichts mehr, ich leide nicht mehr, es ist vorbei." Dann ändert sich die Szene: „Ich bin in einer Schlucht, sie wird immer enger und enger, die Felswände bedrängen mich von beiden Seiten, ich bekomme immer schlechter Luft, es wird immer finsterer und enger, gleich werde ich zermahlen." Die erste Szene bezeichnet sie als Todesfolter, die Variation mit der Schlucht läßt in ihr den Verdacht aufkommen, daß es sich vielleicht in Wirklichkeit um eine Geburt handelt. – Viele Beispiele von grausamen Szenen, welche von schrecklichen Qualen, Ausweglosigkeit, Folter,

Hölle und Tod handeln, lassen sich als Aktivierung jener perinatalen Matrix (GROF 1983) verstehen, in der das Kind durch die Hölle geht, bevor es das Licht der Welt erblickt. Zum Beispiel: „Bei mir war alles dunkel und furchterregend. Ich habe sehr sadistische Bilder gesehen." Oder: „Ich habe recht grausame Ritualmorde erlebt. Zum Beispiel wurde jemandem das Herz bei lebendigem Leibe herausgerissen." Plötzlich auftauchende Wandlungen können die Szene völlig verändern: „Ich habe schließlich kapituliert und mich nicht mehr gegen den Tod gewehrt. Da wurde alles gleißend hell und weit." Oder: „Ich bin dann durch die Angst hindurchgegangen und kam in eine weite kosmische Region, sah Licht, Helligkeit und Farbempfindungen." Oder: „Ich habe sehr starke Kopfschmerzen rechts gekriegt. Auf einmal habe ich meine Körperlichkeit ganz von mir abgestreift und sah Wellen, über denen ich schwebte. Ich war wie ein Geist, hatte meinen Körper ganz verlassen, und alles Leid war weg." Manche Menschen lassen sich auch gleich hinübertragen in einen verwandelten Zustand: „Die Energie des Klangs drang mir in jede Zelle meines Körpers und hob mich empor. Als reiner Energiekörper, viel größer als mein leiblicher Körper, schoß ich mit atemberaubender Geschwindigkeit durch das All."

Bei fast allen durch den Chau luo stimulierten Erlebnissen fällt auf, daß sie von großer Dynamik gekennzeichnet sind. Nicht selten tauchen Geburts- und Todessituationen auf mit dramatischer Zuspitzung und anschließender Auflösung. Oft kann man gar nicht trennen, ob es sich um eine Geburts- oder Todessituation handelt.

Dies verdeutlicht die Analogie zwischen Geburt und Tod. Schließlich „stirbt" bei der Geburt das intrauterine Leben und das irdische beginnt. Viele Erlebnisse aus der Trance lassen die Vorstellung plausibler erscheinen, daß beim Tod nicht das irdische Leben stirbt, sondern auch ein jenseitiges beginnt. Es wäre jedoch viel zu eng gefaßt, wollte man dem Chau luo das Thema Geburt und Tod zuordnen, es sei denn, man meint es auch im übertragenen Sinne. Dann bedeutet es Wandlungs-, Durchgangs- oder Entwicklungsprozeß, Krisis und Transformation. Ist das archetypische Thema frei erfahrbar, so betrifft es Schwellensituationen, bei denen sich ein Zustand in einen anderen verwandelt. In seiner blockierten Form kommt es zu einem Steckenbleiben, die Zuspitzung wird nicht aufgelöst, die Verwandlung gelingt nicht.
Mit diesem Thema eröffnet sich dem Chau luo in der therapeutischen Praxis ein weites Anwendungsfeld. Lassen sich doch die meisten Situationen, die Menschen in Therapie führen, als Krisenzeiten und anstehende Wandlungsprozesse verstehen. Nicht selten liefert der Gong jene Aktivierungsenergie,

die nötig ist, damit sich Krankheit zu heilsamer Krise zuspitzt und Ängste deutlich werden, die einer Verwandlung und Wiedergeburt im Wege stehen. Zum Beispiel erlebt eine Frau: „Wellen liefen über meinen Körper. Dann ging plötzlich meine Schädeldecke oben auf, und aus mir heraus explodierte ein Vulkan, der aus gelb-roten Strahlenbündeln bestand. Es ist genau die Stelle, wo ich seit Jahren Kopfschmerzen verspüre, so als würde ich immer den Deckel draufhalten. Durch dieses Erlebnis sind die Kopfschmerzen völlig verschwunden." – Ein Mann (!) berichtet: „Ich war eine Frau und habe ein Kind geboren. Dazu mußte ich meine Schenkel spreizen. Aus mir heraus wurde etwas Schwarzes, etwas Schlimmes und Grausames geboren. Jetzt im nachhinein kann ich sagen, daß es zu tun hat mit dem Loswerden von Depressivem."

In zwei Situationen halte ich den Gong für besonders indiziert: Zum einen, wenn der Verdacht besteht, daß eine Symptomatik unbewußter Ausdruck eines Perinatal-Themas ist. Dies kann der Fall sein bei Tendenzen zu Selbstbeschädigung, bei sadomasochistischen Handlungen. Eine Frau brachte sich beispielsweise immer wieder in Situationen, in denen sie festgehalten und ihr Gewalt angetan wurde. Nur dann konnte sie sich deutlich spüren. Sanfte Berührung durchdrang nicht die Mauer ihres Wahrnehmungswiderstands. Es drängte sie daher immer wieder hin zu jenen intensiven, aber destruktiven Erfahrungen. Die erlebnisaktivierende Analyse ihrer perinatalen und frühkindlichen Erlebnisse mit Hilfe des Gongs (und anderer Klänge) ließ die Annahme zu, daß die Geburt eine sehr intensive körperliche Beziehungserfahrung war, die sie immer wieder herzustellen versuchte. Die Mutter begegnete ihr nach der Geburt eher sadistisch, und es waren im ersten Lebensjahr eingreifende medizinische Behandlungen erforderlich, welche ebenfalls diesem Muster entsprachen. Liebevolle Behandlung wurde ihr kaum zuteil, und wenn, dann auf sehr manipulierende und ihre Autonomie gefährdende Weise.

Zum anderen ist der Augenblick des Gongs dann gekommen, wenn beispielsweise in einer Langzeittherapie eine anhaltende Stagnation auftritt, ohne daß die Hintergründe dieser Widerstände deutlich werden können. Über eine Erlebnisregression lassen sich dann mitunter die verdrängten Ereignisse erlebbar machen, die unbewußt so gefürchtet werden, daß die Verdrängung aufrechterhalten werden muß und eine weitere Entwicklung blockiert wird. Dann kann der Chau luo zum „Geburtshelfer" werden und eine sinnvolle Beschleunigung des therapeutischen Prozesses bewirken. Es versteht sich von selbst, daß man sich dieser treibenden Kraft nur auf dem Boden einer stabilen therapeutischen Beziehung bedienen darf, die gewährleistet, daß jene aus der Verdrängung gerufenen, mitunter wirklich „bösen Geister" auch gebannt werden können. Eine Patientin hat in mehreren Gongsitzungen (wie in einem mehrteiligen Film) ihren langen und abenteuerlichen Weg aus der Höhle erlebt. Sie erreichtdie Öffnung, das Licht ist für ihre Augen schmerzlich, und dann steckt sie fest, nicht körperlich, sondern weil sie nicht hinaus will, ein Zurück aber unmöglich ist. Alles erscheint ausweglos, und es überfällt sie eine tiefe Resig-nation (identisch mit ihrer seit Jahren bestehenden Depression). Erst die Hoffnung und Zusicherung, liebevoll empfangen und gehalten zu werden, hilft ihr ans Licht. Die aktualisierten Verlassenheitsgefühle sind so stark, daß es eines realen körperlichen Haltens bedarf, damit die Situation in der Therapiestunde in eine heilsame Erfahrung verwandelt werden kann und nicht eine Wiederholung des alten Traumas darstellt.

Das Didjeridu

Das Didjeridu, eines der ältesten Blasinstrumente der Menschheit, ist eine Errungenschaft der Aborigines, der Ureinwohner Australiens. Felszeichnungen, die mehr als zwanzigtausend Jahre alt sein sollen, zeigen Abbildungen des Didjeridu. Es handelt sich um ein einfaches, gerades, von Termiten ausgehöhltes Holz von ein bis zwei Metern Länge. Der Name stellt eine lautmalerische Beschreibung des Klanges dar. Die Anblastechnik ist ähnlich wie bei einer Trompete, wobei der Ton jedoch ohne Lippenspannung erzeugt wird. Durch die nicht ganz unkomplizierte Technik des Circularatmens entsteht ein in sich rhythmisch leicht modulierter, ansonsten aber völlig gleichförmiger und nicht abreißender Ton von urtümlicher Qualität. In der klanggeleiteten Trance verwende ich lediglich diesen monotonen Grundklang und lasse alle im traditionellen Kontext sonst üblichen Modifizierungen, rhythmische Unterlegung mit Klanghölzern oder Begleitung durch Gesang weg. Die Reaktionen auf diese Klangqualität sind recht charakteristisch, die Erlebnisberichte weisen keine allzu große Streubreite auf, und die Thematik ist meist relativ deutlich erkennbar:

Ein Mann in den mittleren Jahren erlebt folgendes: „Ich bin ein röhrender, balzender Hirsch in einem erotischen Kampf. Ich fühle mich kraftvoll, sicher, archaisch." – Eine weibliche Variante dazu: „Ich sehe eine Herde von Büffeln. In meinem Bauch nehme ich ein mächtiges und lustvolles Gefühl wahr. Ich fühle mich dabei ganz passiv. Es soll jemand kommen und mich befriedigen. Ich will gar nichts dafür tun. So etwas Genüßliches, diese Büffelherde! Ich habe ein lustvolles Körpergefühl in meinem Bauch." – Weitere Beispiele: „Ich sitze auf einer rotbraunen Erde, die ich ganz deutlich spüre. Ich fühle die Kraft der Natur." Oder: „Ich war in einer Wildnis, im Dschungel, und es war bedrohlich. Dann hab' ich einen Tiger wahrgenommen, der sich nicht bewegt, aber zum Sprung ansetzen will." Oder: „Es kommt aus dem Inneren meines Bauches und fließt aus dem Mund heraus. Es fließt immer wieder nach, unerschöpflich. Es ist ein Lavastrom, der aus dem Erinnern kommt. Ein sehr archaisches Gefühl!" – Eine Gruppenteilnehmerin empfindet: „... ein ganz mächtiges und erhabenes Gefühl, wie eine Göttin, ... das ist die Gewalt der Mütter. Es ist ein ganz herrschaftliches und mächtiges Gefühl. Ja, das ist das Gefühl des Matriarchats!" – Eine Frau aus einer anderen Gruppe erzählt: „Es sind lauter obszöne und triebhafte Dinge passiert, die man gar nicht erzählen kann. Es ging animalisch, unanständig und unzivilisiert zu. Daraus wurde dann ein Tanz der Eingeborenen, und schließlich setzten sie sich zum Festessen nieder. Dabei schmatzten sie und machten unsittliche Geräusche. Es war wirklich extrem. Die haben ungeniert aus allen Körperöffnungen die Luft herausgelassen ... , so richtig ungehemmt und obszön. Dann ... tanzten sie, dabei waren sie fast nackt und ... völlig ausgelassen. Es wurde eine richtige Orgie. Obwohl mir so etwas nicht liegt, war es irgendwie lustvoll." – Ein über siebzigjähriger Mann, der sich seit Jahren mit Meditation befaßte, meinte: „Das ist der Furz Gottes, eine Mischung aus Schamlosigkeit und erhabener Allmacht." – Eine Frau in den mittleren Jahren sieht Jesus mit einem ganz großen Herzen und acht Armen (hier hat offensichtlich eine Kontamination mit Shivas Gattin Kali stattgefunden). Dieser „Herz-Jesu-Eindruck", wie sie ihn nennt, berührt sie sehr und ist von einem starken Gefühl begleitet. Dann sieht sie Jesus am Kreuz, aber als Frau mit deutlichen Brüsten. Obwohl sie zu dieser Wahrnehmung eine kritische Distanz einnimmt, ist sie sehr bewegt und hat das Gefühl, mit etwas in Kontakt zu kommen, was außerhalb ihrer Erfahrungen liegt (die Integration von Sexualität und Spiritualität ebenso wie die Infragestellung des mit einer männlichen Geschlechtsidentität versehenen Göttlichen in unserer patriarchalen Kultur).

Das Didjeridu verbreitet eine Atmosphäre, die kraftvoll ist und mächtig, voller Vitalität und Lust. Wenn sich dies in Tiersymbolen ausdrückt, so ist die Rede von Büffeln und Elefanten, eine „phallische schwarze Wildsau" taucht auf, ein Hirsch oder ein Walfisch, oder eine Erdkröte verkörpert matriarchale Kraft. Der Klang hat eine Affinität zu dem Element Erde in all ihren Variationen: Erdboden, ursprüngliche Landschaft, Naturgewalt, der Erdball, Lava oder das Erdinnere. Im übertragenen Sinn taucht dieses Thema als Natur- und Erdverbundenheit oder als Gefühl des Geerdetseins auf. Wenn körperliche Empfindungen vorkommen, beziehen sie sich zumeist auf den Bauch oder (noch häufiger) auf das Becken und das Geschlecht oder auf den Darm und die Analregion. Die Gefühlstönung ist häufig animalisch, ursprünglich, mitunter auch roh und brutal. Wie bei keinem anderen Klang erscheinen gelegentlich Bilder aus der Frühzeit der Menschheit. Häufig geht es um Triebhaftigkeit, Sexualität und Aggressivität oder um Körperlichkeit, Lebensfreude und Vitalität. Wenn von Potenz, sexueller Kraft und Geschlechtsidentität die Rede ist, so erleben Frauen die weibliche und Männer die männliche Form dieser Thematik. Von Frauen wird gelegentlich das stolze Gefühl des Schwangerseins oder aber der mächtige Vorgang des Gebärens erlebt, das sich wie ein kraftvolles Naturereignis ihrer bemächtigt. Pränatale Erlebnisregressionen sind nicht so häufig wie bei anderen Klängen (z.B. Monochord oder Trommel). Wenn sie auftreten, thematisieren sie das Gefühl eines sicheren Urgrunds; zum Beispiel: „Ich bin im Inneren eines Schiffsrumpfes, geschützt und sicher." Oder: „Ich bin in einer Erdhöhle, von einem schützenden Wall umgeben."

In seiner blockierten Form kommt der Klangarchetypus in Erscheinung als Schwierigkeit mit dem Geerdetsein, mit Körperlichkeit, Sinnlichkeit, Sexualität und Aggressivität. Wenn es in der Therapie um eine Klärung dieses Themenbereichs geht, dann ist das Didjeridu das geeignete Instrument, traumatisierende Erfahrungen ins Bewußtsein zu heben. Es kann sich dabei um sexuelle Bedrohung handeln und abstoßende Obszönitäten oder um schmerzliche Erfahrungen von Sexual- oder Leibfeindlichkeit.

Eine magersüchtige Patientin hat ganz schreckliche Bilder: „Ich befinde mich in einer engen und niedrigen Höhle tief in der Erde ... ein Gefühl von Gefangensein oder Ausgestoßensein... Überall liegen Aussätzige mit verwesten Leibern, fehlenden Gliedmaßen, nicht tot und nicht lebendig. Nur durch ein vergittertes Fenster kommt etwas Licht. Es ist schrecklich, so gefangen und ausgestoßen zwischen Leben und Tod zu sein." Aus der Biographie ist bekannt, daß ihre Mutter ihr nicht die Basis körperlicher Nähe und die Befriedigung elementarer sinnlicher Bedürfnisse geben konnte. – Bei einer von ihrem Vater sexuell mißbrauchten, lange Zeit aggressionsgehemmten Frau löst der animalische Klang des Didjeridu einen Wutanfall aus, und sie beschimpft mich in der Gruppensituation unflätig: „Du Schwein, du alte Drecksau ... daß du dich nicht schämst! Ich könnte dich würgen und dir das Gesicht zerkratzen!" Nach entsprechender Durcharbeitung kann die positive Qualität des Klangarchetypus spürbar werden. – Eine Frau, die an funktionellen Durchfällen gelitten hat, erlebt folgendes: "Jetzt dringen die Klänge tief in meinen Bauch ein. Meine Därme kommen sehr stark in Bewegung. Ich bekomme Angst, fürchte, ich könnte Durchfall bekommen. Dann aber merke ich, daß mir diese Bewegungen guttun und ich keine Angst zu haben brauche. Es fühlt sich an, als würden meine Därme durchgewaschen und gereinigt. Mein Bauch wird warm und locker. Ich spüre eine wohlige Weite in mir, ein völlig neues, schönes Körpergefühl. – Einer 34jährigen Patientin, bei der man eine schizoaffektive Psychose diagnostiziert hatte und die ihre einzige Selbstsicherheit in zeitweise durch Prostitution ausgelebter Sexualität gefunden hat, ermöglicht das Didjeridu das Erleben einer „bodenständigen Furchtlosigkeit". Auf alle anderen Klänge hatte sie mit Desintegration und Auflösungstendenzen reagiert. – Ein Mann, der zuvor die „Männlichkeit" seines Vaters in Form von Stiefeltritten und Unterdrückung gespürt hatte, erlebt das Didjeridu wie ein befreiendes Brunftröhren: „Da war auf einmal die positive Kraft meiner Männlichkeit, ohne Stiefeltritte und Schläge; weise und stark sein, offenherzig und mitfühlend, meine Hand auf ihrem Körper."– Einer Magersuchtpatientin verhilft das Didjeridu nach längerer Gruppentherapie zu folgendem Erlebnis: „Ich stehe auf roter Erde, einem rotbraunen Acker. Stampfend tanze ich auf dem Boden. Ich tanze, damit die Erde fruchtbar wird. Dann hocke ich mich wiegend über ein flaches Erdloch und lasse mein Menstruationsblut in die Vertiefung fließen. ... Ich fühle, wie meine Hüften breiter und ich insgesamt voller und runder werde. Ich bin schwanger – schwanger von der Erde. Ich wiege mich und das Kind in meinem Bauch. Ich tanze und bin dankbar für die Fruchtbarkeit."

Auch wenn diese Befruchtung (noch) nicht durch einen Mann stattfindet, ist im Bereich Körperlichkeit und Weiblichkeit bereits einiges erreicht.

Die Ocean Drum

Vor einigen Jahren kam ein neues Instrument auf den Markt, das sich Ocean Drum nennt, wohl weil man damit so naturalistisch die Brandungswellen des Ozeans imitieren kann. Es handelt sich um eine doppelseitig bespannte Rahmentrommel, in deren Innerem sich eine Vielzahl kleiner Metallkügelchen befindet. Mit ihr läßt sich (allerdings bei nicht wellenförmiger Spielweise) ein gleichmäßiges Rauschen erzeugen, das einem energetischen Klangarchetypus entspricht, der eine nicht unerhebliche therapeutische Relevanz besitzt. Ich war diesem Klangarchetypus schon länger auf der Spur und habe ihn früher durch das gleichmäßige Drehen einer speziell für diese Zwecke gebauten großen Rassel erzeugt. Es handelt sich nämlich um ein akustisches Frequenzspektrum, welches dem der Rassel entspricht, nur ohne jegliche rhythmische Strukturierung. Mit der Ocean Drum entsteht dieses Geräusch durch eine Spielweise, bei der eine möglichst gleichförmig rotierende, leichte Kippbewegung des Instruments ein gleichmäßiges Rauschen erzeugt, also ohne wellenartiges An- und Abschwellen.

Bei dieser Spielweise (also auch ohne konkretistische „Wellen") dominiert in den dadurch ausgelösten Erlebnissen das Element des Wassers in seinen unterschiedlichsten Ausformungen. Ganz häufig geht es um das Meer, entweder in seiner Gesamtheit, seiner Tiefe oder seiner Oberfläche. Trotz des Gleichmaßes im Spiel werden immer wieder auch Wellen, Brandung oder Gischt erlebt. Eine Frau berichtet: „Ich war am Atlantik. Ich erlebte über eine ganz lange Zeit die Wellen des Meeres. Zwischendurch erschien mir das Wasser als ein tosender Fluß. Der beruhigte sich vorübergehend, kam dann aber wieder in heftige Bewegung. Ich hatte auch ein paar Begegnungen mit Menschen, die alle in Bewegung waren. Dann kam aber immer wieder Wasser, Wasser und Wasser."
Es kann sich also auch um fließende Gewässer handeln, um einen Bach (z.B. Wildbach, Gebirgsbach), einen Wasserfall oder Stromschnellen, einen Fluß, einen Strom oder eine Flußmündung, die in das Meer übergeht. Es können Wogen auftauchen, Strudel oder Wirbel.
Nicht selten ist vom Regen die Rede, der auf direkte Weise oder im Schutz irgendeiner Behausung erfahren wird (Zelt, Strohdach, Haus). Gelegentlich wird auch ein Hagel erlebt, ein Schneesturm oder eine Schneelawine.
Nur in Ausnahmefällen erscheint das Wasser in umgrenzter Form, z.B. als See oder gar als Badewanne.

Neben dem Wasser steht an zweiter Stelle der Sand. Er taucht als Sandstrand auf oder als Wüstensand bzw. in Form der Sandwüste als Raum. Manchmal wird offenbar die Körnung gröber, so daß von Schotter oder Kies die Rede ist.

Das Luftelement taucht nur selten auf, und wenn, dann als Wind oder Sturm und meist in Verbindung mit Wasser oder Sand, als Sturm über dem Meer oder als Sandsturm in der Wüste.

Bewegt man sich von der Beschreibung oberflächlicher Phänomene hin zu einem Erfassen des Wesens der Erfahrungen, so wird deutlich, daß es sich offenbar um eine Auseinandersetzung mit dem Formlosen bzw. dem Ungeformten handelt. Dieses kann als Leere erfahren werden, aber auch als Fülle immanenter Möglichkeiten (die Atomphysik spricht von Potentialität), als Kosmos oder als „Ursuppe".

Es gibt keinen Boden, keinen Halt, nichts hat Bestand, alles ist ständig in Bewegung, alles verändert sich, ist flüchtig, alles fließt – panta rhei. Vom „im Fluß sein" ist die Rede und vom „Fluß des Lebens". Die Botschaft ist „es gibt kein bleibendes Sein". Die Thematik von „Sein oder Nichtsein" wird angestoßen.

Am Beispiel des Erlebens eines Mannes in der Lebensmitte soll dies veranschaulicht werden. „Ich liege auf heißem Sand. Ich weiß, daß ich in der Sahara bin. Der Wind hat den Sand aufgewirbelt und treibt ihn in dichten Schichten knapp über dem Boden vor sich her. Mitten in diesem Sandtreiben liegt mein Körper, reglos, ja leblos. Ich blicke an meinem Körper entlang und beobachte, wie der Sand ihn abschmirgelt. Es ist aber völlig schmerzlos, denn ich fühle mich, als wäre ich nur noch Geist, der beobachtet, wie mein Körper zerfällt, sich mehr und mehr auflöst. Schließlich liegt da nur noch mein Gerippe. Ich blicke aus der Perspektive meines Kopfes, besser gesagt meiner Augen durch die Rippenbögen meines Brustkorbes hindurch zu den Knochen des Beckens und der Beine hinunter. Der Schmirgeleffekt des Sandes reinigt die Knochen von allen Überresten des Fleisches. Die Sonne brennt gnadenlos und bleicht sie schneeweiß. Das alles fühlt sich aber unglaublich gut an, wie eine radikal tiefe Reinigung und Befreiung: Ich bin Geist, meine Existenz ist ewig, fahr dahin, du fleischliche Welt!"

Alles löst sich auf, zerfällt, vergeht: Atomisierung. Feste Strukturen gehen in die Formlosigkeit über. Diese Veränderung fester oder festgefahrener Muster kann sowohl als belebend, befreiend, reinigend oder läuternd, sie kann aber auch als beängstigend und bedrohlich erlebt werden. Ebenso verhält es sich mit der Auflösung des gesamten Ichs ins Formlose. Sie wird - je nach dem Entwicklungsstand des Erlebenden - als beglückend oder aber als furchterregend erfahren.

Ebenso häufig setzt sich jedoch auch die Gegentendenz in Szene: Die Entstehung von Form, Struktur oder des Ichs aus dem Formlosen; von Ordnung aus dem Chaos. Thema ist Neubildung und Formwerdung im Sinne von „und das Wort ist Fleisch geworden". Es geht um die Urzeugung, um Lebensbildungskräfte, um die Nahtstelle des Schöpfungsprozesses. In diesem Zusammenhang hat der Klang etwas Gebärendes, Ur-Weibliches und Qualitäten einer Ur-Mutter.

Als eine besondere Ausgestaltung dieses Themas erweist sich die Vereinigung von Ei- und Samenzelle, die auf konkrete oder symbolisierte Weise erlebt werden kann. So beschreibt ein junger Mann: „...dann beginnen visuelle Erscheinungen, bei denen stets zwei Seiten ineinanderfließen, von links nach rechts, von rechts nach links, hin und her, her und hin, wie in einer Überblendtechnik. Dann fühle ich mich als etwas Rundes, sich wie in menschlichen Kanälen Bewegendes, ... als würde ich an etwas weichem, rutschigem entlangstreifen. Ich bekomme die Vorstellung, als hätte ich die Form einer Kaulquappe und würde mich entsprechend bewegen. Ich fühle mich ganz tief da drin, habe aber gleichzeitig suchende Gedanken: bin ich eine Eizelle im Eileiter? Beides? Gleichzeitig? Alles ist aber unglaublich ruhig, entspannt und schön. Ausgebreitete Zufriedenheit. Dann urplötzlich ein gleißender Licht-Ton-Punkt. Ich sehe ihn so, als wäre ich's fast selbst. Er breitet sich aus, erhebt sich, wird größer, öffnet sich, trifft mich und beflutet mich, wie wenn ich unter einem herrlichen Wasserfall läge. Ungeheures Licht und Wärme fluten in mich hinein, durch meinen Körper. Wie wenn die mächtige Sonne persönlich zu mir käme." Wie könnte ein Künstler es besser darstellen, wenn er die Aufgabe hätte, den Moment der Konzeption in Bilder umzusetzen, ihn erlebbar zu machen?

Zusammenfassend kann man sagen: es geht bei diesem Klangarchetypus um den formlosen Zustand, aus dem wir kommen und in den wir wieder zurückkehren. Es gibt eine Bewegung von: vor der Schöpfung (praekonzeptionell) hin zur Form oder von dem Geschaffenen zurück zur Formlosigkeit (postmortal). Es gibt einen Zustand „vor der Trennung" und „nach der Trennung". Es gibt die Welle und das Meer – die Welle löst sich im Meer auf und das Meer formt sich zur Welle.

Wie läßt sich nun diese archetypische Thematik in der therapeutischen Situation verwenden? Der pathologische Zustand besteht darin, daß die beschriebene stete Bewegung blockiert ist, also die Auflösung in das Formlose und die dann mögliche Neuschöpfung aus dem Ungeformten (Chaos), das „stirb und werde". Eigentlich besteht darin die Neurose schlechthin. Sind doch Situationen, die Menschen in eine Therapie führen, stets Momente von Stagnation und Feststecken, von nicht mehr weiter wissen.
In Abhängigkeit von den biographisch bedingten Vorerfahrungen oder der aktuellen Befindlichkeit kann deshalb die Auseinandersetzung mit diesem Archetypus in der Therapie eine große Rolle spielen und die unterschiedlichsten Gefühlsreaktionen hervorrufen. Das Nicht-im-Fluß-sein, Erstarrung, Verstopfung, Stagnation können ins Bewußtsein treten sowie die damit

zusammenhängenden Umstände und Hintergründe. Dies kann unbewußte Konflikte ans Licht bringen, welche die Angst vor Veränderung, vor dem Loslassen, vor dem Chaotischen, dem Unberechenbaren, dem Unstrukturierten und Formlosen aus der Lebensgeschichte heraus verständlich werden lassen, so daß diese Themen dann bearbeitet werden können. Dabei können sich ganz konkrete äußerlich bedrohliche Situationen ein-stellen: z. B. die Gefahr des Ertrinkens oder des Verschüttetwerdens oder aber eine tiefersitzende Bedrohung der Identität überhaupt. Dies ist oftmals Ausdruck unzureichender Ich-strukturen, z. B. als Folge schlecht abgegrenzter und ungenügend strukturierter „früher" Bezugspersonen. Eine Sehnsucht nach Verwurzelung, nach Struktur und Halt, bzw. nach dem Männlichen kann auftauchen; z. B. wenn bei einer als „überflutend" und „hysterisch" erlebten Mutter das Formlose als bedrohlich erlebt und (traditioneller dualer Zuordnung entsprechend) dem Weiblichen gleichgesetzt wird. Mit dem Thema Feststecken und Festgefahrensein kann sich dieser Klangarchetypus in seltenen Fällen auch einmal mit der perinatalen Matrix III (nach GROF 1983) in Resonanz setzen, also mit dem Feststecken während der Geburt (wobei dieses Thema häufiger durch den Gong ausgelöst wird).

Letztlich kann alles irdische Leid, welches mit dem Getrenntsein des Ichs zusammenhängt, bewußt werden, ebenso wie die Sehnsucht nach Nähe und Geborgenheit oder eine Sehnsucht nach Erlösung von dem Erdendasein und einem Wiedereingehen in das Formlose. Wenn jemand akzeptieren kann, daß das einzig Konstante die stete Veränderung ist (dies kann allerdings erst gelingen, nachdem ein Mensch zu seinem Wesenskern gefunden hat) und wenn sie gar als beglückend erlebt werden kann, weil selbst darin Halt, Geborgenheit und Verwurzelung liegt, dann ist wahrlich ein großes Therapieziel erreicht. Dann liegt auch in steter Bewegung tiefe Ruhe.

Fragt man sich, wodurch der Klang der Ocean Drum diese Erfahrungen auslöst, so fällt (neben oberflächlicher Alltagsassoziationen wegen klanglicher Ähnlichkeit mit dem Rauschen des Wassers oder des Sandes) auf, daß es sich bei einem Rauschen um die chaotische Summe einer großen Anzahl von Frequenzen handelt, die keine strukturelle Ordnung aufweisen. Auch eine rhythmische, bzw. metrische Strukturierung der Zeit fehlt. In gewisser Weise stellt das Geräusch eine Annäherung an das sogenannte „weiße Rauschen" dar, das die Summe aller hörbaren Frequenzen darstellt (so wie weißes Licht alle Farben enthält).

Auf einer tiefen symbolischen Ebene könnte man sagen, der Klang der (auf oben beschriebene Weise gespielten) Ocean-Drum stellt eine hörbare Verkörperung dessen dar, was Lao-tse das Tao nennt, also jene weibliche Ur-

Matrix, die ewig ist und ohne Tun, aus der jedoch alles hervorgeht und in die alles wieder eingeht. Es meint so etwas wie einen ewigen Seins-Grund. Für Lao-tse ist es das Ewig-Weibliche und sein Abbild interessanterweise das Wasser. „Endlos drängt es sich und ist doch wie beharrend. In seinem Wirken bleibt es mühelos" (Tao-te-king, 6. Kapitel zit. nach LANCZKOWSKI 1989, S. 96).

Die „Wirkung" der Klänge

Die dargelegten Klang-Archetypen könnten den Eindruck entstehen lassen, daß es sich um Vorgänge handelt, die mit einem einfachen mechanistischen Modell zu erklären wären, so als würde der Klang einen Reiz darstellen, der eben eine bestimmte Wirkung auslöst. Mit einer derart reduktionistischen Sichtweise wird man jedoch den Gegebenheiten in keinem Fall gerecht. Viele ineinandergreifende und sich gegenseitig beeinflussende Faktoren spielen eine Rolle: die Atmosphäre des Raums, seine akustischen Verhältnisse, die Spielweise des Instruments, die Haltung, Einstellung und Absicht des Therapeuten, die Gestimmtheit, Befindlichkeit, aktuelle Konfliktlage und Persönlichkeitsstruktur des Patienten, um nur einige zu nennen. Von wohl entscheidender Bedeutung aber ist die therapeutische Beziehung und die Frage, ob über den Klang eine Kommunikation zustande kommt. Der Klang ist das von einer therapeutischen Absicht getragene Angebot einer Information, einer ganz bestimmten „Schwingung" im wörtlichen wie im übertragenen Sinne. Damit das archetypische Thema erlebbar wird, müssen meines Erachtens Klang, Patient/in und Therapeut/in miteinander in Resonanz sein. Man wird den Vorgängen also nur gerecht, wenn man sich um eine ganzheitliche Betrachtungsweise bemüht.

Wenn wir es also mit einer sehr komplexen Situation zu tun haben und mit Menschen, die gottlob nun einmal nicht programmierbar und berechenbar sind, dann ist verständlich, daß nicht das dem Klang zuzuschreibende archetypische Thema auftaucht. Es war bereits die Rede davon, daß es in seiner blockierten Form erscheint, wenn durch entsprechende Vorerfahrungen die zugehörigen Resonanzräume blockiert sind.

Befindet sich im Vorbewußten, sozusagen an der Peripherie des Unterbewußtseins, ein energiereiches, ins Bewußtsein drängendes Thema, so kann jeder monotone akustische Reiz, unabhängig von seiner charakteristischen Qualität jene Stimulation liefern, die diese Inhalte ins Licht des Bewußtseins hebt. In einem solchen Fall wirken die verwendeten elementaren Klangstrukturen unspezifisch – wie andere monotone Reize auch.

Außerdem existiert, wie DITTRICH (1985) in einer umfangreichen empirischen Untersuchung belegen konnte, ein gemeinsamer Erfahrungskern außergewöhnlicher Bewußtseinszustände, welcher unabhängig ist von der Art der auslösenden (pharmakologischen oder psychologischen) Stimuli. Es kann also sein, daß manche Erfahrungen in Trance nicht dem auslösenden Klang zuzuschreiben sind, sondern schlichtweg dem veränderten Bewußtseinszustand. Für ihn sind folgende Phänomene typisch (nach DITTRICH und SCHARFFETTER 1987):

1. Veränderung der Denkabläufe (im Sinne des Primärprozesses),
2. Veränderung des Zeiterlebens,
3. Veränderung des Körperschemas (bis zur Aufhebung der Subjekt-Objekt-Schranke),
4. (Angst vor) Verlust der Selbstkontrolle,
5. Intensive Emotionen (Glückseligkeit bis Panik),
6. Halluzinatorische Phänomene, Synästhesien,
7. Veränderung des Bedeutungserlebens.

Tabelle 1

Schließlich sind die Reaktionen auf den Klang ganz wesentlich davon abhängig, ob jemand aufgrund äußerer oder innerer Gegebenheiten überhaupt in der Lage ist, sich auf einen veränderten Wachbewußtseinszustand einzulassen. Erst das Gefühl, in der Außenwelt sicher zu sein und somit die Achtsamkeit nicht nach außen richten zu müssen, ermöglicht dem Menschen, sich seiner Innenwelt zuzuwenden. Wenn aufgrund aktueller Gegebenheiten das erforderliche Vertrauen nicht entsteht oder wenn eine Mißtrauenshaltung so in die Persönlichkeit eingewoben ist, daß die rationale Kontrolle nicht aufgegeben werden kann, so ist ein Eintauchen in tiefere Bereiche des Unbewußten nicht möglich, und dann kann auch kein Erleben auftauchen, welches einem archetypischen Themenbereich zuzuordnen ist.

Zur Beurteilung, auf welcher Bewußseinsschicht sich die bzw. der Erlebende befindet, ist ein topographisches Modell des Bewußtseins hilfreich.

Ebenen des Bewußtseins

Um mit den mannigfaltigen Erlebnissen interpretierend und verstehend umgehen zu können, bedarf es ihrer Einordnung in verschiedene Bereiche des

Bewußtseins (vgl. Tabelle 2). Anderenfalls wären die Reaktionen auf die Klänge so verwirrend vielfältig, daß ein verstehender und therapeutisch sinnvoller Umgang damit kaum zu leisten wäre. Die Ebenen 1 bis 3 entsprechen dem normalen Wachbewußtsein. Die Ebenen 4 bis 7 habe ich von GROF (1983) übernommen (der damit eine therapeutisch ausgesprochen hilfreiche Landkarte des Unbewußten entworfen hat). Sie entsprechen Bereichen veränderten Wachbewußtseins.

1.) Ebene der kritischen Beschreibung des Außenreizes
2.) Ebene der Alltagsassoziationen
3.) Ebene diffuser Gefühlswahrnehmungen (Lust/Unlustäußerungen)
4.) Ebene abstrakter oder ästhetischer Erfahrungen
5.) Ebene psychodynamisch zu interpretierender Erfahrungen
6.) Ebene prä- und perinataler Erfahrungen
7.) Ebene transpersonaler Erfahrungen

Tabelle 2

Auf der Ebene der kritischen Beschreibung des Außenreizes befindet sich ein Patient dann, wenn er nicht von einem inneren Erleben spricht, sondern quasi die physikalischen Phänomene des „Ich höre einen hohen Ton, der ist ganz hell und silbrig."

Auf der Ebene der Alltagsassoziationen löst der Klang Vergleiche zu ähnlichen akustischen Erfahrungen aus. Das Monochord erinnert an einen Rasenmäher, der Gong an Kirchenglocken, das Didjeridu an einen schnarchenden Mann etc. Auf der Ebene diffuser Gefühlswahrnehmungen befindet sich ein Hörer, wenn er von nicht näher charakterisierten Gefühlsqualitäten spricht, bei denen es sich meist lediglich um Unlustäußerungen handelt, etwa: „Das ist sehr angenehm" oder „das gefällt mir nicht" oder „das regt mich auf".

Aus der Ebene abstrakter oder ästhetischer Erfahrungen stammt die Wahrnehmung von psychedelisch anmutenden Farben und Formen oder geometrischen Mustern (siehe z. B. die weiter oben geschilderten Farbempfindungen, ausgelöst durch die Klangschale).

Einen breiten Raum nimmt die Ebene psychodynamisch zu interpretierender Erfahrungen ein. Es handelt sich um die Wiederbelebung von Ereignissen aus der Lebensgeschichte, die entweder in konkreter oder aber in symbolisierter Form auftauchen. GROF (1983) spricht auch von der „Freud-Schicht", da es sich um jene Themen, Konflikte und psychodynamischen Vorgänge handelt, die Sigmund Freud untersucht und beschrieben hat. Bei diesen Erlebnissen empfiehlt sich therapeutisch eine konfliktorientierte Vorgehensweise.

Es folgt die Ebene prä- und perinataler Erfahrungen. Hier tauchen Erlebnisse auf, die aus der intrauterinen Zeit oder aus der Zeit vor, während oder unmittelbar nach der Geburt stammen. Auf die Bedeutung des Geburtstraumas für seelische Krankheiten hat bereits RANK (1924) hingewiesen. Nicht selten holen Klänge traumatische Erfahrungen aus jener Zeit ins Bewußtsein (gelegentlich sind sie auch durch entsprechende Nachforschungen objektivierbar) und lassen den Zusammenhang zu leib-seelischen Problemen deutlich werden. (Näheres zu diesem Thema siehe STROBEL 1991).

Der letzte Bereich ist die Ebene transpersonaler Erfahrungen. Es handelt sich um Ereignisse, die durch eine Ausdehnung des Bewußtseins über den üblichen Rahmen der Person hinaus erfahrbar werden, also über eine Ausweitung über die Grenzen des Ichs und über die Begrenzung von Raum und Zeit. Hierzu gehören Bilder aus dem kollektiven Unbewußten, Erfahrungen aus anderen Kulturen, die nicht aus dem erworbenen Wissensinhalt des Erlebenden stammen. Gelegentlich sind auch Identifikationen mit anorganischer Materie, Pflanzen oder Tieren hier zuzurechnen, wobei oft schwer zu entscheiden ist, ob es sich nicht um Symbole aus der psychodynamischen Ebene handelt; dasselbe gilt für Reinkarnationserfahrungen. Mit Sicherheit stammen jene gar nicht so seltenen mystischen, religiösen und transzendenten Erfahrungen aus diesem Bereich.

Die *archetypische* Wirkung der Klänge kommt nur in den Ebenen 5 bis 7 zum Tragen. Wenn sich ein/e Patient/in in der klanggeleiteten Trance auf den Ebenen 1 bis 4 bewegt, so besteht das einzig therapeutisch sinnvolle Handeln darin, Hilfen zu geben, die ein tieferes Eintauchen ermöglichen. Da mag ein einfaches Zuwarten genügen, wenn sich beispielsweise jemand bereits auf der Ebene 4 befindet. Ansonsten bedarf es größerer Unterstützung, die hauptsächlich darin besteht, die Angst vor dem Verlust der rationalen Kontrolle zu reduzieren und Vertrauen und ein Gefühl von Sicherheit aufzubauen. Wir kommen damit zu behandlungstechnischen Fragen.

Setting und Trance-Verlauf

In der Einzeltherapie ist es sehr sinnvoll, wenn Therapeut/in und Patient/in während der klanggeleiteten Trance miteinander im Gespräch bleiben. Auch wenn die Sprache dabei zumeist verlangsamt ist, kann der Patient sein Erleben direkt verbalisieren, was dem Therapeuten die Möglichkeit gibt, bei auftauchenden Schwierigkeiten sinnvoll zu intervenieren. Auf die Gruppentherapie läßt sich diese Form übertragen, indem jeweils paarweise mit einem Begleiter gearbeitet wird. Der Vorteil ist auch, daß ein Einschlafen bei tiefer Entspannung verhindert wird und daß das Erleben bei tiefer Trance nicht einer Amnesie anheim fällt. Für manche Menschen stellt diese Vorgehensweise aber (zumindest anfangs) eine Schwierigkeit dar. In diesen Fällen kann die Klangphase schweigend ablaufen und die Verbalisierung anschließend erfolgen. Das gilt auch für Gruppen, in denen die Scheu vor einer Partnerarbeit zu groß ist oder aber die Teilnehmer so weit entwickelt sind, daß sie keine Begleitung brauchen. Man sollte allerdings die Vehemenz der auftauchenden Erfahrungen nicht unterschätzen und auf jeden Fall für stabile und sichernde Rahmenbedingungen sorgen. Bisher habe ich die Erfahrung gemacht, daß intensive Prozesse nur dann auftreten, wenn auch ein entsprechender schützender Rahmen vorhanden ist, so daß man in den meisten Fällen (wenn keine massiv gestörten Ich-Funktionen vorliegen) von einer unbewußt regulierenden Schutzfunktion ausgehen kann

Die therapeutische Trance durchläuft 6 Phasen (siehe Tabelle 3). Die ersten 5 Stadien entsprechen dem von ERICKSON und ROSSI (1989) erarbeiteten Fünf-Phasen-Paradigma der Dynamik des Tranceverlaufs. Es kann auch als Bezugsrahmen für die klanggeleitete Trance gelten. Allerdings ist der Unterschied zur verbal geführten Hypnotherapie der, daß bei der klanggeleiteten Trance viele der recht anspruchsvollen Aufgaben, die sonst vom Therapeuten geleistet werden müssen, von den Klängen übernommen werden.

Die Phasen der therapeutischen Trance:

1.) Fixierung der Aufmerksamkeit
2.) Außerkraftsetzen gewohnter Bezugsrahmen
3.) Unbewußte Suche nach neuen Erfahrungen
4.) Unbewußter Prozeß
5.) Hypnotische Reaktion
6.) Trance-Rücknahme

Tabelle 3

Zu Beginn ist es sinnvoll, durch einführende Worte die Aufmerksamkeit des Patienten auf seinen eigenen Körper und sein inneres Erleben hinzulenken.

Der dann einsetzende Klang fesselt durch den monotonen Sinnesreiz die Aufmerksamkeit in Form von gleichzeitiger Konzentration und Ablenkung. Im Idealfall gelingt die *Fixierung der Aufmerksamkeit* (Phase 1) durch die Wahl eines Klanges, der der aktuellen (unbewußten) Thematik des Menschen (bzw. der Gruppe) entspricht. Dadurch kann sich der Klang mit der augenblicklichen Befindlichkeit des Patienten in Resonanz setzen, wodurch eine starke Ja-Einstellung entsteht. Die Auswahl des passenden Klanges entspricht der Utilisation von inneren Wirklichkeiten (ERICKSON et al. 1986). Das Spektrum der Anpassungsmöglichkeiten an die aktuelle Befindlichkeit der Patienten kann gegebenenfalls durch verschiedene Körperhaltungen, durch Berührung, mit Hilfe von Atemtechniken oder Bewegungsmustern (bis hin zum Tanz), durch stimmlichen Ausdruck oder aktives rhythmisches Musizieren erweitert werden.

Die Klangeindrücke sind ausgesprochen ungewöhnlich, phantastisch oder fremdländisch. Sie setzen den gewohnten *Bezugsrahmen außer Kraft* (Phase 2), der Patient öffnet sich neuen Erlebnissen und Lernweisen. Bei manchen wißbegierigen Menschen führt der Überraschungseffekt allerdings dazu, daß sie sich die ganze Zeit über mit der Frage beschäftigen, wie denn wohl dieser außergewöhnliche Klang zustande kommt. Da diese Neugier sie von einem inneren Erleben abhält, ist es in einem solchen Fall sinnvoll, sie auf der kognitiven Ebene zuvor durch entprechende Erklärungen und Informationen zu befriedigen.

In der 3. und 4. Phase wird die *unbewußte Suche* und der *unbewußte Prozeß* durch die spezifische energetische Qualität des Klanges ausgelöst. Der energetische Klangarchetypus übernimmt, wie weiter oben näher ausgeführt wurde, auf nonverbale Weise die indirekten Suggestionen und aktiviert persönliche Assoziationen, Bilder etc.

Ergebnis der durch den Klang initiierten Prozesse ist die von selbst auftauchende Phase der *hypnotischen Reaktion* (Phase 5). Hier treten die bekannten Trance-Phänomene auf, wie Visionen, Altersregressionen, Zeitverzerrungen etc.

Schließlich folgt als 6. Phase die *Trance-Rücknahme.* Sie wird entweder durch Beendigung der monotonen akustischen Stimulation und entsprechende Verbalsuggestionen eingeleitet. Dies wird sich vor allem dann anbieten, wenn es sinnvoll ist, posthypnotische Suggestionen einzuflechten. Es ist aber auch möglich, durch gezielte Veränderung des Klanges eine Beendigung der Trance zu induzieren. Wenn ich beispielsweise nach dem gleichförmigen Monochord-Klang dazu übergehe, melodische Phasen einer Tonskala zu spielen, so lassen sich die typischen Reaktionen durch folgende Rückmeldungen belegen: „Auf einmal war wieder mehr Erde da" oder „Als die anderen Töne dazugekommen sind, war ich auf einmal wieder mehr im Kopf und habe nachgedacht" oder „Ich hatte das Gefühl, man will mich wieder zurückholen" oder „Als die Melodie angefangen hat, war wieder mehr Realität da". UCCUSIC (1991), ein Schüler Harners, empfiehlt, für die schamanische Arbeit ein bestimmtes Signal als Zeichen der Beendigung der Reise zu vereinbaren. Beispielsweise können vier markante Schläge auf die Trommel, auf die dann eine sehr schnelle Sequenz folgt, das Ende der „Reise" ankündigen. Während der schnellen Schlagfolge können die „Reisenden" zu ihrem Ausgangspunkt und damit in die Alltagswirklichkeit zurückkehren

Viele Menschen erwarten, daß in der klanggeleiteten Trance innere Bilder auftauchen, und in der Tat sind solche Visionen ja nicht selten. Bei allzu großer Fixierung auf optische Halluzinationen aber werden nicht nur diese, sondern auch andere therapeutisch wertvolle *Erlebens- und Erfahrungsweisen* (siehe Tabelle 4) behindert oder nicht beachtet.

1.) Gedanken, Assoziationen
2.) Gefühle
3.) Imagines
   a) bildhaft
   b) körperlich
   c) akustisch
   d) geruchlich, geschmacklich
   e) multisensorisch, synästhetisch
4.) Spontane Körperbewegungen, autonome Körperprozesse

Tabelle 4

Gedanken und Assoziationen können bereits Hinweise auf unbewußte Themen und Konflikte enthalten. Beispielsweise hat, wie oben erwähnt, das Didjeridu eine Frau zunächst an einen schnarchenden Mann erinnert. An dieser Stelle kann die Aufforderung, dabei zu bleiben und dem Erleben weiter zu folgen, sinnvoll sein. In diesem Fall tauchte danach eine Szene aus der Kindheit auf: Der Vater hatte Mittagsschlaf gehalten und dabei so laut und unregelmäßig geschnarcht, daß die Kinder Angst hatten, er würde sterben. Dann spürte die Patientin selbst die Anstrengungen des Atmens bis hin zu einer Atemnot und dem Gefühl, keine Luft mehr zu bekommen. Sie reagierte immer sehr stark mit Atemnot und Asthma-artigen Zuständen, und in der Trance war eine Auslösesituation aus der Kindheit und ihre Identifikation mit dem Vater bewußt geworden.

Antwortet jemand ausschließlich auf der *Ebene der Gefühle*, so ist es häufig hilfreich, durch gezieltes Nachfragen und immer größeres Einengen der Situation jene Szene herauszuarbeiten, aus der die Gefühle stammen. Bei genügend Zuversicht gelingt dies in der Regel. Mitunter sind die Gefühle auch so intensiv, daß es zu heftigen kathartischen Reaktionen kommt. Dies kann der Fall sein, wenn sich z. B. ein sexueller Mißbrauch aus der Kindheit aktualisiert oder wenn unerträgliche kindliche Verlassenheitszustände aus der Verdrängung gelöst werden. Dann ist oft eine entsprechende, mitunter auch körperliche Unterstützung erforderlich.

Innere Bilder sind, wie gesagt, recht häufig. Wenn sie nicht auftreten, ist es sinnvoll, nach *Körperempfindungen* zu fragen, da sie, wenn sie nicht sehr eindrucksvoll sind, sonst ignoriert werden können. Gelegentlich tauchen auch *akustische Imagines* auf, sei es, daß eine innere Stimme spricht oder jemand differenzierte Musik wahrnimmt (beispielsweise eine Mahler-Symphonie im Klang des Gongs). *Geruchliche und geschmackliche Imagines* sind selten, kommen aber vor; z. B.: „Ich roch die Weite der Prärie". Mitunter sind die Eindrücke *multisensorisch*, das heißt, sie betreffen mehrere Sinnesempfindungen gleichzeitig (z. B. körperlich und bildlich), oder sie sind *synästhetisch*. Dann ist gar nicht exakt zu differenzieren, welchem Sinneskanal die Empfindung zuzuordnen ist. Sie ist weder bildhaft noch körperlich,"irgendwie dazwischen". *Spontane Körperbewegungen* können beispielsweise in einem harmlosen, in den Muskeln der Beine entstandenen Drang bestehen, sich zu bewegen. Oder die Halsmuskeln „wollen" den Kopf hin- und herschaukeln. Es kann aber auch zu heftigen *autonomen Körperprozessen* kommen, die sich in einzelnen Muskelzuckungen äußern bis hin zu groben muskulären Entladungen, anfallsähnlichen Zuständen oder sich verselbständigenden Bewegungsabläufen, wie beispielsweise bei der Aktualisierung eines Geburtsprozesses. Dann ist häufig eine angemessene körpertherapeutische Vorgehensweise erforderlich, die in einem realen körperlichen Halt bestehen kann oder aber im „Übernehmen" eines Drucks oder anderer Körperphänomene (über körpertherapeutische Methoden siehe z. B. KURTZ 1985).

Nicht immer ist die Auflösung alter Muster von solch dramatischen Erscheinungen begleitet. Mitunter vollzieht sie sich vielmehr sehr subtil, ohne deshalb weniger wirksam zu sein. Gemeinsam ist ihnen allerdings die Tatsache, daß die Auflösung alter Strukturen häufig Voraussetzung ist für einen Neubeginn.

Analyse und korrigierende Neuerfahrung

In der Psychotherapie verfolgt die durch Klang induzierte, gestaltete und geleitete Trance zwei Ziele: Zum einen wird der veränderte Bewußtseinszustand zur Erlebnisregression genutzt, um verdrängte traumatische Themen oder verschüttete positive Erfahrungen wieder bewußtseinsfähig und bearbeitbar zu machen. Zum anderen öffnet der Klang auf einer energetischen oder symbolischen Ebene Pforten zu neuen, bislang nicht betretenen Erfahrungsräumen. Das kann eine stagnierende Entwicklung wieder in Gang bringen und Wachstum fördern.

Wenn man den Klang so verwendet, ist er ein zutiefst (psycho)analytisches Instrument. Er „übertüncht" nicht jene problematischen und konflikthaften Bereiche, sondern deckt sie vielmehr auf. Um die Vorgänge verständlich zu machen, will ich versuchen, seine nondirektiven und nonverbalen Suggestionen in Worte zu übersetzen. Das Monochord beispielsweise sagt nicht: „Du wirst jetzt die Alleinheit erleben!", es sagt vielmehr: „Du kannst dich auf mich einlassen, wenn du willst! Solltest du dazu bereit sein, kannst du ein Gefühl der Alleinheit erleben! Wenn nicht, können dir jene Vorerfahrungen bewußt werden, die dieses Erleben blockieren!"

Analyse bedeutet in diesem Zusammenhang nicht intellektuelle Untersuchung und Zergliederung als vielmehr erlebnisintensive Lösung (Lysis) von verdrängten Inhalten aus dem Unbewußten, die nicht selten über eine Katharsis zu einer Auflösung (Analyse) blockierter Energien führt. Bei dieser erlebnisaktivierenden Analyse kann auf Deutungen weitgehend verzichtet werden, da in den meisten Fällen das Erlebte aus sich selbst heraus verständlich und überzeugend ist, auch wenn zur völligen Integration der Erfahrungen eine zusätzliche verbale Durcharbeitung häufig sinnvoll erscheint.
Die energetische Qualität ein und desselben Klanges holt oft nacheinander verschiedene Erfahrungen aus unterschiedlichen Lebenszeiten ins Bewußtsein, die alle einem Grundthema zuzuordnen sind. Dies bestätigt die Annahme von GROF (1983), daß Erfahrungen, die ein analoges Muster aufweisen,

und damit verknüpfte Phantasien aus verschiedenen Lebensabschnitten in COEX-Systemen (systems of condensed experience) gespeichert werden. So können mit Hilfe der klanggeleiteten Trance mehrere traumatisierende Erfahrungen eines COEX-Systems wiederbelebt und durchgearbeitet werden. Was in der verbalen Hypnotherapie durch entsprechende Suggestionen (z. B. Zeitregression) bewerkstelligt wird, geschieht mit Hilfe des Klangs wie von selbst.

Beispielsweise kommt, ausgelöst durch das Monochord, bei einer Patientin die ablehnende Haltung der Mutter in der postnatalen Zeit in einer Szene mit vergifteter Milch beim Stillen zum Ausdruck. Später erlebt sie das ihrem Leben gegenüber feindlich gesonnene Klima ihrer pränatalen Zeit in Form eines Bades in einem kalten Teich mit schwarzem, atomar verseuchtem Wasser. Nach Durcharbeitung dieser Thematik, was allerdings längere Zeit in Anspruch nimmt, fühlt sie bei demselben Instrument ein beglückendes Getragensein. Sie liegt in einem Boot, das in der Abendsonne von den Wellen des Meeres gewiegt wird. Dann kommt es zur Auflösung in der Alleinheit, und sie fühlt sich als eine warme Welle des Meeres. Im Alltag zeigt sich die Veränderung bei dieser Frau mit schizoider Persönlichkeitsstruktur an einer Abnahme ihrer Mißtrauenshaltung gegenüber anderen Menschen.

Nach Wiederbelebung und Durcharbeitung der traumatisierenden Vorerfahrungen vermittelt also die archetypische Qualität des Klangs die Möglichkeit zu einer korrigierenden Neuerfahrung auf einer symbolischen bzw. energetischen Ebene. Mitunter sind die „guten" Erfahrungen auch nur durch traumatisierende überdeckt, und es geht darum, die sogenannten positiven und negativen Erfahrungen miteinander in Kontakt zu bringen. Ein junger Mann, der in der 26. Schwangerschaftswoche mittels Kaiserschnitt als Frühgeburt zur Welt gekommen war (über die Wiederbelebung dieses Traumas siehe STROBEL 1991), kam mit Hilfe des Monochords an eine unbewußte Sehnsucht: „Mir war sofort klar, daß ich mich im Mutterleib befand. Dann mußte ich sehr, sehr heftig weinen, denn ich spürte augenblicklich, daß das genau das war, wonach ich mich viele Jahre gesehnt hatte, ohne es zu wissen."

Die klanggeleitete Trance kann jedoch auch wirklich neue, zuvor nie gemachte Erfahrungen vermitteln. In der Erweiterung des Repertoires vorhandener Ressourcen durch ein Nachholen fehlender Erlebnisqualitäten liegt neben der analytischen Wirkung die große Kraft der Klänge. Häufig sind es jenseits der Analyse gerade jene Erfahrungen, die das ermöglichen, was BALINT (1970) den Neubeginn nennt. Auch ERICKSON (ERICKSON & ROSSI 1989,

S. 527 ff.) wußte, daß die Nutzbarmachung vorhandener Ressourcen nicht ausreicht, wenn ein Patient bestimmte grundlegende Lebenserfahrungen entbehren mußte. Dann hat der Therapeut die Aufgabe, diese in irgendeiner Form stellvertretend nachzuliefern. Das kann in vielen Fällen auf sehr elegante Weise mit Hilfe der Klänge geschehen.

Die beschriebenen Phänomene lassen sich auch unter dem psychoanalytischen Blickwinkel der Übertragung betrachten. Die einzelnen Klänge stellen sich, auch wenn sie eine spezifische Qualität aufweisen, als Übertragungs-"Objekte" zur Verfügung. Beispielsweise hat das oben beschriebene Trommel-Metrum auf der Übertragungsebene viele Gesichter: Es verkörpert die Schritte des strengen Vaters, der die Wildheit und Aggressivität des Sohnes unterdrückt. Es stellt die eifersüchtige Mutter dar, in ihrer mißgünstigen Haltung gegenüber der Kreativität der Tochter. Es wird zur Schaukel, dann zur Wiege, die jedoch nicht wiegend, sondern sachlich, mechanisch, fast etwas gewaltsam hin- und herschaukelt. Es kann streng sein, leistungsfordernd, oder selbst bei einer Frequenz von 50/min zu einem gnadenlos hetzenden Antreiber werden. Wenn sich die Übertragung auf die Trommel auflöst, kann der Patient eine Beziehung zu dem Klangarchetypus herstellen und im Falle der Trommel das bedingungslose Angenommensein spüren.

Aus psychoanalytischer Sicht erweitert der Therapeut also die Projektionsfläche seiner Person um die verschiedenen charakteristisch gefärbten Projektionsflächen der Klänge. Die Patienten bekommen damit eine unvergleichlich größere Chance, viele ihrer unbewußten Konflikte bewußtseinsfähig zu machen, als beispielsweise bei einer rein verbalen Psychoanalyse. Streng genommen ist der Projektionsbegriff zu linear, und man müßte besser von „Schwingungen" und Resonanzräumen seitens des Therapeuten und des Patienten sprechen.

Das eindrucksvolle Beispiel einer Frau Ende vierzig, die ihre Körperlichkeit und Weiblichkeit ablehnte, soll das Verhältnis zwischen der *Übertragung* auf den Trommelklang und der *Beziehung* zu dem Klang-Archetypus verdeutlichen: Bei der Trommel erlebt sie folgendes: „Ich stehe im Freien, ich bin ganz nackt, ich bin eindeutig ein Mädchen. Ich bin draußen in der Natur, auf einer Wiese. Ich bin ganz allein in der Natur." Die Andeutung einer Traurigkeit legt sich auf ihr Gesicht. „Ich bin da ganz alleine in der Natur, da ist sonst niemand, keiner weit und breit." Ich frage sie, was sie sich wünscht. „Es wär' halt schön, wenn da noch mehr wären, so wie ich. Jetzt sehe ich in der Ferne am

Hügel auf dem Weg eine Prozession daherkommen. Ich glaube, ich muß mich verstecken, damit die mich nicht so sehen, wie ich bin. Die sind katholisch, die verurteilen und verachten, daß ich nackt bin. Das ist unmoralisch." Ich frage sie, ob der Trommelklang sagt, daß ihre natürliche Nacktheit etwas Unmoralisches sei. „Das ist merkwürdig, der sagt genau zweierlei. Ein Schlag sagt immer 'pfui, das ist unmoralisch', der nächste Schlag kommt aus einer anderen Ebene, aus einer archaischen, der sagt 'Nacktheit ist etwas ganz Natürliches und Selbstverständliches.' Aber dann ist schon wieder der andere Schlag da, der 'pfui' sagt, aber ich glaube, das ist die Stimme meiner Mutter."

Ziel der Psychotherapie (auch der klassischen Psychoanalyse) ist letztlich die Überwindung von Übertragung. Der Patient soll in die Lage versetzt werden, unverfälscht von Vorerfahrungen eine reale Beziehung herzustellen zum Therapeuten ebenso wie zum Klang-Archetypus, und damit letztlich zu allen Menschen.

Der Therapeut erweitert also nicht nur die Möglichkeiten der *Übertragung*, sondern auch die der *Beziehung*. Schließlich kann er mit Hilfe der Trommel viel überzeugender sagen: „Ich akzeptiere dich, wie du bist!" Mit dem Monochord kann er sich besser als verschmelzende Mutter anbieten, mit dem Gong Hebamme und Geburtshelfer oder Begleiter in den Tod werden, mit dem Didjeridu Sinnlichkeit und Sexualität bejahen und über die Klangschale eine transzendente Kraft vermitteln.
Dies alles geschieht meines Erachtens nicht nur auf einer psychologischen Kommunikationsebene, sondern auch durch direkte Kommunikation in Bereichen der nicht alltäglichen Wirklichkeit, die man als eine tiefenpsychologische oder parapsychologische bezeichnen kann.

Die „magische" Ebene der klanggeleiteten Trance

Wenn man der Definition von UCCUSIC (1991) folgt, dann ist die klanggeleitete Trance eine schamanische Methode. In der schamanischen Pathologie wird man entweder dadurch krank, daß man etwas zu viel in sich hat, beispielsweise einen Krankheitsstoff, der entfernt werden muß (hier: die traumatischen Erfahrungen, die bewußt gemacht und aufgelöst werden) oder einem etwas fehlt, was hinzugefügt werden muß (hier: die korrigierende Neuerfahrung). Die eigentliche schamanische Heilung findet auf einer Ebene der nicht alltäglichen Wirklichkeit statt. Wie diese in der klanggeleiteten Trance aussieht, möchte ich nun erläutern.

Da die Arbeit mit Klängen eine große Ähnlichkeit mit den Methoden jener schamanische Heiler hat, die mit magischen Gegenständen und rituellen Handlungen arbeiten und die Vorgänge dort deutlicher sichtbar und gut belegt sind, möchte ich einige Anleihen bei dem peruanischen Schamanen EDUARDO CALDERON PALOMINO machen, der dem Anthropologen SHARON (1980) einen tiefen Einblick in seine Arbeitsweise und Weltanschauung gewährt hat.

Eduardo arbeitet unter der Wirkung des San Pedro-Kaktus mit einer größeren Ansammlung sogenannter Machtgegenstände, die sich auf einer „Mesa" befinden und einen in sich geschlossenen Mikro-Kosmos darstellen. Jeder Gegenstand hat eine persönliche Bedeutung; er besitzt eine besondere Valenz. Diese erhält er durch einen Akt der „Einstimmung". Jeder „Machtgegenstand" hat seine Geschichte; d. h. der Heiler ist unter ganz bestimmten Umständen auf diesen Gegenstand gestoßen, und deshalb kommt ihm eine ganz bestimmte Bedeutung zu. Eduardo sagt: „Will man einen Gegenstand für einen bestimmten magischen Zweck einstimmen, dann muß man den Gegenstand ganz allmählich mit seinem Geist durchtränken, das Material des Gegenstands, bis ins Innerste hinein ... so daß dieses Ding alle geistigen Eigenschaften von dem hat, der es einstimmt." Es enthält dann eine große Menge an „Kraft" in dem ihm zugedachten Anwendungsbereich. Eduardo ist davon überzeugt, daß, wenn ein solches Gerät einmal diese Kraft absorbiert und somit seine Valenz erhalten hat, es diese über Jahrhunderte hinweg behält. Man könnte auch sagen, der Gegenstand wird mit einer bestimmten Bedeutung, also einer energetischen Kraft, aufgeladen. Diese Gegenstände sind dann keine leblosen Objekte mehr, sondern sind Projektionen der eigenen inneren „Macht" des Heilers. Sie verkörpern also im wörtlichen Sinne Eigenschaften des Heilers, d. h. sie sind der reale körperlich faßbare Ausdruck dieser Qualitäten.

Dasselbe gilt für jene Curanderos, die mit Zauberpflanzen arbeiten. Angeblich wirken die Pflanzen nicht allein aufgrund ihrer Inhaltsstoffe. Vielmehr breitet der Heiler seine persönliche geistige Macht über die Pflanzen aus und aktiviert so die Zauberkraft, die in ihnen wohnt. Der Mensch strahlt bei dieser Sichtweise also kraft seines Geistes diese Wirkung auf die Pflanzen aus. Aus Eduardos Sicht empfangen die Pflanzen diesen Strom und wenden ihn wieder auf den Menschen zurück. Unabdingbare Voraussetzung für die Wirksamkeit der Kräuter (wie auch der „Machtgegenstände") ist m. E. die vorbehaltlose Akzeptanz dieser Phänomene. Sie induziert sie vermutlich erst.

In der klanggeleiteten Trance liegen nun m. E. ähnliche Verhältnisse vor. Klänge stellen Kommunikationssymbole dar. Sie besitzen einen nonverbalen Code. Ich bin der Ansicht, daß dieser nicht nur aus den naturwissenschaftlich meßbaren physikalischen Eigenschaften des Klangs, sondern auch aus der „inneren psychischen Kraft" des Behandlers besteht.

Bei der Untersuchung der Klang-Archetypen habe ich mich bemüht, völlig unvoreingenommen zu sein. Dies war anfangs auch nicht schwierig, da ich ja keine Vorstellungen von irgendeinem Ergebnis hatte. Dann haben sich überdurchschnittlich häufig bestimmte Themeninhalte herauskristallisiert. Da ich zunächst hermeneutisch vorgegangen bin, war gar nicht zu vermeiden, daß meine Subjektivität in die Ergebnisse einfließt, wenn ich miterlebend diese interpretiere. Obwohl ich beim Miterleben den thematischen Schwerpunkt meist klar spüren und identifizieren kann, ist für mich durchaus vorstellbar, daß man bei distanzierterer Betrachtung ein und dasselbe (durch einen Klang ausgelöste) Erleben beispielsweise ebenso unter der Rubrik „Auflösung in der Ureinheit" wie unter „Wandlungsprozeß" einordnen kann. Aus einer rationalistischen, empirisch-analytischen Sicht mag das ein Dilemma sein. Von einem pragmatisch-therapeutischen oder gar schamanischen Standpunkt aus gesehen ist das ein Vorteil: Die verschiedenen Klänge haben für mich eine ganz bestimmte Bedeutung bekommen, und das hat dazu geführt, daß ich sie immer mehr nur in einer ganz bestimmten Absicht einsetze. Die Klänge erhalten dadurch eine umschriebene Valenz. Man könnte auch sagen, sie werden mit einer ganz bestimmten „Bioenergie" aufgeladen. Das therapeutische Setting stellt dann das Ritual dar, in welchem diese Valenz aktiviert wird. Die Zauberkraft liegt also in der Wirkung des Klangs und der therapeutischen Absicht, die sich mit ihm verbunden und verbündet hat. Solche „magischen" Phänomene sind nichts Außergewöhnliches. Sie sind der menschlichen Kommunikation immanent. Den Ängsten vor Manipulation begegnen wir am besten damit, daß wir uns dieser Vorgänge bewußt werden, als Therapeuten mit der Macht verantwortungsvoll umgehen und sie in den Dienst der Heilung stellen.

Wenn man das therapeutische Unterfangen mit einer modernen Expedition vergleicht, dann entspricht das Setting dem Fahrzeug, die Monotonie des Klangs dem Treibstoff und die Klangfarbe des Instruments der Richtung bzw. dem Land, in das die Reise geht. Das Unternehmen realisiert sich aber erst über das Bewußtsein und die Fähigkeiten des Fahrers (Therapeuten), der sich auf die *Absicht* zentriert, dieses Land anzusteuern.

Alle hier beschriebenen Klang-Archetypen sind keine absoluten, sondern effektive Wahrheiten. Als Symbole sind sie ein Bindeglied zwischen dem Absoluten und dem Relativen. CHÖGYAM (1988) weist darauf hin, daß eine echte Beziehung bestehen muß zwischen Symbol und Symbolisiertem. Deshalb können sie nicht mit Hilfe des Intellekts gefunden werden, sondern nur durch direktes Gewahrsein dessen, was sie symbolisieren. Er bezeichnet Symbole als Fenster, durch die wir die essentielle Natur des Seins erschauen können. Das gilt auch für die Klänge. Wer ihnen lauscht, lernt, die Sprache einer anderen, einer inneren Wirklichkeit zu verstehen.

Literatur

BALINT, M.: Therapeutische Aspekte der Regression. Klett-Cotta, Stuttgart 1970.
CASTANEDA, C.: Die Lehren des Don Juan: Ein Yaqui-Weg des Wissens. Fischer, Frankfurt 1973.
CHÖGYAM, N.: Der fünffarbige Regenbogen. Bauer, Freiburg 1988.
DITTRICH, A.: Ätiologie-unabhängige Strukturen veränderter Wachbewußtseinszustände. Enke, Stuttgart 1985.
DITTRICH, A., und SCHARFETTER, C.: Phänomenologie außergewöhnlicher Bewußtseinszustände. In: DITTRICH und SCHARFETTER (Hrsg.), Ethnopsychotherapie. Enke, Stuttgart, 1987, S. 35-43.
DRURY, N.: Der Schamane und der Magier. Reisen zwischen den Welten. Sphinx, Basel 1989.
ERICKSON, M. H. und ROSSI, E. L.: Hypnotherapie. Aufbau, Beispiele, Forschungen. Pfeiffer, München, 2. Aufl. 1989.
ERICKSON, M. H., ROSSI, E. L. und ROSSI, S. L.: Hypnose: Induktion, psychotherapeutische Anwendung, Beispiele. Pfeiffer, München, 2. Aufl. 1986.
GROF, S.: Topographie des Unbewußten: LSD im Dienste tiefenpsychologischer Forschung. Klett-Cotta, Stuttgart, 2. Aufl. 1983.
HARNER, M.: Der Weg des Schamanen: Ein praktischer Führer zu innerer Heilkraft. Ansata, Interlaken 1982.
JUNG, C. G.: Grundwerk Band 1. Walter, Olten 1984.
KURTZ, R.: Körperzentrierte Psychotherapie: Die Hakomi Methode. Synthesis, Essen 1985.
LANCZKOWSKI, G.: Geschichte der nichtchristlichen Religionen. Fischer, Frankfurt 1989.
RANK, O.: Das Trauma der Geburt. Internat. psycholoanal. Verlag, Leipzig - Wien - Zürich 1924.
SHARON, D.: Magier der vier Winde. Bauer, Freiburg 1980.
SIMBRIGER.: Gong und Gongspiele. Int. Archiv f. Ethnographie, Leiden 1939.
STROBEL, W.: Aktualisierung prä- und perinatalen Erlebens und korrigierende Neuerfahrung in der Klang-geleiteten Trance. In: JANUS, L. (Hrsg.), Erscheinungsweisen pränatalen und perinatalen Erlebens in den psychotherapeutischen settings. Gross, Heidelberg 1991, S. 129-141.
STROBEL, W. und TIMMERMANN, T.: Ethnotherapeutische Elemente in der psychotherapeutischen Praxis. Klanggeleitete Trance mit Monochord, Gong oder Klangschale als Weg zum Unbewußten. In: ANDRITZKY, W. (Hrsg.), Jahrbuch für transkulturelle Medizin und Psychotherapie, VWB Berlin 1991, S. 113-148.
TIMMERMANN, T.: Musik als Weg. Pan, Zürich 1987.

Uccusic, P.: Der Schamane in uns: Schamanismus als neue Selbsterfahrung, Hilfe und Heilung. Ariston, Genf/München 1991.
Winnicott, D.W.: Reifungsprozesse und fördernde Umwelt. Kindler, München 1974.

Das Didjeridu und seine Rolle in der Musiktherapie*

WOLFGANG STROBEL

Summary

The didgeridoo, the only wind instrument of the Australian Aborigines, is becoming increasingly familiar to us and has for several years been used in music therapy. The article presents the making, origins and playing of the didgeridoo, followed by observations on its use in the traditional musical context. It does not play a great part in active music therapy, but it has considerable significance in the form of receptive music therapy known as „sound-guided trance". A number of case studies illustrate the sound archetype of the didgeridoo, from which its potential in therapy is derived. A special example is that of „energy work" with the didgeridoo.

Zusammenfassung

Das Didjeridu, das einzige Blasinstrument der Aborigines, der Ureinwohner Australiens, wird auch bei uns immer bekannter und hat seit wenigen Jahren auch seinen Einzug in die Musiktherapie gehalten. Seine Beschaffenheit, Herkunft und Spielweise werden erläutert. Es folgen einige Hinweise auf seine Verwendung im traditionellen Kontext. In der aktiven Musiktherapie spielt es eine eher untergeordnete Rolle, erlangt jedoch große Bedeutung in jener Form der rezeptiven Musiktherapie, die klanggeleitete Trance genannt wird. Anhand einiger Fallbeispiele wird der Klang-Archetypus des Didjeridu umrissen. Daraus leiten sich seine therapeutischen Einsatzmöglichkeiten ab. Eine Besonderheit ist die „Energiearbeit" mit dem Didjeridu.

Einleitung

Das Didjeridu (sprich: Didscheridu; andere Schreibweisen: Didjeridoo und Didgeridoo) ist ein bemerkenswertes, urtümliches Blasinstrument der Aborigines, der Ureinwohner Australiens. Viele Jahre ist uns ihre große musikali-

---

* Ursprünglich publiziert in: Musiktherapeutische Umschau 13, 1992, S. 279-297

sche Errungenschaft verborgen geblieben, doch nun ist es nicht mehr zu überhören: Das Didjeridu ist im Kommen – langsam, stetig und mit elementarer Kraft, wie es seiner Art entspricht. Die Tourismuswelle hat es vom anderen Ende der Welt bis zu uns gespült (siehe z. B. eine Vorführung auf der Messe „Reisen 87" in Hamburg; vgl. WILPERT 1988). Vorlieben für Ethnomusik und die Tendenz zu einer world-music haben das Ihre dazu beigetragen. Ich hoffe, daß das nicht nur Ausdruck einer Mode ist, sondern auch ein Zeichen dafür, daß sich die verschiedenen Rassen, Völker und Stämme dieser Erde vielleicht doch langsam zu einer großen Einheit zusammenfinden, die sich als ein Ganzes, als *eine* Menschheit versteht.

Live auf der Bühne, gespielt von Aborigines und von Weißen, ist das Didjeridu bei uns ebenso zu hören wie auf Musikkassetten, LP's und CD's. Wir finden Aufzeichnungen von einer traditionellen Verwendung[1] und beobachten, wie es Einzug hält in die moderne Musik[2] und sogar von Rock- und Popgruppen als gleichberechtigtes Instrument verwendet wird. Heute verwundert es uns nicht mehr, wenn eine Didjeridu-Vorführung die Einweihung eines esoterischen Buchladens oder einer alternativen therapeutischen Praxis ziert (JAGODA 1992). Mittlerweile werden Instrumentenbau und -spielkurse angeboten (z. B. Freies Musikzentrum München), und während man vor kurzem noch nach Australien reisen mußte, um sich ein Instrument zu besorgen, kann man es heute schon in verschiedenen Läden und den Katalogen mancher Musikinstrumentenhändler finden.

Auf der Suche nach Trance-induzierenden monotonen Klängen bin auch ich vor einigen Jahren auf das Didjeridu gestoßen und habe in Australien die Spielweise erlernt – das Didjeridu hat seinen Einzug in meine Musiktherapie gehalten. Es erweist uns mit seinem eigenwilligen, unverwechselbaren Klang unschätzbare Dienste und hat sich in dem Behandlungsangebot einen Platz erkämpft, der durch nichts anderes zu ersetzen ist.

---

1 Siehe z. B. Songs from the Northern Territory. Australian Institute of Aboriginal Studies. Recorded and edited by Alice M. Moyle (MC) oder Bamyili Corroboree. Songs of Djoli Laiwanga. Bamyili artifacts group (MC) oder Les Aborigines: Chants et dances de l'Australie du nord. Arion, ARN 33553 (LP).
2 Siehe Steve Roach, David Hudson, Sarah Hopkins: Australia: Sound of the earth (CD) oder Gary Thomas: Didgeridoo – ancient sound for the future (CD), Tonius Timmermann u. a.: CD unterwegs. Musik mit Monochorden, um nur drei Beispiele aus dem immer größer werdenden Angebot zu nennen.

Beschaffenheit

Bei dem Didjeridu handelt es sich um ein einfaches, von Termiten ausgehöhltes, gewachsenes Holz, in den meisten Fällen um den Ast eines Eukalyptusbaumes. Die Länge variiert zwischen 1 m und 1,80 m. Es finden sich aber auch kleinere Exemplare von nur 60 cm oder größere bis zu 2 m oder gar 2,50 m Länge. Der Innendurchmesser dieser einfachen, geraden Holzröhre liegt zwischen 3 und 8 cm. Je nach Wachstum des Baumes haben manche Exemplare eine sehr regelmäßige Form von etwa gleichbleibendem Durchmesser, andere sind leicht gebogen oder gekrümmt oder weisen eine geringfügige konische Erweiterung zum unteren Ende hin auf.

Das Didjeridu besitzt kein spezielles Mundstück, wie beispielsweise die Trompete. Um das Blasen komfortabler zu gestalten, wird manchmal lediglich das obere Ende mit einem Bienenwachsring versehen, mit dem auch, je nach Vorliebe des Spielers, der Durchmesser etwas reduziert werden kann, um einen bequemen Ansatz zu ermöglichen. Auf der Suche nach einem geeigneten Holz klopfen die Aborigines die Äste abgestorbener Bäume ab, um ausgehöhlte Äste oder Stämme zu erkennen. Dann wird die beabsichtigte Länge abgeschnitten. Sollten noch Termiten darin leben, so werden sie herausgeklopft. Die Rinde wird entfernt, und in vielen Fällen wird das Instrument mit Erdfarben bemalt und den verschiedensten Symbolen geschmückt, die oftmals totemistische Bedeutung für den Stamm besitzen. Zauberhafte stilisierte Tierdarstellungen sind ebenso zu finden wie kunstvoll geometrische Muster (über die Kunst der Aborigines, siehe J. ISAACS 1984). Ich habe Didjeridus gesehen, die ausschließlich zu zeremoniellen Zwecken verwendet wurden. Sie waren unregelmäßig mit weißer Kreide bemalt, wie marmoriert. Bei bestimmten rituellen Anlässen tragen auch die Körper der Menschen eine solche Bemalung.

Die Tonhöhe des Instruments ist vor allem abhängig von der Länge der Holzröhre. Für die Klangqualität sind ganz wesentlich die Dünnwandigkeit, der Innendurchmesser und die Dichte bzw. Härte des Holzes verantwortlich.

Herkunft

Das Didjeridu ist eine Erfindung der im Norden Australiens lebenden Aborigines aus der Gegend des Arnhemland (dem nördlichen Teil der Northern Territories) sowie Gegenden des westlich angrenzenden Kimberley-Plateaus und der östlich benachbarten Regionen bis über die Grenze von Queensland hinaus (vgl. KAYE 1987). Während es ursprünglich beispielsweise in Zentralaustralien völlig unbekannt war (ELLIS 1964), hat es sich später auch bei anderen Stämmen in ganz Australien durchgesetzt. Der Name, der angeblich „klingender Stock" bedeutet, ist wahrscheinlich eine lautmalerische Imitation des Didjeridu-Klangs. Dieser Name hat sich inzwischen überall durchgesetzt, obwohl es bei den verschiedenen Stämmen mehr als dreißig unterschiedliche Namen für diese primitive Trompete gibt. Die Aranda nennen sie beispielsweise „Ulpirra" (SPENCER und GILLEN 1899).

Eine einfache, von KAYE (1987) berichtete Geschichte aus dem Norden von Queensland erklärt die Entstehung des Didjeridu auf folgende Weise: Die Frauen des Stammes hatten Feuerholz gesammelt und aufgestapelt. Als tagsüber ein Wind aufkam, war ein seltsamer Ton zu hören und die Stammesmitglieder spürten einen hohlen Ast in dem Holzstoß als Geräuschquelle auf. Sie dachten sich, wenn der Wind das zuwege bringt, warum nicht auch wir.

Spielweise

Das Didjeridu gehört zu den Aerophonen, also zu den Instrumenten, in denen der Ton durch Luftvibration entsteht. Bei der Untergruppe der primitiven Trompeten wird der Ton durch die Vibration der Lippen des Bläsers erzeugt (vgl. DIAGRAM GROUP 1988). Während bei einer richtigen Trompete der Ton mit Lippenspannung angeblasen wird, erzeugt man den Didjeridu-Ton mit lockeren, entspannten Lippen, die unbedingt feucht sein müssen, damit das Zustandekommen der Vibration gelingt und diese auch nicht frühzeitig wieder abreißt. Der so entstehende brummend-röhrende Ton mag an den Klang einer Baßtuba ebenso erinnern wie an den laufenden Motor eines Propellerflugzeugs.

Wenn man sich nun die große Einfachheit der Bauweise des Instruments vor Augen hält und die Tatsache, daß letztlich nur ein einziger Grundton erzeugt werden kann, so erscheint es unglaublich, welch differenzierte und kunstvolle Musik ein geübter Didjeridu-Spieler aus dem Instrument hervorzuzaubern vermag. Durch Veränderung der Zungenstellung und des Volumens der Mundhöhle werden die unterschiedlichsten Klangfarben erzeugt. Zungen-, Gaumen- und Kehlkopfbewegungen lassen hochkomplexe rhythmische Muster entstehen. Mit einer Technik, die dem Bauchreden ähnlich ist (es wird ohne Beteiligung der Lippen gesprochen), können während des Blasens sprechähnliche Klangmodulationen erzeugt werden.

Eine ganz bestimmte Veränderung der Wangenspannung und Zungenstellung bringt einen scharf umschriebenen Oberton hervor, der genau eine Dezime höher liegt als der Grundton (vgl. JONES 1957). Interessante rhythmische Pulsationen können durch einen Wechsel des Grundtons mit diesem einen Oberton entstehen. In manchen Gegenden wird dieser Oberton nicht geblasen, sondern bei fortlaufendem Grundton mit der Stimme in das Didjeridu gesungen (JONES 1957). Mit der Stimme werden auch Rufe von Vögeln, das Bellen eines Hundes oder andere Tiergeräusche imitiert (vgl. KAYE 1987). Zungenbewegungen machen das Hüpfen eines Känguruhs hörbar oder die schwirrenden Luftgeräusche eines Bumerangs sowie seinen plötzlichen Aufschlag, mit dem das Tier erlegt wird. So können auf dem Didjeridu durch Verwendung von Klangsymbolen unterhaltsame Geschichten erzählt werden.

Das wohl interessanteste und für das Didjeridu charakteristische Phänomen jedoch ist die Technik des Zirkuläratmens, mit deren Hilfe ein nicht endender, in sich nur leicht rhythmisch modulierter Grundton entsteht. Bei dieser Methode hält man den Ton dadurch aufrecht, daß man mit dem Luftreservoir aus dem Mund weiterbläst, während man gleichzeitig über die Nase einatmet, um den Ton dann wieder über die normale Ausatmung fortzusetzen. Mit einiger Übung gelingt dies völlig nahtlos, so daß der Grundton ohne abzusetzen bis zu 30 oder gar 45 Minuten lang aufrechterhalten werden kann. Durch seine Monotonie hat ein solcher Klang natürlich einen starken hypnotischen Effekt.

Obwohl es nicht dem traditionellen Gebrauch entspricht, singe ich gerne Tonskalen zu dem kontinuierlichen Grundton, wodurch wunderschöne dissonante Reibungen und harmonische Auflösungen entstehen. Da die vokale Stimmführung durch die klangliche Veränderung im Instrument als solche nicht genau zu identifizieren ist, entsteht ein faszinierender zweistimmiger Klangeindruck. Manchmal spreche oder singe ich auch Mantras im Rhythmus des Zirkuläratmens. Das bewirkt nicht nur eine ästhetisch ansprechende rhythmische Modulation des Grundtons, sondern vermittelt auch eine besondere Gestimmtheit.

Ich bin der Ansicht, daß es legitim ist, das Didjeridu kulturübergreifend auf unsere Weise zu verwenden. Den wahren Zauber und Reichtum der Klangwelt dieses Instruments aber können wir weder in Worte fassen noch durch fleißiges Üben reproduzieren. Wir müssen den großen eingeborenen Virtuosen lauschen, die fast alle schon in ihrer Kindheit zu spielen begonnen haben und ihr ganzes Leben dem Didjeridu-Spiel widmen (JONES 1957). Sie vermögen uns in der Tiefe anzurühren und lassen uns den wahren Reichtum ihres Innenlebens spüren mit Hilfe dieses vermeintlich so primitiven Instruments.

Die traditionelle Verwendung

Zu diesem Thema einen auch nur einigermaßen befriedigenden Beitrag zu liefern, bedürfte einer umfangreichen Untersuchung, die in diesem Rahmen nicht geleistet werden kann. Der Homo sapiens hat vor etwa 40 000 Jahren Australien besiedelt (WILPERT 1987). Wann in dieser langen Zeitspanne dieses zugleich primitive und hochentwickelte Musikinstrument zum erstenmal auftaucht, ist schwer zu bestimmen. Höhlenzeichnungen, auf denen Didjeridus abgebildet sind, sollen 20 000 Jahre alt sein (siehe Begleittext der Doppel-CD „Klang-Welten-Festival" 1990).

Einige der wenigen in der Literatur auffindbaren Bemerkungen über das Didjeridu zeugen nicht gerade von großer Sachkenntnis oder großem Einfühlungsvermögen. So meint LIEBLER (1911) beispielsweise, daß es sich bei dem Didjeridu-Spieler um eine Art Clown handelt, der spaßeshalber „Tu-tu" macht. Inwieweit die Behauptung von ILGENSTEIN (1990), das Didjeridu sei in früheren Zeiten zum Anlocken von Puten oder Emus benutzt worden, den wahren Gegebenheiten entspricht, kann ich nicht überprüfen. Vielleicht hat es sich eher um Jagdmagie gehandelt.

Eine ausführliche Untersuchung der Musik des Arnhemland legen ELKIN und JONES (1956) sowie JONES (1957) vor. Sie stellen fest, daß das Hauptmerkmal der religiösen (sacred) und geheimen (secret) Musik das Fehlen des Didjeridu darstellt. Es wird heute anscheinend nur zu weltlichen und festlichen Zwecken verwendet. Das Hauptgewicht der Musik liegt beim Singen. Der äußerst virtuose Didjeridu-Spieler übernimmt Einleitungen, Zwischenspiele oder unterlegt den Gesang mit einem Grundton, der durch ein metrisches Muster moduliert wird. Jones unterscheidet auch die Spielweisen in verschiedenen Gegenden. So wird beispielsweise in einer Region der weiter oben beschriebene Oberton (die Dezime) geblasen, in einer anderen

Gegend wird er gesungen, und wieder in einer anderen Region wird nur der Grundton gespielt. Gesang und Didjeridu-Spiel werden meist durch einfache Rhythmen unterstützt, die auf Klanghölzern oder speziellen Bumerangs erzeugt werden. Meines Wissens ist das Didjeridu stets einfach vertreten; niemals werden mehrere gleichzeitig gespielt.

Ob das Didjeridu in Arnhemland im spirituellen Kontext wirklich nicht verwendet wird oder ob es den o. g. Autoren lediglich verborgen blieb, sei dahingestellt. Vielleicht haben ja die von der Ausrottung bedrohten Ureinwohner Australiens doch manches vor dem Forscherdrang der Weißen und ihrem zerstörerischen Missionierungsbedürfnis geheimhalten und somit bewahren können. Ich vermute, daß das Didjeridu zumindest früher auch in dieser Region eine spirituelle, rituelle oder magische Bedeutung hatte. Auch wenn heute professionelle eingeborene Didjeridu-Spieler über das Land ziehen, um zu „weltlichem" Vergnügen ihre Kunst darzubieten, scheint es fraglich, ob es in früheren Zeiten überhaupt eine Trennung zwischen spiritueller und weltlicher Musik gegeben hat.

In anderen Regionen jedenfalls scheint das Didjeridu auch heute noch als rituelles Instrument Verwendung zu finden. So berichtet beispielsweise KAYE (1987) von einem sehr langen Didjeridu, das in Zeremonien die Regenbogenschlange verkörpert. STREHLOW (1968) konnte die Verwendung des Didjeridus bei Initiationszeremonien beobachten. SPENCER und GILLEN (1899) beschreiben seinen Gebrauch bei der Liebesmagie. Der transkulturelle indianische Schamane EMAHÓ (1991) hat das Didjeridu, das er verwendet, von einer australischen Schamanin. Demnach gibt es also auch heute noch einen schamanischen Gebrauch dieses Instruments.

Das Didjeridu in der aktiven Musiktherapie

Die Musikpsychotherapie, die mit dem aktiven musikalischen Ausdruck arbeitet, besteht heutzutage ganz wesentlich aus der musikalischen Improvisation. Hierzu zähle ich nicht nur den freien, spontanen Ausdruck, sondern auch die durch verschiedene Spielregeln strukturierte Improvisation. Wir benötigen dazu Instrumente, zu deren Spiel es keiner größeren Fertigkeiten oder technischen Fähigkeiten bedarf. Gemessen an anderen für die Musiktherapie ausgesprochen gut geeigneten Instrumenten, spielt das Didjeridu hier sicher eine untergeordnete Rolle. Allerdings ist es nach einer kurzen Anleitung fast allen möglich, einen ersten Ton hervorzubringen. Die Instruktion, die meistens zum Ziel führt, ist, die Lippen locker zu lassen und sie durch den Luftstrom des Ausatmens in eine weiche Vibration zu versetzen, so wie Kinder es tun, wenn sie mit Autos spielen und das brummende Motorengeräusch imitieren.

Da es in der freien musikalischen Improvisation oft wichtig ist, dem entsprechenden Prozeß ungehinderten Lauf zu lassen, wird nicht immer gerade achtsam mit den Instrumenten umgegangen. Aus diesem Grunde empfiehlt es sich, hier kein Original-Didjeridu zu verwenden, sondern selbstgebaute Instrumente. Sie sind sehr einfach aus Bambus herzustellen, indem man die inneren Trennwände an den Wachstumsknoten durchstößt. Man kann auch ein geeignetes Rundholz der Länge nach aufsägen, innen aushöhlen und wieder verleimen. Wer es aus ästhetischen Gründen nicht scheut, findet die einfachste Lösung in Kunststoffrohren, die im Spenglereibedarf in jeder Länge und verschiedenen Durchmessern zu haben sind und vom Klang her erstaunlich gute Ergebnisse erzielen. Besser als die dünnwandigen grauen HT-Abwasserrohre (aus Nipren) klingen die etwas flexibleren schwarzen Kunststoffrohre (aus Egelen), die als unterirdische Wasserleitungen verlegt werden. Vielleicht verleiht eine einfallsreiche Bemalung dem Material ein etwas ansprechenderes Gesicht.

Solche Instrumente werden beispielsweise in der Gruppensituation gerne verwendet, wenn es darum geht, einmal zu röhren wie ein Hirsch oder wie ein Elefant den Rüssel zu heben und ein selbstbewußtes „Hier-bin-ich" oder „ich bin da!" in die Welt zu posaunen. Vielleicht möchte jemand einfach einmal kundtun und zeigen, welch beachtliches „Rohr" er/sie hat. Diese Absicht mag zunächst gar nicht so bewußt sein.

Sehr reizvoll, wenngleich bereits recht weit entfernt vom Ursprung, ist die perkussive Verwendung mehrerer aufeinander abgestimmter Instrumente. Schlägt man nämlich mit einer flachen Hand auf das eine Ende dieser Röhren, so entsteht ein warmer, klingender Ton.[3]

Bei einer weiten Auslegung des Begriffs Musiktherapie sind hierzu auch jene therapeutisch wirksamen, eher als musikpädagogisch zu bezeichnenden Angebote zu rechnen, wie Didjeridu-Bau- und -Spielkurse, denen auf dem Gebiet der Psychoprophylaxe und Rehabilitation sicher eine sehr große Rol-

---

3   Mit Hilfe dieser Technik machen in Papua Neuguinea sog. Bamboo-Bands Musik

le zukommt. Die Bedeutung solcher in letzter Zeit deutlich zunehmender Aktivitäten bezüglich der allgemeinen Gesundheit ist nicht zu unterschätzen. Ist es doch sehr wichtig, wieder zu lernen, unsere Freizeit mit sinngebenden und die Selbstfindung fördernden Aktivitäten zu füllen.

Das Didjeridu in der rezeptiven Musiktherapie

Zur Stimulation von Bewegung (freie Bewegungsimprovisation oder Tanz) wird komplexere Musik (zumeist aufgezeichnet auf einem Tonträger) immer eine große Rolle spielen. Ähnliches mag auch für viele Entspannungsverfahren gelten. In der Musikpsychotherapie, so hoffe ich, wird sich die Arbeit mit einfachen Klangstrukturen durchsetzen, die über die Erzeugung veränderter Bewußtseinszustände einerseits analytische Arbeit leistet (d. h. verdrängtes Material ins Licht des Bewußtseins hebt), andererseits aufgrund ihrer energetischen Informationen Neuerfahrungen ermöglicht und somit vorhandene Ressourcen erweitert (vgl. hierzu STROBEL 1988, 1992). Die „klanggeleitete Trance" nutzt die Erkenntnis, daß die Art des monotonen Klangs das Erleben im veränderten Wachbewußtseinszustand thematisch beeinflußt. Dies geschieht dadurch, daß der Klang aufgrund seiner energetischen Klangcharakteristik den Menschen in bestimmte innere Erlebnisräume führt. So entspricht auch der Klang des Didjeridus einem bestimmten energetischen Urmuster, welches in Resonanz steht mit einem ganz bestimmten psychologischen Bedeutungshof (Klang-Archetypus). Wenn ich im folgenden versuche, diesen Klang-Archetypus zu beschreiben, so bedarf dies einer Präzisierung: Strenggenommen dürfte der Klang-Archetypus nicht dem Instrument allein zugeordnet werden, da er auch sehr stark von der Spielweise abhängt. Bei allen geschilderten Erlebnissen handelt es sich um Reaktionen auf den elementaren und ursprünglichen monotonen Grundklang des Didjeridus, der durch Zirkuläratmen erzeugt und ohne größere Modulierungen der Klangfarbe gespielt wird, ohne differenziertere rhythmische Strukturierungen oder Spiele mit Obertönen etc.

Erlebnisse, durch das Didjeridu ausgelöst

- Ein Mann in den mittleren Jahren, der leicht eintauchen kann in die Szenerien seiner Innenwelt, wird zu einem röhrenden, balzenden Hirsch, der sich in einem erotischen Kampf befindet. Er fühlt sich kraftvoll, sicher und archaisch.

- Zur selben Zeit erlebt eine andere Gruppenteilnehmerin beim Anblick einer Herde von Büffeln ein mächtiges und lustvolles Gefühl in ihrem Bauch. Sie spürt ihre Passivität und den Wunsch, daß jemand kommen möge, um sie zu befriedigen. Sie will gar nichts dafür tun, nimmt diese Büffelherde als sehr genüßlich wahr und spürt ihr lustvolles Körpergefühl im Bauch.
- Eine weitere Variante erlebte eine 37jährige Frau während eines Klang-Trance-Seminars: „Auf einmal war ich in einer Büffelherde. Die haben gekämpft und sich angerempelt, mit dem Kopf, mit der Brust und mit dem Hintern. Es ging da sehr brünftig und animalisch zu ... Dann sah ich einen Wigwam, später eine Höhle, eine richtige Erdhöhle. In ihr tanzten Medizinmänner um ein Menschenwesen. Es ging ... um eine Initiation und hatte zu tun mit der Frauenwelt. Das war für mich deutlich erotisch fühlbar. Es ging darum, daß ein Mädchen zur Frau wurde. Ich spürte die Macht der Bedrängnis und hatte das Gefühl: Ja, so ist es also auf der Erde. Ich hatte aber eine bejahende Haltung zu dem Ganzen, so das Gefühl, hier lebe ich, das habe ich auch zu leben, es ist unausweichlich. Manchmal war ich das Mädchen, manchmal erlebte ich es von außen. Auffällig war, daß ich keinerlei Ambivalenz spürte, sondern ein klares Annehmen."
- Ein Mann, der sich zuvor mit seiner Unterdrückung durch väterliche Stiefeltritte und mütterliche Allmacht auseinandergesetzt hat, erlebt das Didjeridu wie ein befreiendes Brunftröhren. Er spürt auf einmal die positive Kraft seiner Männlichkeit, ohne Stiefeltritte und Schläge, erlebt sich als weise und stark, offenherzig und mitfühlend, spürt seine Hand auf einem weiblichen Körper.
- Interessant ist, daß, während dieser Mann die positive Kraft seiner Männlichkeit spürt, eine Frau in derselben Gruppensitzung ihre weibliche Kraft wahrnimmt: „... Ein ganz mächtiges und erhabenes Gefühl, wie eine Göttin... Das ist die Gewalt der Mütter. Es ist ein ganz herrschaftliches und mächtiges Gefühl. Ja, das ist das Gefühl des Matriarchats!"
- Ein 46jähriger Lehrer sieht Bilder aus den Anfängen der Menschheit: „Die Menschen leben noch in einer Horde. Die Sprache ist nicht ausgefeilt. Ich sehe Menschen am Lagerfeuer in einer wilden Landschaft. Es gibt wilde Tiere. Das Leben ist voller ursprünglicher Handlungen. Tiere werden mit eigenen Händen erschlagen. Das geschieht, um sich zu ernähren. Diese für unser heutiges Empfinden grausamen und brutalen Handlungen geschehen völlig ohne moralische Bewertung. Das Gefühl, sowohl mächtig als auch ausgeliefert zu sein, gehört dazu."
- Weitere Beispiele: „Ich sitze auf einer rotbraunen Erde, die ich ganz deutlich spüre. Ich fühle die Kraft der Natur." – Oder: „Es kommt aus dem

Inneren meines Bauches und fließt aus dem Mund heraus. Es fließt immer wieder nach, unerschöpflich. Es ist ein Lavastrom, der aus dem Erdinneren kommt. Ein sehr archaisches Gefühl!" – Oder: „Auf einmal stieg ein starkes Gefühl von Naturverbundenheit in mir auf... Ich habe mich in der schrägen, steilen Wand kletternd gefühlt und deutlich den warmen Fels spüren können. Mich hat es sehr bewegt zu spüren, wie mich der Fels hält... Die Erde trägt mich auch an der Schräge!"

Der Klang-Archetypus des Didjeridu

Archetypische Themen tauchen im Erleben natürlich nur dann auf, wenn jemand in der Lage ist, das Wachbewußtsein loszulassen und in jene tieferen Bereiche einzutauchen. Alle anderen, auch gelegentlich auftretende unspezifische Reaktionen, werden hier außer acht gelassen.

Jeder Versuch einer begrifflichen Beschreibung des Klang-Archetypus' stellt eine Reduktion dar und beraubt ihn seines eigentlichen Wesens, welches mehr vage erfühlt als intellektuell gefaßt werden kann. Dennoch will ich versuchen, das Themenfeld zu umreißen.

Nicht selten ist von kraftvollen wilden Tieren die Rede. Büffel tauchen auf, Elefanten, ein Mammut, ein Hirsch, eine Wildsau oder ein Walfisch. Der Klang ermöglicht, die ungezügelte Wildheit eines Tigers zu spüren, aber auch die matriarchale Kraft einer Erdkröte. Er hat eine Affinität zu dem Element Erde in all ihren Variationen: Ursprüngliche Landschaft, Naturgewalten, der Erdball oder das Erdinnere, Lava. In mehr symbolisierter Weise taucht dieses Thema als ein Gefühl des Geerdetseins auf, getragen von einer Basis. Wie bei keinem anderen Klang erscheinen gelegentlich Bilder aus der Frühzeit der Menschheit.

Die Gefühlstönung ist animalisch, lustvoll, vital, kraftvoll, mächtig und archaisch, mitunter auch roh und brutal. Es geht um Natur- und Erdverbundenheit, um Triebhaftigkeit, Sexualität und Körperlichkeit, um Wut und Aggressivität oder um Lebensfreude und Vitalität. Körperliche Empfindungen beziehen sich zumeist auf den Bauch oder (noch häufiger) auf das Becken und das Geschlecht oder auf den Darm und die Analregion. Wenn von Potenz, sexueller Kraft und Geschlechtsidentität die Rede ist, so erleben Frauen die weibliche und Männer die männliche Form dieser Thematik. Von Frauen wird gelegentlich das stolze Gefühl des Schwangerseins oder aber der mächtige Vorgang des Gebärens erlebt, das sich wie ein kraftvolles Naturereignis ihrer bemächtigt (es geht beispielsweise um Wehen oder um die Austreibungsphase). Pränatale Erlebnisregressionen sind nicht so häufig wie bei anderen Klängen (z. B. beim Monochord). Wenn sie auftreten, thematisieren sie das (vorhandene oder aber fehlende) Gefühl eines sicheren Urgrunds. Zum Beispiel: „Ich bin im Inneren eines Schiffsrumpfes, geschützt und sicher." – Oder: „Ich bin in einer Erdhöhle, von einem schützenden Wall umgeben." – Oder aber: „Ich befinde mich in einer engen und niedrigen Höhle, tief in der Erde ... ein Gefühl von Gefangensein oder Ausgestoßensein ... überall liegen Aussätzige mit verwesten Leibern, fehlenden Gliedmaßen, nicht tot und nicht lebendig. Nur durch ein vergittertes Fenster kommt etwas Licht. Es ist schrecklich, so gefangen und ausgestoßen zwischen Leben und Tod zu sein."

Die psychotherapeutische Arbeit mit dem Didjeridu

Das letztgenannte Beispiel zeigt die aufdeckende Wirkung des Klanges. Es handelt sich um das Erleben einer magersüchtigen Patientin, welches die wahrscheinlich bereits vorgeburtliche problematische Beziehung zu ihrer Mutter ausdrückt, die ihr auch nach der Geburt eine einengende Bindung, aber nicht die Basis körperlicher Nähe und die Befriedigung elementarer sinnlicher Bedürfnisse zu geben vermochte. Nach Durcharbeitung solcher problematischer Vorerfahrungen (ich meine damit nicht nur eine verbale Aufarbeitung, sondern auch eine Auflösung von Blockaden durch Katharsis) kann die archetypische Qualität des Didjeridus den Zugang zu guten und heilsamen Erfahrungen ermöglichen. Dies belegt das Erlebnis einer anderen Magersucht- Patientin nach längerer musiktherapeutischer Arbeit: „Ich stehe auf roter Erde, einem rotbraunen Acker. Stampfend tanze ich auf dem Boden. Ich tanze, damit die Erde fruchtbar wird. Dann hocke ich mich wiegend über ein flaches Erdloch und lasse mein Menstruationsblut in die Vertiefung fließen. Ich tanze wieder und schiebe dabei mit den Füßen Erde in die Mulde, bis alles bedeckt und wieder eben ist. Ich fühle, wie meine Hüften breiter, ich insgesamt voller und runder werde. Ich bin schwanger – schwanger von der Erde. Ich wiege mich und das Kind in meinem Bauch. Ich tanze und bin dankbar über die Fruchtbarkeit."

Bei einer von ihrem Vater mißbrauchten, aggressionsgehemmten Frau löst der animalische Klang des Didjeridus einen Wutanfall aus und sie beschimpft mich in der Gruppensituation unflätig: „Du Schwein, du alte Drecksau ..., daß du dich nicht schämst! Ich könnte dich würgen und dir das Gesicht zerkratzen!" Dieser aggressive Durchbruch und die damit verbundene Überwindung ihrer Aggressionshemmung stellt den Beginn einer Entwicklung dar, in der sie die seit vielen Jahren bestehenden Abwehrmechanismen von Spaltung und Projektion langsam zu überwinden beginnt.

Das Didjeridu ist das geeignete Instrument, wenn Patient(inn)en Schwierigkeiten haben mit dem Geerdetsein und der Erdverbundenheit, mit Körperlichkeit, Sinnlichkeit, Sexualität und Aggressivität. Verdrängte traumatische Erfahrungen können wiederbelebt werden, und nach entsprechender Durcharbeitung wird die positive Qualität des Didjeridus spürbar. Es erdet, bietet Halt und Sicherheit, vermittelt Vitalität und Kraft und eine annehmende Haltung zu Sinnlichkeit, Sexualität und zur Geschlechtsidentität. Das Didjeridu kann uns damit eine große Hilfe sein, gerade auch das in der Therapie oft so wichtige und heikle Thema Sexualität anzugehen. Immer noch ist in unserer Kultur die Tendenz groß, Sexualität zu unterdrücken oder sie exzessiv, auf abgespaltene oder entstellte Weise auszuleben. Es zeigt sich: Alles, was wir unterdrücken, wird uns beherrschen. So ist es unsere therapeutische Aufgabe, die Sexualität zu befreien, damit wir fortschreiten können zu der Erfahrung „Liebe ist umgeformte Sexualkraft" (SARASWATI und AVINASHA 1991).

Erklärungsversuche der Klangwirkung

Obwohl alle Erklärungsansätze letztlich recht spekulativ bleiben, möchte ich einige Gedanken zu diesem Thema anfügen.

Oberflächlich betrachtet besitzt der grummelnd-gurgelnde Grundklang des Didjeridus eine gewisse Ähnlichkeit zu Darmgeräuschen. Auf einer (weniger tiefen) assoziativen Bewußtseinsebene ist das Auftauchen entsprechender Phantasien verständlich. (Zu den Schichten des Bewußtseins in der klanggeleiteten Trance siehe STROBEL 1983 und 1992.) Ob diese im Mutterleib ja stets vorhandene Geräuschkulisse für die Wahrnehmung des Geerdet- und Getragenseins (vgl. das Beispiel vom Inneren des Schiffsrumpfes) verantwortlich ist, sei dahingestellt (zumal man bei der intrauterinen Klangwahrnehmung die Filterwirkung des Fruchtwassers in Rechnung stellen muß).

Auch die Tatsache, daß der Didjeridu spielende Therapeut ja ein recht phallisches Rohr bläst, spielt auf der Übertragungsebene sicher eine Rolle und mag für manche Erlebnisse eine ausschlaggebende Bedeutung haben. Das Erleben der weiter oben beschriebenen weiblichen Initiation beispielsweise erfährt eine auf diese Weise zu deutende Fortsetzung: „Danach wurde aus der Zeremonie eine Hochzeit und ich wußte, jetzt wissen es alle im Busch. Das Mädchen und der Mann mit dem Rohr sind in die Gemeinschaft aufgenommen worden."

Auf einer tiefen, archetypischen Ebene bleiben diese Erklärungsversuche unbefriedigend. Ich möchte deshalb einmal weit ausholen, um mich aus einer anderen Richtung dem Thema zu nähern:

Wer regelmäßig meditiert oder bestimmte Yoga-Formen übt, kommt nach einiger Zeit in ein Stadium, in dem jenseits der Körperwahrnehmung eine Vibration hörbar oder/und spürbar wird. In seiner niederfrequenten Manifestation klingt dieser Ton wie ein Donnern, wie das Summen einer Hummel oder wie ein Sturmesbrausen (vgl. HARIHARANANDA 1983). KIRPAL SINGH (1987) spricht von dem flammenden Ton oder der tönenden Flamme. YOGANANDA (1950) bezeichnet, PATANDSCHALI zitierend, diese Vibration als das „Summen des kosmischen Motors". Es handelt sich also um das Gewahrwerden der vibrierenden kosmischen Lebensenergie, die mit dem Wort OM beschrieben wird. YOGANANDA bezeichnet diese Schwingung als die einzige ursächliche Kraft, durch die die gesamte Schöpfung aufrechterhalten wird.

Wenn wir uns hier im Bereich der Esoterik befinden (was bei vielen immer noch Aversionen auslöst), so nur deshalb, weil die Naturwissenschaft noch nicht genügend in der Lage ist, diesen Energiezustand zu messen. Möglicherweise meint der Russe INYUSHIN (1981) mit seinem Begriff der „bioplasmischen Energie" diese Energieform. Er vertritt die Ansicht, daß es sich hierbei um einen fünften Zustand der Materie handelt (neben fest, plastisch, flüssig und gasförmig).

Ich erwähne diese Phänomene, weil ich den Eindruck habe, daß der Klang des Didjeridus eine Ähnlichkeit besitzt mit den Vibrationen jener „kosmischen Energie", so als wäre diese in den hörbaren Bereich heruntertransformiert. Was der Meditierende nach einiger Übung mit dem „inneren Ohr" wahrnimmt, macht das Didjeridu für das „äußere Ohr" hörbar. Auch wenn es vielleicht überzeichnet ist, von einer Ähnlichkeit zu sprechen, so bin ich doch der Ansicht, daß das „kosmische Brummen" zumindest in dem Didjeridu-Klang enthalten ist. Vermittelt nun die Hörerfahrung des Didjeridus einen sinnlich wahrnehmbaren Eindruck jener Energieform, so ist nicht weiter verwunderlich, wenn im Erleben das Thema Vitalität (und Geerdetsein) auftaucht, handelt es sich doch um die auf dieser Welt alles belebende Vitalenergie. Und die Sexualität ist nun einmal die zunächst naheliegende Manifestationsform jener Lebensenergie (wenn sie nicht auf höhere Ebenen transformiert wird).

Schon Wilhelm REICH (1969) kam aufgrund bioelektrischer Versuche und konsequenter Verfolgung des biologischen Orgasmus-Phänomens zu dem Ergebnis, daß sich die Sexualität auf eine atmosphärische (kosmische) Energie zurückführen läßt, die er Orgon nannte. In seinen Untersuchungen glaubte er zeigen zu können, daß sich diese bioelektrische Energie von der elektromagnetischen unterscheidet. (Nicht hörbar, sondern spürbar wird ihr Vibrieren durch bioenergetische Übungen; siehe z. B. LOWEN 1982.)

Wenn FREUD (1916/17) den (sexuellen) Begriff „Libido" verwendet, so meint er damit interessanterweise ja auch sowohl die Triebenergie in einem weiteren als auch im genitalen Sinne.

Schließlich: Der gewaltige Urlaut OM – die Keimsilbe des Universums – ist kein esoterisch entrückter, lebensferner, prüder Hauch. Wie uns das wohl bekannteste buddhistische Mantra „Om mani padme hum" erläutert, bedeutet dieses OM die Vereinigung des männlichen Genitales (mani = Kleinod) mit dem weiblichen (padme = Lotosblüte), und zwar auf mystische wie auch auf fleischlich sexuelle Weise (vgl. LYSEBETH 1990, S. 258 ff.).

Wenn uns das Didjeridu die Wahrnehmung der Vitalenergie auf den thematischen Ebenen des ersten (Erdhaftigkeit, überleben) und zweiten Chakras (Sexualität) vermittelt, so liegt das wohl an der elementaren und „unkultivierten" Art seines Klangs. Es ist so, als bräuchten wir in dem Orchester der verschiedenen menschlichen Energiequalitäten das Didjeridu, damit die Klangschalen und Zimbeln der höheren Energiezentren von einem guten Fundament untermauert und von potenzieller Kraft getragen werden.

„Energiearbeit" mit dem Didjeridu

Wir können, diese Thematik überschreitend, die Vibrationen des Didjeriduklangs (den physikalischen Ausdruck umfassender Vitalenergie) auch unmittelbar als Träger einer therapeutischen Absicht verwenden. Damit eröffnet sich uns eine weitere reizvolle und wirksame Möglichkeit, die ich „Energiearbeit" nennen möchte. Es handelt sich dabei um das direkte Beblasen des Körpers mit dem Didjeridu. Wenn man sich beim Spielen des Instruments mit dem Rohrende bis auf wenige Zentimeter dem Körper der Patientin/des Patienten nähert, so kann diese/r die tiefen Frequenzen als Vibration spüren. Dies wird zumeist als angenehm, belebend, wärmend oder lösend erlebt.

Auf Indikationsstellung, Vorgehens- und Wirkweise dieser Arbeit kann ich in diesem Rahmen nur andeutungsweise eingehen. Die Wirkung beruht zum einen auf dem rein mechanischen Phänomen der Luftschwingungen des Tones. Sie können beispielsweise dort, wo eine leibliche Berührung noch nicht möglich ist (weil zu beängstigend), fehlendes Körperbewußtsein wecken. So ermöglichen zum Beispiel die Vibrationen des Didjeridus einer magersüchtigen Patientin, ihren Bauch als etwas Lebendiges wahrzunehmen. Darüber hinaus kann der Klang zum Träger einer nonverbalen Botschaft werden. Dann wird der Bauch nicht nur als etwas Lebendiges, sondern auch als etwas Liebenswertes wahrgenommen, wenn die Schwingungen diese „Information" tatsächlich enthalten. Ohne den Umweg über die Widerstände des Intellekts können wir so das Unbewußte oft direkt erreichen. Den Füßen einer zu wenig geerdeten und in den luftigen Höhen ihrer Verrücktheit lebenden Patientin kann auf diese Weise „Erdenergie" vermittelt werden. Sie klingt ganz anders als die „Herzensqualitäten", die in der Genitalregion eines Mannes geweckt werden wollen, der seine Sexualität auf rohe und seelenlose Art lebt, als wäre er ein plündernder Landsknecht.

Bei dieser Arbeit ist das aus dem Osten stammende Wissen um die psychologische Funktion der Energiezentren des Körpers (Chakras) sehr hilfreich (siehe z. B. BRENNAN 1989). Auch wir im Westen haben ein tief verwurzeltes Wissen von den Beziehungen zwischen bestimmten Körperregionen und seelischen Qualitäten, wie viele Redewendungen zeigen. Diese Wissensinhalte sind jedoch nur Stützen, an die sich unsere Intuition anlehnen kann. Bei der „Energiearbeit" mit dem Didjeridu rate ich davon ab, eine bestimmte Vorgehensweise kognitiv zu planen. Das stört eher die Kommunikation auf der symbolischen (vorbewußten) Ebene. Hilfreicher ist eine Haltung der Absichtslosigkeit, abgesehen von dem aufrichtigen Wunsch, sein Spiel in den Dienst der Heilung oder Entwicklung eines Menschen zu stellen. Der Klang des Didjeridus (sicher auch das Zirkuläratmen) erleichtert über ein verändertes Wachbewußtsein den Zugang zu gesteigerter Wahrnehmung, größerer Feinfühligkeit und „Hellsichtigkeit". So kann man Energieblockaden wahrnehmen, um sie wieder durchlässig zu machen, Kaltes, um es zu erwärmen, Abgestorbenes, um es wieder zum Leben zu erwecken oder „böse Geister", um sie auszublasen.

Die Wirksamkeit einer solchen für unser westliches Denken immer noch etwas befremdend erscheinenden schamanischen Arbeitsweise möchte ich nicht wissenschaftlich unter Beweis stellen. Es will mir genügen, wenn Tränen mir zeigen, daß ein lange verschlossenes Herz sich zu öffnen beginnt, oder wenn ein aggressionsgehemmter Mensch nach der Behandlung sich im Bewußtsein seiner Kraft mit geballter Faust lustvoll auf den Schenkel klopft.

Ein Mythos über das Didjeridu

Nach diesem Exkurs über die Verwendung des Didjeridus als vielfältiger Bedeutungsträger möchte ich abschließend noch einmal zu seinem spezifischen Klang-Archetypus zurückkehren. Lange nachdem ich ihn identifiziert hatte, bin ich auf einen Mythos gestoßen, der zeigt, daß die Aborigines offensichtlich genau wußten, worum es geht (vgl. KAYE 1987, Übers. vom Verf.):

„Eines Tages, als zwei schöne junge Schwestern draußen waren, um Nahrung zu sammeln, kam ein böser Riese, raubte sie und nahm sie mit in sein Versteck. Die Schwestern versuchten zu entkommen, aber es gelang ihnen nicht. Sie waren sehr unglücklich, denn der Riese hatte sie zu seinen Frauen gemacht. Nach einer langen Zeit schließlich gelang es ihnen doch zu fliehen, als der Riese beim Jagen war. Die zwei Schwestern fanden den Weg zurück zu den Jagdgründen ihres eigenen Stammes. Als der böse Riese zurückkam, war er wütend, denn es war nicht leicht, so schöne Frauen zu finden. Deshalb verfolgte er ihre Fährte, um sie zurückzuholen. Als die Stammesältesten entdeckten, was geschehen war, beschlossen sie, eine Falle für den Riesen zu bauen, falls er den jungen Frauen nachspüren sollte. Sie huben eine Grube aus, und als der Riese auftauchte, verwendeten die Stammesältesten die zwei jungen Frauen, um den Riesen in die Falle zu locken. Sobald sie den Riesen gefangen hatten, spickten sie ihn derart mit Speeren, daß er aussah wie ein Stachelschwein. Als er sich in Schmerzen wand, begann er, auf seinem Penis zu blasen, und es entstand ein wunderbarer Klang. Die alten Männer waren so fasziniert von diesem Klang, daß sie versuchten, ihn zu imitieren, aber es gelang ihnen nicht. Deshalb gingen sie in den Busch und holten sich ein langes Holz, dessen Inneres von Termiten ausgehöhlt worden war. Sie bliesen darauf und konnten ihm denselben Klang entlocken, den der böse Riese erzeugte. Von diesem Tag an wurde das Didjeridu bei all ihren Gesängen und Tänzen verwendet."

Wenn wir uns diese Fabel betrachten, so kommen wir nicht umhin zu sehen, daß uns wohl nichts anderes übrigbleibt, als den triebhaften „Riesen" einzufangen, solange er Böses anrichtet. Wenn er dann, durch Leid geläutert, uns seine bezaubernde Melodie verrät, haben wir die Chance zu lernen, sie auf menschliche Weise zu spielen. Das können wir freudig genießen. Wenn es an der Zeit ist, werden wir die Geschichte fortsetzen: Im Singen und Tanzen werden wir die Melodie höher und höher transformieren, bis auf Ebenen jenseits der Dualität von Gut und Böse, ja bis auf die höchste Oktave der Freude und Glückseligkeit (Ananda).

Literatur

BRENNAN, A. B.: Licht-Arbeit: Das große Handbuch der Heilung mit körpereigenen Energiefeldern. Goldmann, München 1989.
DIAGRAMM GROUP: Musikinstrumente der Welt. Orbis, München 1988.
ELLIS, C. J.: Aboriginal Music Making: A study of Central Australian music. Libraries Board of South Australia, Adelaide 1964.
ELKIN, A. P. u. JONES, T. A.: Arnhem Land Music (North Australia). The Oceania Monographs, Nr. 9, Sidney 1956.
EMAHÓ: Persönliche Mitteilung 1991.
FREUD, S.: Vorlesungen zur Einführung in die Psychoanalyse (1916/17). Ges. Werke, Bd. 11. London 1948.
HARIHARANANDA, S. v.: Kriya Yoga. Hugendubel, München 1983.
ILGENSTEIN, G.: Die Steinzeitmenschen von Australien, die heutigen Aborigines. R. G. Fischer, Frankfurt 1990.
INYUSHIN, V. M.: On the Problem of recording the human biofield. In: Parapsychologie in der USSR, Part II, Washington research center, San Francisco 1981.
ISAACS, J.: Australia's Living Heritage: Arts of the Dreaming. Lansdowne, Sidney – Auckland – London – New York 1984.
JAGODA, P.: Persönliche Mitteilung 1992.
JONES, T. A.: Arnhem Land Music, Part II: A musical Survey. Oceania, Sidney 1957.
KAYE, P.: Play & enjoy the Didjeridu of the Australian Aboriginal. A Newcomers Guide. Cairns 1987.
LIEBLER, O.: Bericht über die Station Neuhermannsburg. In: Neuendettelsauer Missions-Blatt 18, 1911, S. 72–74.
LOWEN, A. u. L.: Bioenergetik für jeden: Das vollständige Übungshandbuch. Kirchheim, Gauting 1982.
LYSEBETH, A. v.: Tantra für Menschen von heute: Geistige und körperliche Entfaltung durch Erotik und Sexualität. Mosaik, München 1990.
REICH, W.: Die Entdeckung des Orgons: Die Funktion des Orgasmus. Kiepenheuer & Witsch, Köln 1969.
SARASWATI, S. u. AVINASHA, B.: Juwel im Lotus: Tantrischer Kriya-Yoga. Bauer, Freiburg 1991.
SCHLATER, G.: Bumerang und Schwirrholz: Eine Einführung in die traditionelle Kultur australischer Aborigines. Reimer, Berlin 1985.

SINGH, K.: Die Krone des Lebens: Die Yoga-Lehren und der Weg der Meister-Heiligen. Origo, Bern 1987.
SPENCER & GILLEN: The Native Tribes of Central Australia. London 1899 (zit. nach SCHLATER 1985).
STREHLOW, T. G. H.: Aranda Traditions. New York 1968.
STROBEL, W.: Klang-Trance-Heilung: Die archetypische Welt der Klänge in der Psychotherapie. In: Musiktherapeutische Umschau 9, 1988, S. 119 – 139.
STROBEL, W.: Die klanggeleitete Trance: Eine analytisch orientierte Form nonverbaler Hypnotherapie. In: Hypnose und Kognition 9, 1992, S. 98 – 117.
YOGANANDA, P.: Autobiographie eines Yogi. O. W. Barth, 1950.
WILPERT, C. B. (Hrsg.): Der Flug des Bumerang: 40 000 Jahre Australier. Christians, Hamburg 1987.

Grenzzustände in der Musiktherapie *

WOLFGANG STROBEL

Alljährlich im September leite ich zusammen mit meiner Frau einen Kurs mit dem Thema „Klang, Rhythmus, Trance". Wie gewöhnlich, so haben wir auch im letzten Jahr während einer Trance-Phase über eine Stunde auf zwei chinesischen Gongs vom Typ des Chau luo gespielt. Solche Phasen dauern manchmal auch 1 1/2 oder gar 2 Stunden. Nachdem wir geendet hatten, die Stille des Nachspürens verklungen war und alle von ihrer Reise zurückgekehrt waren, sagte eine Teilnehmerin, die Musiktherapie-Dozentin ist: „Es ist ja gar keiner psychotisch geworden. Ich dachte immer, so etwas darf man nicht machen."

Natürlich kann man eine solche Regel aufstellen, nimmt sich dann aber in der Therapie auch viele Chancen. Da ist es doch besser, die Wirkungsweise der Klänge und auch die ausgelösten inneren Prozesse verstehen zu lernen. Das Wissen um die Resonanzvorgänge zwischen den Strukturen der Klänge oder Rhythmen einerseits und der menschlichen Seele andererseits hilft mir, sinnvoll zu handeln und deshalb ruhig und angstfrei zu bleiben. Und diese Atmosphäre der Ruhe und des Vertrauens in die haltende und heilende Kraft der Existenz ist neben den physikalischen Schwingungen des Klanges das eigentliche therapeutische Agens. Es handelt sich also genaugenommen um ein geistiges Heilen mit dem Klang als Medium. Das funktioniert in vielen Fällen auch unbewußt, im positiven wie auch leider im negativen Sinne.

Fallbeispiel

Vor über 10 Jahren habe ich einige wenige Male mit einer älteren Kollegin zusammen Wochenend-Selbsterfahrungskurse angeboten, da sie viel von Bewegung und Tanz verstand, und mich die Verbindung zur Musiktherapie interessiert hat. Nachdem meine Kollegin das Monochord kennengelernt hatte, wollte sie nicht, daß ich es in der Gruppe spiele mit dem Argument, das sei zu gefährlich und die Teilnehmer könnten psychotisch werden. Ich hatte

---

* Urprünglich publiziert in: WOLFGANG C. SCHROEDER: Musik. Spiegel der Seele. Eine Einführung in die Musiktherapie. Jungfermann, Paderborn 1995, S. 281-307

diese Angst nicht, denn meine Einstellung war, wenn jemand in einen psychoseartigen Zustand gerät, dann tritt aus dem Unbewußten etwas zu Tage, was wir bearbeiten können, und das wird hilfreich sein. Tatsächlich aber kam jedesmal eine Atmosphäre von Angst, Unsicherheit und Bedrohung auf, gegen die ich nicht ankommen konnte. Ich hatte auch das Gefühl, meine Kollegin würde mir irgendwie in den Rücken fallen. Bei unserer dritten oder vierten Zusammenarbeit suchte ich sie am Morgen für eine gemeinsame Vorbesprechung auf. Ich fand sie zusammengekauert in einer Ecke sitzen. Sie blickte mit vor Panik weit aufgerissenen Augen über den Rand einer Decke und gab wahnhafte Äußerungen von sich. Jetzt verstand ich diese Wahnstimmung in der Gruppe beim Monochord-Spiel.

Wir müssen natürlich unsere eigene Psychosegefährdung bearbeitet haben und unsere Angst vor dem Kontrollverlust. Ich habe die Zusammenarbeit mit dieser Kollegin aufgegeben und seither nie mehr in den Gruppen das Gefühl eines derartig bedrohlichen Abgrundes erlebt. Natürlich treten mitunter wirklich extreme Ausnahmezustände auf, aber es ist mir stets gelungen, den Boden oder das Gefäß von Sicherheit, Schutz und Getragensein bereitzustellen, welches solche Zustände hält und heilt. Auf der Energieebene wirkt der Therapeut dabei wie ein Transformator, der die chaotischen psychotischen Energien in sich aufnimmt, sie harmonisiert und als ordnende und haltende Kraft wieder zurückgibt. Ich kann das niemals aus der Kraft meines Ichs, sondern bin allenfalls der Vermittler zum inneren Selbst, welches stets bereit ist, uns Halt und Unterstützung zu bieten.

In esoterischen Kreisen spricht man vom „höheren Selbst", im tibetischen Buddhismus vom „inneren Meister", im Zen vom „Wesen" und im Schamanismus von der „Kraft". Genaugenommen kann nur diese „Kraft" echte Heilung bewirken. Wenn ich in Verbindung mit der „Kraft" bin, kann ich mich gefahrlos auf die riskantesten Bewußtseinsabenteuer einlassen. Die „Kraft" ist, wenn man so will, göttlichen Ursprungs. In ihr individualisiert sich das Alleine zum Menschen hin. Damit sie im Menschen wirksam werden kann, muß dieser nichts anderes lernen, als sich auf Empfang zu stellen und ein Kanal zu werden.

Wie kaum ein anderes Medium hat Musik das Bestreben, den Menschen in einen anderen Bewußtseinszustand zu führen. Hochkomplexe Musik tut dies weniger als archaische monotone und einförmige Klang- und Rhythmusmuster. Das gilt sowohl für die Klangrezeption als auch für das aktive Musizieren. Wenn Musiktherapeuten veränderte Bewußtseinszustände fürchten, nutzen sie die unglaubliche Potenz ihres Mediums nicht, die es vielen anderen Methoden voraus hat.

Klang und Rhythmus führen den Menschen jedoch nicht nur hinüber in jene anderen Welten, sondern kommunizieren dort in ihrer nonverbalen Sprache direkt mit jener Schicht, die wir von unserem Standpunkt des Wachbewußtseins auch das Unbewußte nennen.

Auf der anderen Seite sind Klang und Rhythmus manchmal unzureichende Mittel, um jemanden aus einem außergewöhnlichen Bewußtseinszustand in das Wachbewußtsein zurückzuholen, also jemanden zu erden. Hier ist neben der Sprache beispielsweise Körperkontakt ein viel geeigneterer Weg, den man kennen sollte.

Wenn wir mit Hilfe von Klang oder Rhythmus mit einem Menschen direkt auf der Ebene jener anderen, nicht-alltäglichen Wirklichkeit kommunizieren wollen, dann müssen wir die Sprache der Klänge verstehen lernen. Aus diesem Grund möchte ich nun einige Klangstrukturen charakterisieren und aufzeigen, mit welchen psychischen Qualitäten sie in Resonanz stehen.

Ocean-Drum

So wie weißes Licht die Summe aller Farben enthält, entsteht weißes Rauschen aus der Summe aller Frequenzen. Physikalisch gelingt uns mit diesem Geräusch natürlich nur eine schwache Annäherung, dennoch spüren wir aber die Fülle des Grenzenlosen, des Unstrukturierten, Formlosen und Unendlichen. Auf der oberflächlichen Ebene weckt der Klang Assoziationen von Wasserbrandung, Gischt, Meer oder Wind. Wer sich tiefer einläßt, kann ein Sich-Versenken erfahren in einem unbegrenzten Ewigen, im Nicht-Tun reiner Rezeptivität, im Freisein von allem Machen-Wollen.
Jeder Klang ist weder gut noch schlecht. Erst die Art, wie wir uns aufgrund unserer Vorerfahrungen mit ihm in Beziehung setzen, läßt ihn in einem bestimmten Licht erscheinen. So erlebt beispielsweise ein 51jähriger Kollege, der einerseits schon achtgeben muß, daß er nicht zu sehr die aktionistische Seite des Machen-Wollens betont, andererseits aber Meditationserfahrung besitzt, diesen Klang in einer Einzelstunde als die sinnliche Verkörperung des Tao. Und in der Tat trifft dies sehr genau den Archetypus dieses Klangs. Für Lao-tse ist das Tao ewig und ohne Tun. Sein Abbild ist das Wasser. Sein Weg ist stets der Weg des Tals. Es meint so etwas wie einen Seins-Grund. Und

wenn Lao-tse im sechsten Kapitel seines Werkes das Tao als Geist der Tiefe anspricht, könnte er mit den dann verbundenen Worten auch diesen Klang beschreiben: „Das ist das Ewig-Weibliche." Des ewig-weiblichen Ausgangspforte ist die Wurzel von Himmel und Erde. Endlos drängt's sich und ist doch wie beharrend. In seinem Wirken bleibt es mühelos.

Dieser Klang kann also die Sehnsucht erfüllen, sich im Nicht-Tun und Im-Geschehen-Lassen aufzulösen. Ein hingebungsvolles Lied aus einer Kriya-Yoga-Gemeinschaft beschreibt dies mit dem Text:

„Ich bin die Welle, du bist das Meer. Ich bin die Welle, mach mich zum Meer!"

Ganz anders reagiert ein 33jähriger Mann, der mit angehaltenem Atem in Reglosigkeit erstarrt, erkaltet und nichts mehr fühlt. Er sieht Bilder von einem Meer, aber das hat ausschließlich bedrohliche Qualitäten. Er ist ein Mensch, der größere Schwierigkeiten mit der Nähe hat, vor allem gegenüber Frauen und besonders dann, wenn Nähe eine verschmelzende Qualität annimmt. Hier bekommt der Klang dann Züge seiner, Grenzen nicht respektierenden, verschlingenden Mutter, deren Bedrohlichkeit durch einen zu wenig anwesenden Vater verschärft wird. Als in der Sitzung zu dem Klang ein gleichmäßiges Trommelmetrum dazukommt, atmet er auf und sieht vor seinem inneren Auge einen Strand mit zwei Paar Fußspuren. Das Meer ist schon noch im Bild, hat aber seinen Schrecken verloren. In ihm steigt der Satz auf: „Laßt Väter und Brüder meinen Weg begleiten."

Während der Klang der Ocean-Drum dem erstgenannten Patienten hilft, die zuvor gewußten und auch ersehnten Qualitäten der Absichtslosigkeit beglückend zu spüren, wodurch ein innerer Ausgleich zu der überrepräsentierten aktionistischen und männlichen Seite geschaffen wird, braucht der zweitgenannte Patient wohlwollende und sichernde, als männlich erlebte Strukturen und kann sich erst nach ausreichender Verinnerlichung derselben dem Tao anvertrauen. Interessanterweise ist er auch mehr der aktiven Musiktherapie zugetan.

Monochord

Verwandt und doch ganz anders ist der Klang des Monochords, wenn alle Saiten auf den gleichen Ton gestimmt sind und bei völlig kontinuierlichem

Spiel über dem fließenden Grundton der tanzende Reigen der natürlichen Obertöne wahrnehmbar wird. Dadurch wird so etwas wie eine innere Gesetzmäßigkeit des Kosmos auf einer unbewußten Ebene sinnlich erfahrbar, eine innere Harmonie und tiefe Ordnung. Deshalb löst das Monochord häufig Gefühle von ozeanischer Selbstentgrenzung aus, die als himmlisch, paradiesisch oder glückselig beschrieben und mit einem schwerelosen Schweben im Wasser oder im All verglichen werden; wegen der immanenten Ordnung wird aber gleichzeitig ein Getragen-Sein, ein Aufgehoben-Sein und Verbunden-Sein mit allem wahrgenommen.

Diese Erlebnisqualität der All-Einheit weckt Bilder von einem Glücklich-Sein in der Natur, in der Verliebtheit oder in religiösen Erfahrungen des Numinosen. Durch den Monochord-Klang ausgelöste Altersregressionen lassen die Annahme zu, daß der Säugling beim Gestilltwerden derartiges wahrnehmen kann – hier haben wir den Säugling als Mystiker –, und daß im positiven Fall die frühe intrauterine Zeit für das ungeborene Kind eine derartige Qualität besitzt, nämlich die Ureinheit mit der Mutter und damit mit der Welt und dem Kosmos.

Fallbericht

Ein 26jähriger, eher zart gebauter, etwas feminin wirkender und sich grazil bewegender junger Mann, den ich in einer früheren Veröffentlichung Julian genannt habe, wird sich sofort nach dem Einsetzen des Monochordes dessen bewußt, daß er sich im Mutterleib befindet. Er weiß nichts von der Wirkung der Klänge und besitzt auch keinerlei perinatalpsychologisches Wissen. Das Erleben ist einfach evident. Es überkommt ihn ein heftiges Weinen, denn er spürt augenblicklich, daß dies die Gefühlsqualitäten sind, nach denen er sich viele Jahre gesehnt hatte, ohne es zu wissen. Während der 30 Minuten dauernden Klangphase hält dieses glückliche, stille Weinen über die nun erfüllte Sehnsucht an. Julian war eine Frühgeburt, ist in der 26. Schwangerschaftswoche mittels Kaiserschnitt zur Welt gekommen und hatte die ersten Wochen im Inkubator verbracht. Ihm fehlte also das Erfolgserlebnis, den Kampf durch den Geburtskanal bewältigt zu haben. Überdies war sein Vater 10 Monate nach seiner Geburt verstorben, so daß er ihn als männliche Identifikationsfigur vermißt hat.

Als in der Sitzung zum Monochord die Trommel hinzukommt, ist urplötzlich der von Panik durchdrungene Schrei in ihm: „Laßt mich doch hier drinnen, es ist noch nicht soweit!" Er wundert sich selbst über diesen spontan in ihm auftauchenden Satz, kommt in einen etwas wacheren Bewußtseinszustand und denkt, daß das wohl das Gefühl des drohenden Kaiserschnittes gewesen sein muß. In seinem fluktuierenden Bewußtseinszustand erlebt er jedes Mal, wenn er tiefer eintaucht, wieder die vernichtende Angst, sein glücklicher Zustand könne zu früh beendet werden.

Auch beim Monochord ist es so, daß dieses nicht zwangsläufig einen glücklichen Zustand der Ureinheit auslöst. Es versucht schon, sich mit diesem Gefühl in Resonanz zu setzen. Wenn jedoch lebensgeschichtlich bedingt diese „Schwingungsqualität" (im übertragenen Sinne) mit anderen, traumatischen Erfahrungen verknüpft ist, dann treten eben jene ins Licht des Bewußtseins. So habe ich mehrfach erlebt, daß Abtreibungssituationen reaktiviert wurden oder etwa ein feindliches Klima von Ablehnung oder Nicht-Gemeint-Sein. Der Klang ist also ein zutiefst analytisches Instrument. Er bewirkt eine sehr erlebnisintensive Lösung, eine Lysis von verdrängten Inhalten aus dem Unbewußten, die nicht selten über eine Katharsis zu einer Auflösung, einer Analyse führt. Wenn dann nach einer Wiederbelebung die traumatisierenden Vorerfahrungen durchgearbeitet sind, kann die Patientin bzw. der Patient einen emotionalen erlebnismäßigen Zugang zu der eigentlichen archetypischen Qualität des Klanges bekommen, besser gesagt zu dem Therapeuten, der mit Hilfe des Klanges ganz bestimmte Qualitäten annimmt. Im Sinne einer korrigierenden Neuerfahrung kann der Therapeut in diesem Fall über das Monochord auf einer energetischen oder symbolischen Ebene die zuvor gestörte Ureinheit in einem guten Mutterschoß vermitteln. Dies entspricht einer tatsächlichen Veränderung der ja heute noch existierenden Vergangenheit.

Analytisch gesprochen entspricht dies der Identifizierung und der Auflösung der Übertragung des auf dem Monochord spielenden Therapeuten. Ich möchte hier noch einmal ausdrücklich betonen, daß das nicht allein der Klang macht. Er dient vielmehr nur als Transportmittel für eine bestimmte psychische Qualität, die der Therapeut mit Hilfe des Klanges in sich entstehen läßt, in diesem Falle die eines guten Mutterschoßes. Man könnte letztlich auch einen anderen Klang als Transportmittel für die Seelenqualität verwenden, ja es gelingt auch ohne Klang, beispielsweise über körperliche Berührung oder ausschließlich atmosphärisch, aber der Klang des Monochords ist dafür nun einmal hervorragend geeignet. Das Verhältnis zwischen Übertragung auf einen bestimmten Klang und ihre Überwindung durch die gegenwärtige Beziehung zu ihm bzw. dem dahinterstehenden Therapeuten will ich am Beispiel des Trommelmetrums (mit einer Frequenz von etwa 60 pro Minute) verdeutlichen. Wie wir an dem Beispiel von Julian gesehen haben, hat die Trommel im Vergleich zum Monochord wesentlich mehr mit dem Erdendasein zu tun. Das liegt daran, daß sie über die rhythmische Strukturierung unserer Vergänglichkeit jenes typische Phänomen unserer irdischen Alltagswirklichkeit erfahrbar macht. Der Trommelschlag hat auch sehr viel mit Akzeptanz zu tun, im Idealfall mit einem bedingungslosen Annehmen unabhängig von allen Errungenschaften und Leistungen. Sein regelmäßiges Metrum kann verläßlich sein wie ein vorgeburtliches Mutterherz, gnadenlos wie eine Kriegstrommel, unbarmherzig und erlösend wie der Gevatter Tod, wenn das letzte Stündchen geschlagen hat.

Fallbeispiel

Eine Frau, Ende 40, die ihre Körperlichkeit und Weiblichkeit ablehnt, erlebt bei der Trommel folgendes:

„Ich stehe im Freien, ich bin ganz nackt, ich bin eindeutig ein Mädchen. Ich bin draußen in der Natur, auf einer Wiese, ich bin ganz allein in der Natur." Die Andeutung einer Traurigkeit legt sich auf ihr Gesicht. „Ich bin da ganz allein in der Natur, da ist sonst niemand, keiner weit und breit." Ich frage sie, was sie sich wünsche. „Es wäre halt schön, wenn da noch mehr wären, so wie ich. Jetzt sehe ich in der Ferne am Hügel auf dem Weg eine Prozession daherkommen. Ich glaube, ich muß mich verstecken, damit die mich nicht so sehen, wie ich bin. Die sind katholisch, die verurteilen und verachten, daß ich nackt bin. Das ist unmoralisch."

Ich frage sie, ob der Trommelklang sagt, daß ihre natürliche Nacktheit etwas Unmoralisches sei. „Das ist merkwürdig, der sagt genau zweierlei. Ein Schlag sagt immer „pfui, das ist unmoralisch", der nächste Schlag kommt aus einer anderen Ebene, aus einer archaischen, der sagt „Nacktheit ist etwas ganz Natürliches und Selbstverständliches". Aber dann ist schon wieder der andere Schlag da, der „pfui" sagt – aber ich glaube, das ist die Stimme meiner Mutter."

Gong

Ich komme jetzt zu dem chinesischen Gong Chau luo. Man könnte ihn als den Shiva der Klänge bezeichnen, denn er zerstört das Alte und schafft Platz für das Neue. Wenn er ungebändigt losgelassen wird, kommt er daher wie ein Orkan oder eine Feuersbrunst und löst Erlebnisse von großer Dynamik aus. In bildhaften Visionen oder deutlichen leiblichen Erfahrungen tauchen nicht selten Geburts- und Todessituationen mit ihren dramatischen Zuspitzungen auf. Er hat eine Affinität zu Schwellensituationen, bei denen sich ein Zustand in einen anderen verwandelt, also, zu Wandlungs-, Durchgangs- und Entwicklungsprozessen. Sein Thema sind die Krisis und Transformation. Damit eröffnet sich in der therapeutischen Praxis dem chinesischen Gong ein breites Anwendungsfeld. Sind doch die meisten Situationen, die Menschen in Therapie führen, als Krisenzeiten und anstehende Wandlungsprozesse zu verstehen.

Der Gong kann hier jene Aktivierungsenergie liefern, die nötig ist, damit sich Krankheit zur heilsamen Krisis zuspitzt und Ängste deutlich werden, die einer Verwandlung und Wiedergeburt im Wege stehen. Allerdings darf man sich seiner treibenden Kraft nur auf dem Boden einer stabilen therapeutischen Beziehung bedienen und in der sicheren Gewißheit, die Geister auch bändigen zu können, die man aus der Verdrängung hervorruft.
Die eingangs beschriebene Gruppensituation mit dem Gong fand am fünften Tag des Workshops statt, nachdem wir zuvor vier Tage mit großer Mühe an dem Aufbau eines tragenden Gruppenklimas gearbeitet hatten. Alle achtzehn Teilnehmer hatten während der Trance-Phase einen für sie stimmigen, angenehmen und Sicherheit vermittelnden Körperkontakt, und wir hatten ihnen geholfen, zuvor auf der Ebene des Körpers oder der Imagination Zugang zu inneren Orten der Sicherheit zu bekommen. Während des Gongspiels, bei dem wir einen dramatischen Klang durch den Höhepunkt wagten, stellten sich meine Frau und ich auf eine innere Haltung ein, die verbalisiert etwa lauten würde: „Im Kontakt mit unserer inneren Kraft sind wir sicher und geschützt und können alle Krisen überstehen." Sensitive Teilnehmer können dabei wahrnehmen, wie wir als Energietransformatoren funktionieren.

Den Gong setze ich in der Therapie dann ein, wenn ein sich im Gang befindlicher Prozeß von „stirb und werde" energetische Unterstützung braucht oder in der gegenteiligen Situation, wenn, beispielsweise in einer Langzeittherapie, eine anhaltende Stagnation auftritt, ohne daß die Hintergründe dieser Widerstände deutlich werden.

Fallbeispiel

Dies war beispielsweise der Fall in der Behandlung einer MS-Patientin, die aus einem Stadium des depressiven Rückzugs nicht herauskam, sich immer wieder im Bett verkroch und die Auseinandersetzungen mit dem Alltag und der Welt nicht wagte. Ich hoffte, mit Hilfe des Gongs an die unbewußten Hintergründe dieser Situation zu kommen.

In der ersten Stunde mit dem Gong fühlt sich die Patientin für kurze Zeit in dem Klang ganz geborgen und von ihm getragen. Dann wird es für sie beunruhigend, so als würde von außen etwas von ihr gefordert.

In der zweiten Gong-Sitzung nimmt sie sich in einer Höhle war. Die Klänge wollen etwas von ihr, kommen schiebend und zerrend. Es ist ihr unangenehm, sie will das nicht haben.

In der dritten Stunde ist sie wieder in der Höhle, sucht einen Weg in Richtung Ausgang. Aus der Höhle wird ein Gang, in dem Wasser fließt. Er wird enger, dunkler und bedrohlicher. Es treten verschiedene beängstigende Hindernisse auf. Schließlich sieht sie einen hellen Schimmer von außen; es gelingt ihr aber nicht, zu ihm hinzukommen.

Die vierte Stunde beginnt wieder mit der Situation in dem Gang. Das Wasser ist jetzt schneller und treibt sie voran. Die Hindernisse tauchen wieder auf, aber die Wellen tragen sie dieses Mal daran vorbei. Der Gang wird immer enger, die Wände kommen näher auf sie zu, es wird immer schrecklicher. Schließlich steckt sie fest, hat starke Angst und kommt weder vor noch zurück. Vor sich sieht sie eine Öffnung, gebildet von zwei gegeneinander gerichteten Halbbögen. Das Licht ist für das Auge schmerzlich. Sie will nicht hinaus, aber zurück ist unmöglich. Sie steckt fest. Sie wird von Verzweiflung geplagt, weiß, daß sie hinaus muß, schreckt aber davor zurück. Schließlich überfällt sie eine tiefe, anhaltende Resignation. Als alles ausweglos scheint, kommt ihr die Realität der Therapiestunde ins Bewußtsein. Wie ein Hoffnungsschimmer fällt ein Gedanke in ihr Erleben: Wenn da draußen jemand wäre, der mich liebevoll empfangen und halten würde, dann könnte ich mich weiterwagen. Mit dieser Hoffnung erreicht sie das Licht und kommt ein Stück heraus.

Die fünfte Gong-Sitzung liefert die Fortsetzung. Sie ist ganz draußen aus der Höhle. Es ist ein sehr unbehagliches Gefühl, sie will wieder zurück. Draußen ist alles so frei und offen, so hell und feindlich. Sie weiß, daß es kein Zurück mehr gibt, fühlt sich verlassen und verstoßen. Dann geht sie mehr auf eine Ebene des Wachbewußtseins und meint reflektierend: „So muß es wohl gewesen sein, nach meiner Geburt." Dabei realisiert sie wieder die aktuelle Behandlungssituation und meine Nähe, denn sie sagt „Mir wird klar, daß ich es hier draußen aushalten kann, wenn ich deine Nähe haben darf. Das tut gut so. Ich habe gar nicht gewußt, wie sehr ich das brauche."

In der sechsten Stunde spürt sie wieder ihre altbekannten Rückzugstendenzen und hat Angst, sich auf ihrer inneren Ebene wieder in die Höhle verkrochen zu haben. Sie wünscht sich noch einmal den Gong. Dabei erlebt sie, daß alles um sie herum weiter Raum ist. Die Erinnerung an die Höhle und den Gang ist noch da, aber sie spürt, daß sie nicht mehr zurück will in diese Enge und Unfreiheit. Dann hat sie das Gefühl, ganz klein zu sein und frei auf meinem Bauch zu liegen, der in diesem Fall ein Mutterbauch ist. In dieser Nähe genießt sie die Weite. Die Szene wechselt und sie hat nun den Eindruck, auf mir liegend durch das Weltall zu schweben. Sie beschreibt ein frohes Gefühl von gleichzeitiger Geborgenheit und Freiheit. In ihrer Vision löst sie sich dann versuchsweise einmal ganz von mir und hält nur noch meine Hand. Die will sie aber noch nicht loslassen.

In der weiteren Behandlung macht sie von da an Entwicklungsfortschritte. Ein halbes Jahr später setzt sie sich noch einmal dem Gong aus. Dieses Mal findet sie sich in der ihr vertrauten Höhle wieder, die jetzt aber viel weiter, höher und mächtiger ist. Ein Bär begleitet sie, ihr in der Zwischenzeit gefundenes Krafttier. Die Höhle ist mit vielen funkelnden Edelsteinen prächtig ausgestattet. Das hat etwas Majestätisches und sie spürt eine Erhabenheit, wie in heiligen Hallen. Ein tiefes, gutes Gefühl erfüllt sie, gemischt mit dem Schmerz aus der Erkenntnis, daß sie hier nicht bleiben kann. Sie weiß, daß sie nur in diese Höhle darf, um Kräfte zu sammeln. Der Bär führt sie weiter. Es wird niedriger und sie kommt wieder nach draußen auf eine Wiese mit Blumen. Sie spürt, daß sie wieder in ihrer normalen Welt ist. Bevor er verschwindet, sagt der Bär, daß sie nun allein weitergehen könne. Sie weiß, daß das jetzt auch geht.

Kommentierend meint sie anschließend, daß die Höhle zwar noch Mutterleibsqualitäten gehabt habe, jetzt aber auf eine transzendente Weise. Ihr Erlebnis bezeichnet sie als Einweihung – in eine Dimension, die eine Kraftquelle darstellt, um das Leben in der Alltagswelt wieder annehmen zu können. Was vorher pathologischer Rückzug war, hat sich jetzt in eine Erholungsregression verwandelt.

Ich möchte noch ergänzen, daß sie in der fünften wie auch in der sechsten Stunde in dem Gewahrwerden ihres Bedürfnisses nach Nähe tatsächlich zu mir Körperkontakt aufgenommen und, während ich den Gong weiterspielte, ihren Kopf in meinen Schoß gelegt hat. Das war ganz selbstverständlich, da wir zuvor mehrfach körpertherapeutisch gearbeitet hatten. Dadurch hatte sich die Vision der nachgeburtlichen Nähe des Säuglings auf dem Mutterbauch mit einer realen körperlichen Erfahrung verknüpft. So wurde ihre neue postnatale Vergangenheit in unserer „offiziellen" Gegenwart verankert.

An dieser Stelle möchte ich noch betonen, daß man in der Lage und bereit sein muß, körpertherapeutisch zu arbeiten, wenn Klänge so eingesetzt werden, wie ich es beschreibe. Geht es aufgrund unzureichender Ausbildung, fehlender Selbstverständlichkeit oder institutioneller Zwänge nicht, so kann man viele Situationen nicht riskieren, da man sonst Gefahr läuft, nur ein altes Trauma zu wiederholen, anstatt es durch eine heilsame Erfahrung aufzulösen. Ich will dies noch an einem Beispiel erläutern:

Fallbeispiel

Es handelt sich dabei um eine damals etwa 32jährige Patientin – ich möchte sie Natalie nennen –, die an einer Gruppentherapie teilnahm, nachdem sie bei mir zuvor jahrelang in einer analytisch orientierten Einzeltherapie gewesen war – wegen einer (meiner Ansicht nach von den Psychiatern fälschlich als endogen eingestuften) schweren Depression, einer ausgeprägten narzißtischen Gehemmtheit und häufigen Panikattacken mit länger anhaltenden Depersonalisations- und Derealisationszuständen.

Sie hatte eine von erschütternden Trennungstraumata gekennzeichnete Kindheit hinter sich. Die Einzeltherapie hatte ihre Depressionen gebessert, ihr Selbstwertgefühl hatte zugenommen und sie verhielt sich kontaktfreudig. Allerdings war sie immer noch von den anfallsartigen Depersonalisationszuständen bedroht. Es war verständlich geworden, daß es sich hier um eine Notreaktion handelte, in der sie ihren Körper verließ, wenn sie vom Verlassenwerden bedroht war. Die Angst vor einer Trennung war so groß, daß sie sich bis zu jenem Zeitpunkt nie wirklich auf emotionale Nähe eingelassen und aus diesem Grund auch jegliche Form von Sexualität vermieden hatte. In jener Gruppenstunde, von der ich nun berichten möchte, hatte ich etwa fünfzehn Minuten den Gong gespielt und dann aufgehört, weil ich wahrgenommen hatte, daß sie sich, offensichtlich vor unerträglichen Schmerzen den

Kopf haltend, am Boden hin- und herkrümmte. Natalie war in einem jener Grenzzustände, von denen hier die Rede sein soll, und es stand außer Zweifel, daß sich nun alles um sie zu drehen hatte. Ich fragte sie nach ihren Wahrnehmungen. Sie hatte nur körperliche Symptome, fühlte sich am ganzen Körper eingeengt und zusammengepreßt, spürte an der Schädeldecke einen gewaltigen, schmerzhaften Druck und hatte den Eindruck, keine Luft zu bekommen. Sie hatte keine Ahnung, was mit ihr geschah. Als ich aber versuchte, ihr mit Hilfe der anderen Gruppenteilnehmer diese Einengung des ganzen Körpers und den gewaltigen Druck auf den Kopf von außen zu bieten, entwickelte sich ein autonomer Körperprozeß, der von allen Beteiligten unschwer als Geburtsvorgang erkannt wurde. Nach wenigen Minuten war im Gruppenraum eine engagierte Stimmung wie in einem richtigen Kreißsaal, und die Patientin begann mühsam, sich nach außen ans Licht zu kämpfen, wobei wir versuchten, nichts von außen zu manipulieren, sondern uns von ihrem körperlichen Geschehen leiten zu lassen. Der Druck auf die Schädeldecke wurde zu einem Ring, den wir von außen mit den Händen simulierten und so fort. Um es kurz zu machen, es dauerte über eine Stunde, bis sie unter vielen Mühen geboren war. Und jetzt geschah das Erstaunliche: Kaum war sie sozusagen draußen, geriet sie in den für sie typischen, gefürchteten, panikartigen Depersonalisationszustand. Sie war außer sich vor Angst und innerer Unruhe, gleichzeitig wie gelähmt und unter Schock und konnte sich nicht spüren. Obwohl so viele Menschen sich um sie bemühten, fühlte sie sich völlig verlassen und allein, dem Tod ausgeliefert. Es handelte sich hier offensichtlich um die Wiederbelebung ihrer nachgeburtlichen Situation, und sie hatte Kontakt bekommen mit der allerersten und möglicherweise schlimmsten Trennungs- und Verlassenheitssituation ihres Lebens. Alles, was wir früher in der Therapie bearbeitet hatten, waren spätere Situationen, die nach einem analogen Muster abgelaufen waren und diese alte, frühe Wunde vertieft hatten.

Nun war guter Rat teuer, was brauchte dieses neugeborene Kind? Menschliche Nähe und Wärme natürlich, das war offensichtlich. Doch wie sehr wir uns alle auch um dieses kleine Kind bemühten, es war durch nichts zu trösten. Es half kein Halten, kein Wiegen, kein Singen, kein Summen und kein Klang irgendeines Musikinstrumentes. Dies ist einer von den typischen Augenblicken der Grenzen der Musiktherapie: Ich war ratlos, weil ich – damals noch zaghafter als heute – nicht vorzuschlagen wagte, was ich vor meinem inneren Auge sah: Ein nacktes Neugeborenes auf dem nackten Körper seiner Mutter liegend. Als es nicht besser wurde, habe ich mir dann schließlich doch ein Herz gefaßt und die Patientin gefragt, ob sie vielleicht einfach Hautkontakt bräuchte. Sie wußte es nicht, wollte es aber ausprobieren. Wie der Zufall wollte, war eine andere Teilnehmerin der Gruppe Körpertherapeutin, für die ein unbefangener Umgang mit dem Leiblichen selbstverständlich war. Sie zog ganz ungeniert ihres und Natalies T-Shirt aus, zog sie zu sich her und legte den Kopf des „Neugeborenen" zwischen ihre Brüste. Augenblicklich wurde Natalie ganz ruhig – und jetzt wirkte auch Musiktherapie wieder, denn als Natalies Seele sich sichtlich wieder in ihrem Körper einkuschelte, hatte sie auch wieder offene Ohren für das Summen und die Wiegenlieder der anderen.

Fallbeispiel

Grenzzustände kommen nicht nur bei klanggeleiteter Trance, sondern auch in der aktiven Musiktherapie vor. Ich möchte eine Gruppentherapie-Szene schildern, in der Julian sein Thema weiterentwickelt hat, auf eine Weise, die ich „Durcharbeiten, Durchhandeln" nenne. Julians beide Erlebnisregressionen auf eine frühe intrauterine Zeit und auf den Moment vor seinem Kaiserschnitt, die aus weiter zurückliegenden Sitzungen stammen, habe ich vorhin erwähnt. In der Gruppenstunde, um die es jetzt geht, war Hemmung das allgemeine Thema, Hemmung vor Lebendigkeit, Hemmung vor Sexualität und vor allem Hemmung vor Aggressionen. All diese Regungen wurden offensichtlich als zu gefährlich betrachtet und deshalb abgewehrt. Wie gern in solchen Momenten schlug ich eine allgemeine Gruppenimprovisation vor mit der Empfehlung, das Bewußtsein einfach auf die Wahrnehmung der augenblicklichen Atmosphäre und inneren Gestimmtheit sinken zu lassen und diese auf direkte Weise – also unter Umgehung des Denkens – in musikalischen oder körperlichen Ausdruck umzusetzen.

Es entsteht ein langes, zaghaftes und undifferenziertes Geplänkel. Keiner will Farbe bekennen, keiner will hervortreten. Mehrere Versuche von einzelnen, lauter oder deutlicher zu werden, gehen immer wieder unter. Einige versuchen sich kurz an dem großen chinesischen Gong, legen den Schlegel aus Angst vor der Klangintensität aber bald wieder weg. Als hätte er allen Mut zusammengenommen, tritt Julian schließlich an den Gong und setzt ihn beidhändig mit zwei großen Schlegeln zunächst bedächtig und mit mäßiger Lautstärke, dann immer kräftiger in Schwung. Unbeirrt und stetig steigert er Tempo und Lautstärke. Der Gong schwillt zu einem orkanartigen Klang an, der den ganzen Gruppenraum ausfüllt. Einige Ängstliche verkriechen sich oder suchen bei anderen Zuflucht, wieder andere lassen sich von Julian anstecken, tun das gleiche oder feuern ihn an. Zwei müssen den Gongständer halten, damit er nicht umfällt. Eine Frau sitzt auf einer anderen und stößt zu wilden Kopulationsbewegungen spitze, gellende Schreie aus. Es wird ein wahrer Hexensabbat, der einem ekstatischen Gipfel zustrebt. Archaisch lustvolle und aggressive Energien machen sich Luft, wie nach langer Unterdrückung endlich befreit. Ich bin in Sorge, daß einiges zu Bruch geht. Gewöhnlich verhindere ich, daß dies geschieht, weil es unnötige Schuldgefühle und Scherereien macht. In diesem Moment bin ich aber wie in einem heiligen Bann, voller Ehrfurcht vor den Kräften, die sich hier endlich befreien. Ich spüre in mir die Gewißheit, daß ich mich dem nicht entgegenstellen darf, was auch immer geschieht. Und dann, mitten in diesem tosenden und brodelnden Vulkan, da, wo eine Steigerung nicht mehr möglich scheint, legt Julian, wie von Sinnen, noch einmal zu, um mit einem letzten gewaltigen Hieb den Gong zu durchschlagen. Aus seiner Mitte bricht ein kindskopfgroßes Stück heraus. Julian fällt wie ohnmächtig in sich zusammen und liegt eine ganze Weile reglos und erschöpft da. Ich setze mich neben ihn. Als er wieder zu sich kommt – strahlt er. Er ist durchdrungen von einem triumphalen Gefühl. Erst jetzt entdeckt er das Loch im Gong. Er hat seinen Durchbruch gar nicht mehr bewußt mitbekommen.

Damit Julians Handeln und Erleben verständlich wird, möchte ich noch einmal auf seine frühe Lebensgeschichte und seine Problematik hinweisen: Er war als Frühgeburt durch Kaiserschnitt zur Welt gekommen, hatte die ersten Wochen im Inkubator verbracht und mit zehn Monaten seinen Vater verloren. Er litt an Minderwertigkeitsgefühlen, mangelndem Durchsetzungsvermögen und einem fehlenden männlichen Identitätsgefühl. Er hatte Angstzustände, wegen immer wieder auftretender Impulse, mit dem Kopf durch eine Mauer rennen zu müssen. In der jetzt beschriebenen Sitzung – so berichtete er – sei in der anfänglichen allgemeinen Stimmung von Gehemmtheit und Verzagtheit auf einmal der Entschluß in ihm aufgekommen, dieses Mal all seinen Mut und seine Kraft zuzulassen. Am Gong sei aus dieser Entschlossenheit immer mehr eine verzweifelte, aber mächtige Wut geworden. Er habe nur noch den einen Gedanken im Kopf gehabt: „Dieses Mal muß ich es schaffen, dieses Mal muß ich es schaffen!"

Dann habe er um sich herum nichts mehr wahrgenommen und sei nur noch von dem einen Gefühl erfüllt gewesen: „Dieses Mal muß ich unbedingt da durch!"

Als Julian das erzählte, war bei vielen Gruppenmitgliedern spontan ersichtlich, daß es sich bei dem Durchbruch um das symbolische Nachholen des normalen Geburtsweges gehandelt hat, der Julian wegen der Kaiserschnitt-Operation vorenthalten worden war. Ich bin der Überzeugung, daß die normale Geburt und ihr Überstehen das erste Ich-bildende und Ich-kräftigende Ereignis ist. Für Julian wurde nun alles klar und deutlich. Sein triumphales Gefühl, es geschafft zu haben, und nun erlöst zu sein, bekam einen Sinn. Die folgende Zeit bestätigte, daß dieses wahrhaft durchschlagende Ereignis die Initialzündung für seine nun nicht mehr aufzuhaltende Entwicklung und Nachreifung war.

Dieses und auch die früheren Beispiele zeigen deutlich, daß wir mit den Geschehnissen und Erlebnissen in der Musiktherapie nur dann sinnvoll umgehen können, wenn wir in der Lage sind, ihre innere Sinnhaftigkeit zu verstehen. Gerade auch in der klanggeleiteten Trance sind die Reaktionen auf die Klänge oft so unterschiedlich und verwirrend vielfältig, daß wir ratlos davor stehen, wenn wir nicht ein topographisches Modell von den verschiedenen Schichten des Bewußtseins haben, denen wir die Erlebnisse zuordnen und damit therapeutische Handlungsanweisungen ableiten können.

An dieser Stelle möchte ich darauf hinweisen, daß die von mir beschriebenen Klang-Archetypen nicht nur mit den Instrumenten in Verbindung stehen, sondern auch in ebenso hohem Maße von der Spielweise abhängig sind. Wenn ich beispielsweise den chinesischen Gong nicht konfluierend spiele, sondern mit einem stetigen und hörbaren Metrum, so verändert sich seine Wirkung vollständig, erstens wegen der haltgebenden metrischen Struktur und zweitens wegen eines Überwiegens des Grundtons.

Die archetypische Wirkung eines Klanges kommt dann nicht zum Tragen, wenn sich ein sehr energiereiches Thema im Vorbewußten befindet. Dieses nutzt praktisch die Gelegenheit eines jeden Reizes, um sich ins Bewußtsein zu drängen, ohne auf das spezifische Angebot des Reizes einzugehen. Deshalb gibt es in der klanggeleiteten Trance auch viele unspezifische Reaktionen.

Die hohe Klangschale

Der helle, gleißende Ton der geriebenen hohen Klangschale kommt mit eindringlicher Macht und Klarheit. Er verkörpert eine übermächtige, starke Kraft, der man sich entweder hingeben oder nur schmerzlich widersetzen kann. Er ist das männliche Gegenstück zu dem ewig weiblichen Seins-Grund des Tao. Diese Kraft kann, als die höchste Oktave einer transformierten Sexualität, als klare, gereinigte Lebensenergie, als Liebe, als Licht oder eben auch als göttliche Kraft wahrgenommen werden.

Da viele Menschen sehr negative Erfahrungen mit dem Thema des Ausgeliefert-Seins an eine stärkere Macht oder gar Gewalt haben, können viele traumatische Situationen ausgelöst werden: Vergewaltigung, Bombenangriffe, Unterdrückung, Verlassenheit, Einsamkeit und todesnahe Eiseskälte. Die zugehörigen Gefühle sind entsprechend: Ohnmacht, Verzweiflung, Angst, Panik, Auflehnung, Widerstand, oder ein Sich-totstellen. Wenn derartige Vorerfahrungen durchgearbeitet sind oder nicht vorliegen, ermöglicht die Klangschale, wie kein anderes Instrument, das beglückende Erlebnis der völligen Hingabe an eine höhere transzendente Kraft. Kein anderes Instrument löst so viele transzendente Erfahrungen aus, erstaunlicherweise auch bei Menschen, die sich für areligiös oder atheistisch halten, wie z. B. eine Frau Ende 30, die sich wie ein großes rundes Energie-Ei fühlt. Dann sieht sie das Bild vom Heiligen Geist, symbolisiert durch einen Vogel im Licht. Schließlich taucht der auferstandene Christus auf inmitten eines gleißenden Lichtkranzes, von Wolken umgeben. Ihr Verstand beurteilt diese Vision gleichzeitig sehr kritisch, aber sie kann sich nicht einer gewissen Freude und Ergriffenheit erwehren.

Didjeridu

Hat man das System der Chakren vor Augen, so setzt sich die hohe Klangschale gern mit den beiden oberen Chakren in Beziehung. Am anderen, erdnahen Pol der Lebensenergie (also die beiden unteren Chakren ansprechend) brummt archaisch, unzivilisiert und kraftvoll das Didjeridu.

Es hat eine Affinität zu dem Element Erde und ihren Variationen: ursprüngliche Landschaften, Naturgewalten, Erdball, Erdinneres, Lava, Schlamm, Morast, Sumpf; in weniger konkreter Form als Gefühl des Geerdet-Seins, der Erdverbundenheit, des Getragen-Seins von einer festen Basis. Gelegentlich tauchen Bilder aus der Frühzeit der Menschheit auf. Die Gefühlstönung ist animalisch, lustvoll, vital, kraftvoll, mächtig, ungezügelt und ungezähmt. Es geht um Triebhaftigkeit, Sexualität und Körperlichkeit, um Wut und Aggressivität oder um eine handfeste Lebensfreude und Vitalität. Nicht selten ist von Potenz die Rede in ihrer männlichen und weiblichen Form, wobei sich Frauen in ihrer Weiblichkeit und Männer in ihrer Männlichkeit erleben. Das

Didjeridu ist ein hervorragendes Instrument zur Klärung von Schwierigkeiten mit Körperlichkeit, Sexualität und Aggressivität. Ich möchte drei verschiedene Fallvignetten von Frauen mit Mißbrauchserfahrungen schildern aus drei unterschiedlichen Behandlungsstadien:

Fallbeispiele

Bei der ersten handelt es sich um eine Frau zu Behandlungsbeginn, die ihre gesamte Mißbrauchserfahrung völlig verdrängt hat und durch das Didjeridu zum ersten Mal mit diesem Thema konfrontiert wird. Sofort nach dem Ertönen des Klangs gerät sie in Panik, flüchtet an die Wand, rutscht in eine Hockstellung, kauert sich zusammen und verfällt in eine leblose Starre. Sie ist lange Zeit nicht ansprechbar und kommt erst nach längerem Bemühen zu sich. Erst Wochen später kann sie berichten, daß sie aus Panik und Angst ihren Körper verlassen habe. Von oben habe sie ein mit gespreizten Armen und Beinen festgeschnalltes, wie␣leblos␣es Kind gesehen, beschmutzt und besudelt. (Dies ist ein Beispiel aus einer Einzeltherapie.)

Eine andere Frau, die sich mitten in ihrer Aufarbeitung der Mißbrauchsproblematik befindet, bekommt in einer Gruppensituation Zugang zu ihrer bis dahin radikal abgewehrten Aggression und wird endlich vom reinen Opfer zur Täterin. Ohne diesen Schritt kann sich keine Synthese vollziehen. Während ich also völlig harmlos das Didjeridu spiele, verliert sie die Fassung, springt auf und schreit mich an: „Du Schwein, du alte Drecksau, daß du dich nicht schämst! Ich könnte dich würgen und dir das Gesicht zerkratzen!"

Aus der Zeit der nach langer mehrjähriger Therapie endlich überwundenen schweren Mißbrauchsproblematik stammt das Erleben einer anderen Frau:

Ich sehe einen Sumpf. Aus der lehmigen Erde lösen sich Luftblasen, es blubbert und gluckt. Da sehe ich Gestalten auftauchen – es sind Frauen, nur Frauen. Sie sind entspannt und bewegen sich wie in Trance in dieser gelben Lehmmasse. Sie tauchen auf und wieder unter, wiegen sich, alle sind nackt. Haare und Gesicht sind bedeckt mit Schlamm. Ich bewundere besonders die alten Frauen mit ihren hängenden Brüsten und den breiten Hüften und Schenkeln. Da gibt es keinerlei Scham untereinander. Eine Frau nimmt mich liebevoll in den Arm. Ich bin ein Mädchen von drei bis vier Jahren. Eine andere Frau spreizt meine Beine und küßt mein Geschlecht. Auch andere tun das. Eine Welle von Glück und Lust durchläuft meinen Körper. Ich fühle mich erwählt, angenommen und gefeiert, weil ich weiblich bin. Ich tauche mit ein in den Schlamm. Ich werde zu der Frau, die ich jetzt bin. Ich wiege mich in der warmen, breiigen Masse. Dann beginne auch ich, so wie die anderen, meine Brüste, Hüften, Schenkel und mein Geschlecht mit dem Lehm zu bestreichen. Ströme von Lust steigen durch meine Vagina in den Körper hinauf. Es baut sich ein Höhepunkt auf, der sich in ein Wohlgefühl auflöst, leicht und nicht zielgerichtet. Dann werde ich mit warmen Wasser übergossen und gereinigt. Die Frauen massieren schweigend meinen Körper. Ich weiß, daß ich für die heilige Hochzeit vorbereitet werde. Man führt mich in einen hellen Raum, von dem ich besonders den warmen Steinboden wahrnehme, von außergewöhnlich strahlendem Weiß. Ich bin nackt, hinter mir sitzt eine mütterliche Frau. Die Tür mir gegenüber öffnet sich und ein junger, sehr schöner Mann wird von einem väterlichen Begleiter hereingeführt. Er trägt einen bodenlangen blauen Samtumhang und ist darunter nackt. Meine Erregung und meine Erwartung werden stärker. Wir gehen aufeinander zu und nehmen direkten Blickkontakt auf. Ich beginne liebevoll mit meinen Händen seinen Penis zu streicheln, der sich hoch aufrichtet. Ein wundervoller Anblick von Kraft und Würde. Dann vergehen alle Bilder, und ich nehme nichts mehr wahr außer Erregung, Lust und völlige Hingabe an diesen Augenblick des Erlebens.

Grenzzustände bei Therapeuten

Es gibt einen Grenzzustand, den zu vermitteln mir sehr am Herzen liegt. Es handelt sich um den Grenzzustand, in dem sich die Therapeutin bzw. der Therapeut befinden kann – oder sollte ich sagen, sich zu befinden lernen sollte? Der Therapeut behält dabei einerseits seine Fähigkeit bei, in der äußeren Wirklichkeit zu handeln, macht sich aber andererseits ganz frei von seinem handelnden egozentrischen Ich, indem er sich in eine Haltung der Absichtslosigkeit begibt und die Führung seinem inneren Selbst überläßt. Dadurch entsteht eine gewisse Hellsichtigkeit, man könnte auch sagen, eine teilweise Auflösung seiner Ich-Grenzen, wodurch energetische und psychosomatische Phänomene des Patienten unmittelbar in den Wahrnehmungsbereich des Therapeuten gelangen.
Das gelingt nicht durch eine Verschiebung des Bewußtseinsfokus vom Wachbewußtsein auf den nicht-alltäglichen Bewußtseinszustand, sondern durch eine Erweiterung des Bewußtseins und die Fähigkeit, sich gleichzeitig in beiden Bewußtseinszuständen zu befinden. Der Therapeut sitzt also, wie die Hexe auf dem Zaun, auf der Grenze, und kann in beiden Welten sein. Über die direkte Arbeit des Therapeuten auf der Ebene der nicht-alltäglichen

Wirklichkeit unter Umgehung der kognitiven Strukturen müßte man ein eigenes Kapitel schreiben. Sie entspricht der Arbeitsweise, die Schamanen seit Jahrhunderten in allen Kulturen praktizieren. Manche Schamanen verwenden für ihre Handlungen im Bereich der anderen Wirklichkeit symbolgeladene Gegenstände. Es eignen sich aber auch alle von mir vorgestellten Klänge, und in gewisser Weise ist diese Handlungsebene bei meiner Arbeit immer beteiligt. Ich habe darüber gesprochen, daß eigentlich nicht der Klang an sich wirkt, sondern die über ihn vermittelte heilende Seelenqualität, geboren aus einer absichtslosen Absicht.

Manchmal jedoch stelle ich diesen Aspekt noch deutlicher in den Mittelpunkt der Arbeit, und dann wird der Psychotherapeut zum Heiler. Das geht besonders gut mit Didjeridu. In diesem Fall verwende ich den Klang für die unterschiedlichsten Botschaften, unabhängig von dem Klang-Archetypus. Es handelt sich um eine direkte Arbeit auf der Ebene der energetischen Strukturen des Körpers, besser gesagt des Energiekörpers, die über ein direktes Beblasen mit dem Instrument beeinflußt werden können. Dabei spielen natürlich viele Faktoren eine Rolle: Eine Bereitschaft seitens der Patienten, eine gute therapeutische Beziehung und eine intuitive Wahrnehmungsfähigkeit seitens des Therapeuten. So etwas kann man nicht „machen", man kann sich allenfalls zur Verfügung stellen, daß es geschieht.

Fallbericht

Ich möchte dies an einem erst kurz zurückliegenden Beispiel erläutern: Es war während einer Selbsterfahrungsgruppe Anfang dieses Jahres. Wie immer auf einem solchen Workshop kenne ich die Vorgeschichte der Teilnehmer nicht. So wußte ich auch gar nichts Näheres von der etwa 55jährigen Frau, um die es jetzt geht. Mir war lediglich ihre gedrungene Haltung aufgefallen und ihre Schwierigkeit, zu sich selbst zu stehen. Während einer Phase der freien musikalischen Improvisation habe ich auf dem Didjeridu mitge- spielt und fühlte mich plötzlich zu ihr hingezogen (teilweise war das sicher beeinflußt durch ihren früher geäußerten Wunsch, einmal mit dem Didjeridu behandelt zu werden). Sie lag apathisch auf dem Rücken, Arme und Beine von sich gestreckt. Ich stellte mich neben sie, nahm innerlich mit ihr Kontakt auf und spielte mich selbst mit dem Didjeridu in einen Trance-Zustand. Ich hatte keine Ahnung, was sich da ereignen wollte und war auch völlig ohne Absicht, abgesehen von meiner Bereitschaft, mich diesem Menschen zur Verfügung zu stellen. Das ist es, was ich absichtslose Absicht nenne. Dann nahm ich auf einmal im Bereich ihres Oberbauches so etwas ähnliches wie ein Vakuum wahr. Da war nichts, da fehlte etwas, da war ein Loch, ziemlich groß. Gleichzeitig hatte ich das Gefühl einer Energiestau-Blockierung im Bereich ihres Unterleibes. Mein kurz auftauchendes Wachbewußtsein gab mir bestätigende Unterstützung: Das Loch im Oberbauch war auf der Höhe des Namipura-Chakras, dessen Energie den Menschen dazu treibt, sein Ich und seine Identität in dieser Welt zu entwickeln. Es geht um Macht über sich selbst und Anerkennung von anderen. Nachdem ich mir diese Zustimmung gegeben hatte, überließ ich mich einfach dem weiteren Prozeß (wenn ich in der weiteren Beschreibung immer wieder sage, „ich tat dieses oder jenes", so ist das genaugenommen unzutreffend und müßte eigentlich heißen, „es veranlaßte mich, dieses oder jenes zu tun"; aus Gründen der besseren Lesbarkeit bleibe ich jedoch bei der einfacheren, wenn auch nicht ganz zutreffenden Formulierungsweise). Ich heizte die gestaute Energie im Unterleib kräftig auf, so als würde man Luft in eine schwelende Glut blasen, bis ein loderndes Feuer entstand. Dann schob und zerrte ich mit dem Didjeridu immer weiterblasend dieses Feuer nach oben in die Bauchgegend, immer und immer wieder, bis ich den Eindruck hatte, daß die Kraft dort jetzt Fuß gefaßt hat. Dann ging ich weiterblasend zum Hals und zum Kopf, spürte so etwas wie einen heiligen Zorn in mir aufkommen, einen Ärger darüber, daß die Patientin nicht gut für sich sorgt und immer auf die anderen achtet, anstatt sich selbst zu vertreten. Diese „dumme Angewohnheit" wollte ich ihr „ausblasen", und habe es auch getan. Dann habe ich die positive Energie von Kopf und Hals, die in der Fähigkeit, wahrzunehmen, zu denken, zu reden und sich selbst zu vertreten liegt, heruntergezogen in den Oberbauch, mehr und mehr. Am Schluß war alles miteinander verbunden, wie ein Flächenbrand von Lebensenergie. Ich war zufrieden und bin weitergegangen. Die Improvisationsphase dauerte noch über eine Stunde. In der Nachbesprechung schwieg sie, und abgesehen davon, daß sie mich beim Verlassen des Gruppenraumes ganz liebevoll und irgendwie staunend und dankbar berührte, blieb ich im unklaren über die Auswirkungen meines Tuns. Im normalen Bewußtseinszustand haben in mir manchmal Reste meines früheren kritischen Naturwissenschaftlers die Oberhand. Ich bin dann skeptisch und vertraue nicht darauf, daß bei dieser Art zu arbeiten wirklich etwas passiert. Kürzlich kam dann aber ein Brief von ihr, in dem sie schreibt:

„Du erinnerst dich doch, lieber Wolfgang, daß du mit dem Didjeridu meinen Magen beschallt hast. Das hat mir wirklich sehr gut getan. Ich kann es kaum fassen, aber es ist wahr. Nach 45 Jahren Magengeschwüren und Magenschmerzen habe ich jetzt keine mehr. Ich versuche, das zu bekräftigen mit dem Satz: „Ich darf es mir gutgehen lassen." Natürlich sind danach noch ab und zu Magenschmerzen aufgetreten. Aber ich habe zufällig in der hiesigen esoterischen Buchhandlung eine Didjeridu-Kassette gefunden. Jedesmal, wenn ich nochmal Bauchschmerzen habe, spiele ich die Kassette, und sie gehen weg. Deshalb höre ich jetzt 3 x täglich meine Medizin, und es geht mir besser und besser!"

Dies klingt wie eine Erfolgsmeldung aus dem Anzeigenteil einer Gesundheitspostille. Aber ich berichte diese Geschichte nicht, um den Blick auf das zu richten, was ich mache, sondern um Mut zu machen, selbst so zu arbeiten und sich vorzuwagen, über die Grenze hinaus in die Ebenen anderer Wirklichkeiten voller Zauber, Wunder und Staunen.

Balinesischer Gong

Den balinesischen Gong möchte ich erwähnen, weil er am besten veranschaulicht, daß man nicht alle Gongs gleichsetzen darf. Seine Wirkung ist der des chinesischen Gongs Chau-luo fast entgegen gesetzt. Der Chau-luo oder Tamtam zerstört und fragmentiert. Er führt durch das Chaos zu neuem. Der balinesische Gong hingegen zentriert. Er ist annehmend, unterstützend, einhüllend, kann die wärmenden Herzensqualitäten bedingungsloser Liebe verkörpern. Das heißt aber nicht, daß man mit ihm nur angenehme Erfahrungen machen kann. Manche Menschen kommen in schreckliche Zustände, wenn sie mit dieser Qualität konfrontiert werden.

Shruti-Box

Dieses Instrument kann besonders gut das Erleben von Gemeinschaft oder Geselligkeit vermitteln sowie menschliche Gefühle von Verbundenheit mit anderen oder mit der Heimat. Das Thema Gemeinschaft, Verbundenheit und Heimat gilt sowohl für den weltlichen (man denke an die Klangqualität des Schifferklaviers und Akkordeons) als auch für den religiösen Bereich (vergleiche die Klangqualitäten des Harmoniums).

Berimbao

Auf dem Berimbao spiele ich einen stimulierenden afrikanischen 12er-Rhyhmus. Und aus diesem Grund macht dieses klanglich-rhythmische Muster Anleihen bei dem Klang-Archetypus des Monochords, verknüpft aber seine pränatalen oder transpersonalen Qualitäten von Harmonie und Alleinheit mit den irdischen Gefühlen von Leichtigkeit, Lebendigkeit und Beschwingtheit.

Schwirrholz

Das Schwirrholz würde wohl sagen, wenn es reden könnte: „Ich bin das Kommen und das Gehen, ich gehe auf und gehe unter, ich werde groß und werde klein. Alles kommt und alles geht. Halte nichts fest! Mach dich leicht wie der Wind! Gründe deine Sicherheit nicht in den Dingen dieses Lebens, sondern gründe sie allein in mir, dem Geist, der Quelle tief in deinem Inneren."

Rassel

In der Rassel vermählt sich der Klang des grenzenlosen weiblichen Seins-Grunds, des Nicht-Handelns und Geschehenlassens, der Zeitlosigkeit des Unbewußten (vergleiche den Klang der Ocean-Drum) mit der irdischen Struktur von Zeit und dem männlichen Prinzip des Handelns (durch das Rhythmuselement). Sowohl phylogenetisch wie auch ontogenetisch hat die Rassel eine Affinität zu dem Übergang vom unbegrenzten „magischen" Bewußtsein zur beginnenden Entwicklung eines abgegrenzten Ichs. In dem sie diese Polarität in sich vereint, hat sie in gewisser Weise etwas neutrales und stellt ein sehr breites Erlebnisfeld zur Verfügung. Sie eignet sich deshalb auch gut für schamanische Reisen, bei denen die Richtung des Lebens durch eine ganz bestimmte Intention – z. B. Reise in die untere Welt – vorgegeben wird und nicht durch die Klangfarbe.

Vielleicht sollte ich an dieser Stelle darauf hinweisen, daß das Erleben natürlich in höchstem Maße von der einleitenden Suggestion abhängt. So geschieht natürlich etwas völlig anderes, wenn bei der Rassel die Instruktion lautet: „Machen Sie eine Reise in die untere Welt, um Ihre Kraft hier zu suchen", als wenn ich zur Rassel sage: „Lassen Sie sich einfach von der Qualität dieses Klanges an die Hand nehmen und sich in sein Reich führen!"

Solche Suggestionen können auch subtil und unbewußt sein und viele kontroverse Diskussionen über die Wirkung der Klänge würden sich erübrigen, wenn man dieses Phänomen mehr im Auge hätte.

Beziehungen zwischen Eßstörung und Gesellschaft*

WOLFGANG STROBEL

Summary

The symptoms of patients with eating disorders correspond surprisingly with phenomena in our society. The female principle is overshadowed, as are affectionate attitudes to the body. We feel inwardly homeless and we have lost the proper measure. The awareness of being both, a part and the whole has not evolved. The loss of relationship is compensated by achievement and deludes us into believing we are self-sufficient. Death and transcendancy are denied.

Zusammenfassung

Die Symptome der Eßgestörten zeigen verblüffende Entsprechungen zu Phänomenen in unserer Gesellschaft. Das weibliche Prinzip führt ein Schattendasein, ebenso wie eine liebevolle Körperlichkeit. Wir haben die Geborgenheit und das rechte Maß verloren. Das Bewußtsein, ein Teil und das Ganze zu sein, ist nicht entwickelt. Der Verlust an Beziehung wird durch Leistung kompensiert und führt zu dem Wahn, autark zu sein. Tod und Transzendenz werden verleugnet.

Mannigfaltig sind die Verflechtungen zwischen Krank- oder Gesundsein des Individuums und seiner Umwelt. Nimmt eine vorwiegend seelisch bedingte Erkrankung in kurzer Zeit auffällig zu – bei den Eßstörungen ist dies zweifelsohne der Fall –, so muß man die Frage nach sozialen Zusammenhängen stellen. Zu untersuchen wären dann die politischen, ökonomischen und

---

* Ursprünglich publiziert in: Musiktherapeutische Umschau 10, 1989, S. 85-89. Dieser kleine Essay stellt zwar keine musiktherapeutische Arbeit im engeren Sinne dar, steht aber mit der Musiktherapie in folgendem Zusammenhang: Im Jahr 1989 waren zwei Hefte der Musiktherapeutischen Umschau dem Thema „Eßstörungen" gewidmet als Antwort auf die brisante Zunahme dieser Erkrankung zu jener Zeit und die guten Behandlungserfolge mit Musiktherapie. Der vorliegende Aufsatz sollte in diesen Themenkomplex einführen und den gesellschaftlichen Kontext reflektieren.

soziokulturellen Faktoren, also beispielsweise die Machtverhältnisse in Staat und Familie, die Formen des menschlichen Zusammenlebens, nicht zuletzt auch die Rolle von gesellschaftlichen Moralvorstellungen und Normen, von Tradition und religiöser Bindung. Ein Übermaß der letztgenannten Kräfte kann sich ebenso schädlich auswirken, wie ein Mangel. Wenn sich für Freud Hysterie als Objekt seiner Untersuchungen anbot, so lag dies an der Sexualfeindlichkeit im Europa der Jahrhundertwende. Ist die Eßstörung vielleicht die Krankheit *unserer* Zeit? Sie begegnet uns jedenfalls in beängstigend zunehmender Häufigkeit. Zwischen psychogener Magersucht und Bulimie möchte ich hier nicht unterscheiden, da ich der Ansicht bin, daß es sich nur um die jeweilige Vorder- und Rückseite derselben Medaille handelt. Nichts steht einer Sache näher als ihr Gegenteil.

Es ist seit langem bekannt, daß die ja zumeist bei (jungen) Frauen auftretende Symptomatik der Eßstörung die Weigerung beinhaltet, eine erwachsene Frau zu werden. In den Familien solcher Menschen finden sich dafür immer plausible und nachfühlbare Gründe. Im Frausein wird kein Wert gesehen, den zu erwerben sich lohnt. Ist es nicht auch in unserer Gesellschaft so, daß die „weiblichen" Eigenschaften als weniger wert gelten? Um Mißverständnissen vorzubeugen, sei betont, daß mit dem „weiblichen Prinzip" keineswegs Eigenschaften gemeint sind, die man (nur) Frauen zuschreibt. Allenfalls auf der biologischen Ebene besteht eine Entsprechung. An der Unterbewertung des „Weiblichen" – in mancher Hinsicht handelt es sich um eine Reaktion auf die Angst vor dem Matriarchalen – leiden in unserer Gesellschaft Frauen *und* Männer. Dieses Ungleichgewicht ließe sich an vielen Beispielen aus dem Alltag aufzeigen. Selbst die Emanzipation der Frau stellt sie – so dringend Gleichberechtigung nötig ist – bislang nur den einseitig „männlichen" Männern gleich. Es geht um (Höchst-)Leistung, um Erfolg, Rekord, Konkurrenz, Wettkampf, um Rivalität und Macht – innerhalb der Gesellschaft, wie auch zwischen den Völkern. Auf diese Weise wird zwar das Weltall erobert und wir dringen immer tiefer in die Erde ein; aber um welchen Preis? Wo bleiben die anderen Qualitäten: sich anvertrauen, sich hingeben, aufnehmen, wachsen und geschehen lassen, etwas austragen? Es geht uns nur um Außenwelt; nur sie gilt als Realität; mit wachem und analysierendem Verstand finden wir uns in ihr zurecht. Das ist gut so, aber muß deshalb die Innenwelt ein Schattendasein führen, die Wirklichkeit des Traums und der Gefühle?

Schon sind Gegenbewegungen erkennbar, aber sie werden – wohl aufgrund eines dualistischen Verständnisses – noch bekämpft. Außerdem ist zu bedenken, daß die frühe Kindheit der heute in ihrem Eßverhalten Gestörten bereits 15 bis 30 Jahre zurückliegt. Als Symptomträger unserer Gesellschaft zeigen sie, daß das sich schon länger anbahnende Ungleichgewicht nun dekompensiert. Sie sind uns ein Appell, die beiden Polaritäten wieder mehr ins Gleichgewicht zu bringen. Dies ist nicht statisch zu verstehen. Es wird immer ein Pendeln bleiben. Zu hoffen ist, daß bei allem Hin und Her eine Höherentwicklung des Bewußtseins der Menschheit gelingt.

Ein wesentliches Merkmal der Eßgestörten ist ihr tief beeinträchtigtes Verhältnis zur Leiblichkeit. Bei den Magersüchtigen wird die Verweigerung, eine reife *Frau* zu werden, nach *außen* hin sichtbar. Im *Kern* aber ist sie noch nicht leiblicher (weiblicher) *Mensch* geworden.

Das Fehlen eines liebevollen Verständnisses zur Leiblichkeit ist ein Phänomen unserer gesamten Gesellschaft. Es gibt den Körper als Hochleistungsmaschine (bei der Arbeit und im Sport), als Markenzeichen oder Statussymbol im allgemeinen Wettbewerb, als Werbefläche oder als Lustobjekt. Schließlich bilden wir uns ein, uns sei die sexuelle Befreiung gelungen! In Wirklichkeit handelt es sich aber nur um eine *abgespaltene* Körperlichkeit und Sexualität. Trotz vermeintlicher Freizügigkeit kommt die Sexualfeindlichkeit versteckt im Gewande einer allgemeinen Leibfeindlichkeit daher. Fatal wirkt sich die in der breiten Durchschnittsöffentlichkeit auch heute noch anzutreffende hartnäckige Verwechslung bzw. Gleichsetzung von Leiblichkeit und Sexualität aus.

Weil oder wenn Sexualität nicht sein darf, wird gleich die gesamte Leiblichkeit tabuisiert. Das betrifft die Beziehung zum eigenen Körper ebenso wie die körperliche Wahrnehmung und Berührung anderer. Auch wenn das Ausmaß der Bedürfnisse unterschiedlich sein dürfte, so ist doch die liebevolle leibliche Zuwendung „Grundnahrungsmittel" eines jeden Menschen. Wenn hier nicht allzu häufig Mangelzustände manifest werden, so liegt das wohl daran, daß viele Menschen diese Bedürfnisse auf dem Umweg über die Sexualität doch teilweise befriedigen können. Notleidend sind in unserer Gesellschaft besonders die alleinstehenden älteren Menschen und die kleinen Kinder. Wie mag eine Mutter, die keine lustvolle, sinnliche Beziehung zu ihrem Körper hat, ihn gar ablehnt, ihr Kind stillen? Selbst wenn ausreichend Milch fließt, teilt sie auf der Körperebene Abneigung mit. Wie soll sich das Neugeborene von einer mit Ablehnung vermischten Muttermilch ernähren?
Die körperliche Beziehung zwischen einem Vater und seiner kleinen Tochter birgt aufgrund eines mißverstandenen Inzesttabus Entgleisungsmöglichkei-

ten. Wenn er überzogene oder falsche Ängste vor seinen inzestuösen Wünschen hat, so steht er als „mütterliche" Ersatzperson nicht zur Verfügung. Der Vater, der seine ungenügend verinnerlichten Inzestschranken auslebt, mißbraucht seine Tochter. Wenn diese Gefahr besteht, wird sie sicherheitshalber nicht zur Frau. Schließlich: Wenn ein Vater keine liebevolle körperliche Beziehung zu *seiner Frau* lebt, wie soll sich dann das Mädchen mit seiner Mutter identifizieren können?

Eine weitere Analogie zwischen dem Verhalten Eßgestörter und unserer Gesellschaft liegt in dem Verlust des rechten Maßes, in dem fehlenden Gefühl für das Angemessene. Wir nehmen von der Erde, was nur möglich ist, geben und gewähren ihr aber nicht, was sie braucht, um im Gleichgewicht zu bleiben. Die Bodenschätze werden rücksichtslos ausgebeutet, der tropische Regenwald vernichtet, viele Tierarten ausgerottet, Wasser und Luft vergiftet, die Oberfläche geteert und zubetoniert, bis das Grundwasser sinkt. Wir leben im Überfluß, ohne Rücksicht auf den Gesamtorganismus. Äußerlich wird alles wohlhabender, innerlich wird es immer magerer. Wenn ich durch die Warenschluchten eines *Super*marktes laufe, wechselt das bulimische Gefühl, suchtartig alles haben zu müssen, ab mit dem magersüchtigen Wunsch nach einer sauberen und reinen Askese, die den ganzen Überfluß und äußerlichen Firlefanz zum Kotzen findet.

In engem Zusammenhang mit diesem Verlust der Mitte, steht der Verfall des Eingebundenseins des Einzelnen im Ganzen. Die Gemeinschaft der Familie, des Dorfes oder Stadtteils, des Volkes haben nach den beiden Weltkriegen ihre tragende Funktion eingebüßt. Damit fehlt das identitätvermittelnde Gefühl, geborgen zu sein. Der Boden erscheint trügerisch. Sicherheit wird gesucht in einem sich Absondern von der „Masse". Das Identitätsgefühl leitet sich dann nicht aus dem Eingebundensein ab, sondern ersatzweise aus der Illusion (und Not), etwas Besonderes zu sein. Das rettende Bewußtsein, auf einer höheren Ebene ein Teil des Ganzen **und** das Ganze zu sein, ist noch nicht entwickelt.

Bei der Behandlung Magersüchtiger entsteht in mir nicht selten das Gefühl, einem Menschen gegenüber zu sein, der auf mein Beziehungsangebot erwidert: „Bilde Dir ja nicht ein, daß ich das nötig habe, was Du mir anbietest!" Der Körper signalisiert lebensbedrohlichen Mangel und Bedürftigkeit, die Haltung überheblich wirkende (narzißtische) Autarkie. Natürlich steckt dahinter Mißtrauen, die große Not des frühen Beziehungsdramas und die Angst vor einer Wiederholung desselben. In dem Wahn autark zu sein, wird verleugnet, daß der Mensch ein soziales Wesen ist, daß er, zumindest das Kind in ihm, abhängig ist von einer tragenden, liebevollen Beziehung. Das Thema ist verschoben auf das Schlachtfeld der Nahrungsaufnahme. Dort, wo der Kampf eingeübt wurde, kann er nun mit sich selbst ausgetragen werden, ohne die Gefahren einer Beziehung. Das Gefühl der Unabhängigkeit von äußerer (Nahrungs-)Zufuhr berauscht und wird suchtartig immer wieder hergestellt. Ebenso suchtartig schlingt die bulimische Patientin alles in sich hinein. Sie ist extrovertierter, scheinbar kontaktfreudiger, wirkt reifer. Aber auch sie sucht ihre Befriedigung immer nur in Ersatzstoffen. Da diese keine Sättigung (der wahren Bedürfnisse) liefern, entsteht nie das Gefühl, genug zu haben. Die Magersüchtige berauscht sich an dem Wahn, nichts zu brauchen, die Bulimische an dem Wahn, alles haben zu können. Beide vermeiden, was sie *wirklich* brauchen: eine nährende Beziehung. Die Mütter sind daran keineswegs schuld – sie sind lediglich Verursacher (für die Väter gilt das gleiche). Wären *sie* unsere Patienten, könnten wir sie ebenso verstehen. Sie können nichts weitergeben, was sie nie bekommen haben – Liebe, die keine Bedingungen stellt.

In unserer Gesellschaft geht es noch um eine andere Beziehung, die wir gerne leugnen. Materielle Ideologie und technische Revolution haben die Illusion genährt, wir könnten alles machen und haben, wir seien die Herren der Welt. Die Psyche wurde, wenn überhaupt, nur gesehen als Produkt physiologischer und biochemischer Vorgänge. Mit der Entwertung und Entmachtung des Seelischen, des Immateriellen, wurde auch der Bereich des Religiösen, Spirituellen und Transzendenten über Bord geworfen. Die christlichen Religionen des Abendlandes sind in weiten Bereichen zu reinen Verwaltungen konfessioneller Dogmatik verkommen. Gemäß ihrer einseitig patriarchalen Vorstellung von einem männlichen Gott liebt dieser den Menschen nicht um seiner selbst willen, sondern wenn er die Regeln befolgt. Die religiösen Zeremonien wurden immer mehr zu beziehungsleeren Formalitäten. Viele Menschen haben sich von einer solchen Religion abgewandt.

Die ökonomisch-materielle Einseitigkeit des Westens konnte nur bei weitgehender Verleugnung des Todes gelingen. Während der Kristallisationskern früherer Kulturen (man denke beispielsweise an die Ägypter), aber auch vieler Stammeskulturen der jüngeren Epoche, der Todeskult war und die Ausrichtung auf eine jenseitige Welt, scheint das Zentrum unserer gegenwärtigen Kultur fatalerweise die Todes- und Jenseits*verleugnung* zu sein. Die Krankheit des Abendlandes ist eine spirituelle Magersucht mit materiellen Freßattacken. Auch die Kehrseite davon, die religiöse Bulimie nimmt inzwischen deutlich zu. Sie wird sichtbar in Jugendsekten, der Anhängerschaft falscher Gurus und dem modischen Überbau des Okkultismus, der Esoterik- und New Age-Bewegung. Die ernsthafte und angemessene Auseinandersetzung mit Tod, Tiefendimension und Jenseits ist die Voraussetzung, das Leben im Alltag und Diesseits annehmen zu können. Der Mensch ist nun einmal unausrottbar religiös und möchte in einer Transzendenz wurzeln, sich transzendieren. In der schleichenden, latenten Suizidalität (der eßgestörten Patienten und des Abendlandes) kommt diese Sehnsucht auf pathologische Weise wieder ans Licht. In narzißtischer und vermeintlich autonomer Selbstüberhöhung stehen wir heute vor dem „Großen Geist" (ich wähle diesen weniger personalen indianischen Gottesbegriff) und sagen: „Bilde Dir bloß nicht ein, daß wir brauchen, was Du uns anbietest!" Dabei klammern wir uns, in Konsum oder Askese, an die materielle Welt, die unsere Seele nicht nähren kann.

Schöpferische Psychotherapie*

WOLFGANG STROBEL

A. Einleitung

Ich befinde mich in einem Dilemma: Auf der einen Seite fürchte ich, vielen nichts Neues mehr bieten zu können, weil alles, was ich sagen möchte, bereits irgendwann gesagt und irgendwo geschrieben wurde. Und die, die wissen, denen brauche ich nichts zu sagen. Auf der anderen Seite fürchte ich, bei denen, die nicht wissen, nur auf Unverständnis zu stoßen. Schon Meister Eckehart (QUINT 1979, S. 309) hat nämlich betont: „... solange der Mensch dieser Wahrheit nicht gleicht, solange wird er diese Rede nicht verstehen." Gleiches kann offenbar nur von Gleichem erkannt werden. Auch der amerikanische Philosoph und Dichter Emerson[1] bemerkte einmal: „Nur das, was *in* uns liegt, können wir auch in der Außenwelt wahrnehmen. Wenn wir keinen Göttern begegnen, so deshalb nicht, weil wir keine in uns tragen." (Zit. nach YOGANANDA 1989, S. 195) Und damit bin ich bei meiner These angekommen: „Die Außenwelt ist in gewisser Weise eine Widerspiegelung der Innenwelt." Wenn ich mich dennoch äußere, so, weil ich glaube, daß es einen Zwischenbereich gibt, in dem sich jene bewegen, die bereits latent wissen, die Bestätigung brauchen oder Ermutigung, die erinnert oder herausgefordert werden wollen.

Zu meiner These möchte ich ein uraltes indisches Gleichnis anführen (Zit. nach OSHO 1983, S. 67 ff.): Einst war ein Mann auf Reisen und gelangte rein zufällig ins Gelobte Land. Dort gibt es nach indischen Vorstellungen Bäume, die augenblicklich Wünsche erfüllen, wenn man unter ihnen sitzt. Der ahnungslose Mann war müde, und so schlief er unter einem Wunschbaum ein. Als er aufwachte, war er sehr hungrig und sagte: „Ich bin hungrig, ich wünschte, ich könnte irgend etwas zu essen bekommen." Und sogleich

---

* Ursprünglich publiziert in: WERNADO, M., OLBRICHT, I. (Hrsg.), Spiritualität und Psychotherapie. Vorträge zur 10. Arbeitstagung des Wildunger Arbeitskreises für Psychotherapie 1995. Grobbel, Schnallenberg 1995.
1 EMERSON, R. W. (1803–1882) ist der Hauptvertreter des amerikanischen Transzendentalismus.

tauchten Speisen aus dem Nichts auf – ein köstliches Mahl schwebte einfach durch die Luft daher. Er war so hungrig, daß er sich nicht erst lange fragte, wo die Speisen herkamen – denn wenn man hungrig ist, ist man nicht philosophisch. Er begann sofort zu essen, und es schmeckte köstlich. Als er nun gesättigt war, stieg ein anderer Gedanke in ihm auf: „Wenn ich doch nur irgend etwas zu trinken bekommen könnte." Und augenblicklich erschien ein erlesener Wein. Doch während er sich im Schatten des Baumes dem Genuß des Weines hingab, fing er endlich an sich zu wundern. „Was geht hier vor? Was ist hier los? Träume ich? Oder gibt es Geister, die ihren Schabernack mit mir treiben?" Und augenblicklich tauchten Geister auf, die waren wild, grausig und ekelerregend, und sie trieben ihren Schabernack mit ihm. Da begann er zu zittern, und plötzlich kam ihm der Gedanke. „Ich bin sicher, daß ich nun getötet werde..." Und er wurde getötet.

Abb. 1

In diesem Gleichnis wird uns vor Augen geführt, daß unser Geist ein wunscherfüllender Baum ist (siehe Abb. 1). Was wir denken, wünschen, glauben oder fürchten, verwirklicht sich. In dem Gelobten Land aus der Fabel geschieht dies augenblicklich, und deshalb wird der Zusammenhang offensichtlich. Ansonsten aber gleicht dieses Land unserer Alltagswelt. Früher oder später manifestieren sich in gewisser Weise unsere Gedanken, Überzeugungen und Haltungen auf der Ebene unserer irdischen Wirklichkeit. Sie erzeugen unsere Hölle oder unseren Himmel. Sie erzeugen unser Unglück oder unsere Freude. Sie erzeugen das Negative oder das Positive, sie erzeugen Gesundheit oder Krankheit. Da sie häufig nicht bewußt sind, oder aber der zeitliche Zwischenraum zu groß ist, erkennen wir nicht die Verbindung zu der eigentlichen Ursache unserer Wirklichkeitserfahrung. Und es geht uns auf dieser Welt wie jenem Mann, der nicht bemerkte, in welchem Land er sich befindet. Und wenn ich von „schöpferischer Psychotherapie" spreche, so, weil sich meine Arbeitsweise um die Kernaussagen rankt: „Der Mensch ist der Schöpfer seiner persönlichen Realität", bzw. „die innere geistige Dimension des Menschen erschafft die als äußerlich und ‚real' erlebte Wirklichkeit." Ohne es zu wollen, befinde ich mich damit in einer gewissen Nähe zum Konstruktivismus. Vieles entspricht auch den Seth-Texten von J. ROBERTS 1972, 1985), die mir viele meiner Erfahrungen bestätigt haben).

B. Ein spirituelles Weltbild

Spiritualität hat für mich zunächst einmal noch nichts mit einem „lieben Gott" zu tun. Sie äußert sich vielmehr in der durch Erfahrung gewonnenen Gewißheit, daß jede Form, und damit auch die Materie, eine Schöpfung des Geistes ist. Ich möchte hier Geist mit Bewußtsein gleichsetzen und meine damit Bewußtsein im weitesten Sinne. Es ist identisch mit Energie, die man sich annäherungsweise wie ein elektromagnetisches Feld vorstellen kann. Jede irdische Seinsform hat ihr eigenes Bewußtsein: Das Tier hat ein tierisches, die Pflanze ein pflanzliches, das Mineral ein mineralisches, das Atom hat ein atomares Bewußtsein usw. Die materielle Welt, wie wir sie kennen, ist ein gigantisches Gemeinschaftsunternehmen aller daran beteiligten Bewußtseinsformen. Sie entsteht u. a. durch eine kolossale Synchronisation auf einen gemeinsamen Schnittpunkt, durch eine Einigung auf das zeitliche Jetzt unserer alltäglichen Wirklichkeit.

Bewußtsein ist nicht, wie es der Materialismus und weite Bereiche der Naturwissenschaft annehmen, Ergebnis der Materie, durch zufällige Aneinanderlagerungen irgendwelcher Moleküle entstanden - vielmehr ist die Materie der

Niederschlag, das Kondensat, die Verdichtung, die Verkörperung des entsprechenden Bewußtseins. Man könnte auch sagen, die Materie ist ein bestimmter Aggregatzustand des Geistes. Alle diese unterschiedlichen Bewußtseinsformen sind ihrerseits wiederum Schöpfungen bzw. Manifestationen des formlosen All-Einen. Dieses absolute Sein, was aus einer Nichtexistenz Existenz hervorbringt, können wir Gott nennen. Dieser Begriff ist allerdings problematisch, weil er belastet ist mit den Projektionen unserer einseitigen Vorstellungen - beispielsweise der eines männlichen Herrschergottes oder der eines „lieben" Gottes. Und jede Religion, jede Sekte scheint ihr eigenes Monopol auf Gott zu haben (siehe Abb. 2).

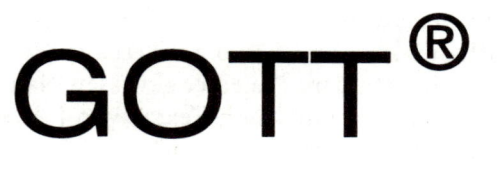

Abb. 2

Wenn wir vom Tao sprechen, hat es den Vorteil, daß der Taoist nicht versucht, etwas über Gott auszusagen, vielmehr bis zum Überdruß wiederholt, daß das Tao nicht benannt werden kann (vgl. LIN YUTANG 1955, S. 22), um dann doch der Versuchung zu erliegen, es als Quelle aller Dinge, als unpersönlich, unparteiisch, immanent formlos, unsichtbar und ewig zu beschreiben.
Aus diesem Grund bin ich Atheist, wenn ich betone, daß es Gott als irgendetwas von uns auf der irdischen Ebene Vorstellbares *nicht* gibt, Pantheist, indem ich darauf hinweise, daß *alles* göttlich ist und es nichts außerhalb von Gott gibt, auch nicht Krieg oder Teufel, und Monotheist, weil ich weiß, daß alles *eins* ist und die verschiedenen Formen nichts anderes sind als unterschiedliche Manifestationen des Einen.

C. Ein spirituelles Menschenbild

Wenn wir nun vor dem Hintergrund des eben Dargelegten den Menschen in unser Blickfeld rücken, so bedeutet dies, daß alle menschlichen Persönlichkeiten zunächst eine unkörperliche Existenz besitzen. Diese vom Leben und Tod unabhängige und somit permanente Persönlichkeit[2] ist die Schöpferin unseres irdischen Selbst, unserer zeitlichen Persönlichkeit, die man sich vorstellen kann wie eine Projektion oder eine Ausstülpung auf unsere dreidimensionale Welt.

a) Das äußere und das innere Selbst
Üblicherweise identifizieren wir uns mit diesem im zeitlichen Kontinuum lebenden irdischen Selbst, welches sich in unserer bekannten Außenwelt zurechtfindet. Deshalb nenne ich es das äußere Selbst[3]. Der weitaus größere Teil unseres Gesamt-Selbst ist jedoch nicht unmittelbar an dieser Verkörperung beteiligt und liegt quasi in uns. Deshalb nenne ich es das „innere Selbst". In vielen esoterischen Traditionen oder beispielsweise in der Huna-Philosophie ist vom „höheren Selbst" die Rede. Es entspricht dem Überbewußtsein[4] der transpersonalen Psychologie und wird dem Unterbewußtsein gegenübergestellt. Ich bevorzuge den umfassenderen Begriff des *inneren* Selbst, auch um klarzumachen, daß ich es nicht oben, sondern *in* mir finden kann, in mir in einer anderen Dimension. Dennoch ist es in der Tat unserem Ich haushoch *überlegen*. Es ist weiser, kenntnisreicher, schöpferischer, von Natur aus hellsichtig und telepathisch begabt. (In der Abb. 3 habe ich versucht, die verschiedenen Stufen des Selbst modellhaft darzustellen.)

Das innere Selbst, welches im vierdimensionalen Raum-Zeit-Kontinuum (siehe Einsteins Relativitätstheorie und die Quantentheorie) existiert, ist seinerseits wiederum eine Schöpfung des innersten Selbst, eines mehrdimensionalen tiefen Identitätskerns, der letztlich eine Schöpfung der Alleinheit ist. Unser äußeres Selbst manifestiert sich als Leib, Seele und Geist, das innere Selbst als Seele und Geist. Das innerste Selbst unseres Wesenskerns ist reiner Geist. Ganz innen wäre dann die reine Existenz bzw. Nichtexistenz formlosen Seins jenseits von Schöpfung.

---

2 Dieser Begriff stammt von ATTESHLIS 1991.
3 Dies entspricht der Terminologie von J. ROBERTS 1972
4 Siehe dazu z. B. WILBER 1977, 1980, TART 1978, GROF 1985.

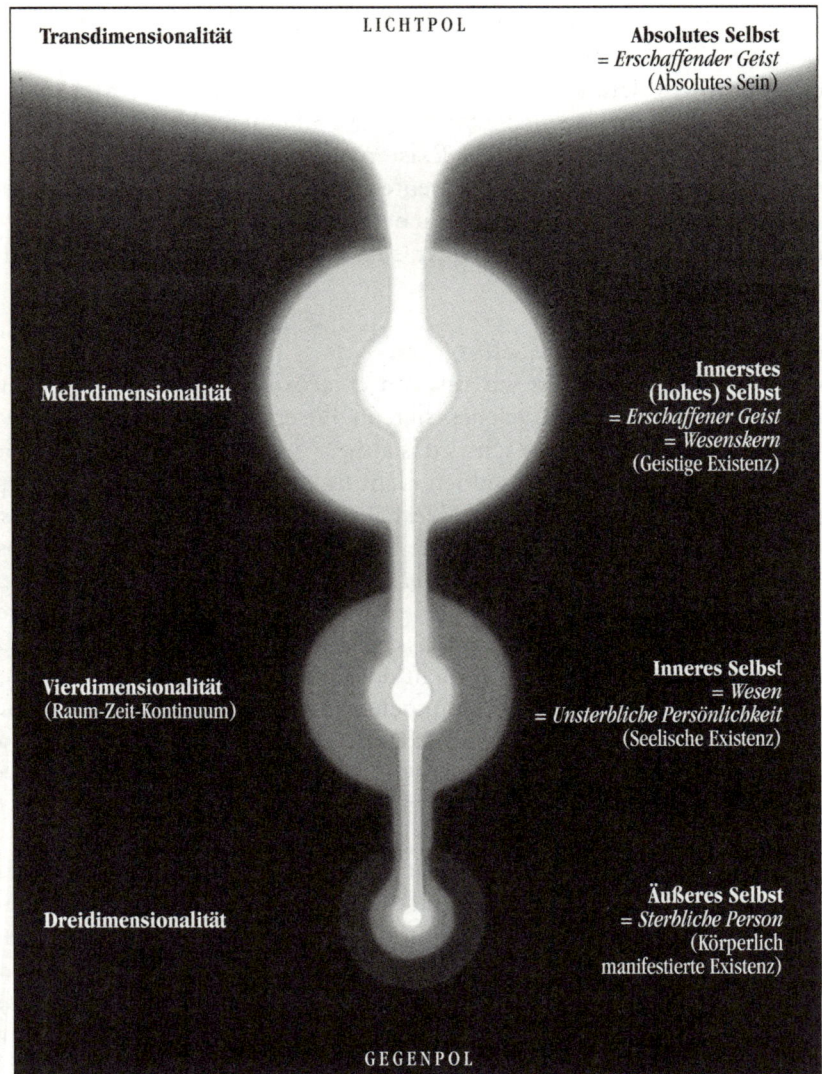

Abb. 3

Obgleich bildliche oder räumliche Vorstellungen den Sachverhalt niemals treffen, können wir uns den Aufbau auch vorstellen wie die Schichten einer Zwiebel (vgl. Abb. 4).

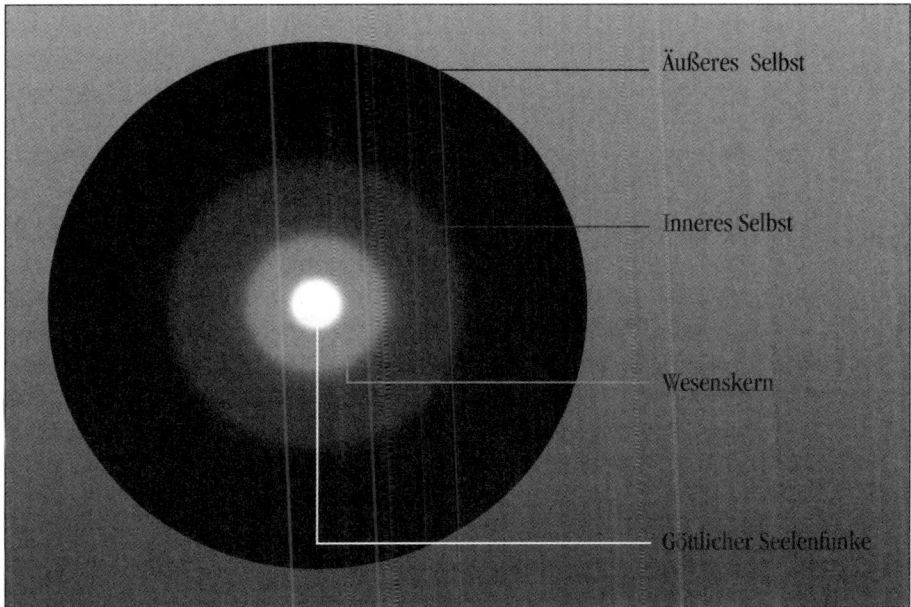

Abb. 4

Man könnte sagen, daß sich über unser inneres Selbst Gott zu uns hin individualisiert. Umgekehrt könnte man formulieren: Der Mensch ist jene Stelle des Universums, in der Gott sich auf der irdischen Ebene von sich selbst abspaltet, um sich von außen betrachten, über sich selbst nachdenken und sich selbst finden zu können. Das innere Selbst hat keine Grenzen. Es geht nahtlos sowohl in andere Identitäten über als auch in die umfassende Alleinheit. (Es erhält sein Identitätsgefühl nicht durch Abgrenzung nach außen, sondern durch eine Art Kohäsionskraft, die die jeweils spezifische und unverwechselbare Individualität zusammenhält.) Ich möchte Meister Eckehart zustimmen, wenn er die Gewißheit äußert, daß der innere Wesenskern der menschlichen Seele und der göttliche Seins-Grund jenseits aller geschaffenen Dinge von gleicher Artung sei. Unser inneres Selbst ist also Vermittler zur Transzendenz. Wenn ich mein Bewußtsein erweitere, nehme ich wahr, daß ich dieses „innere Selbst" bin, kann ich das elementare „ich bin" erfahren. Solange ich dazu nicht in der Lage bin, kann ich zu ihm eine personale Ich/Du-Beziehung aufbauen. Es stellt meinen personalen Gott dar, den ich um etwas bitten kann, zu dem ich beten kann, der mich führt, lenkt, leitet, unterstützt, hält, trägt, tröstet und bedingungslos liebt. Es entspricht unserer kindlichen Vorstellung von einem Schutzengel. Eileen Caddy[5], die Mitbegründerin von Findhorn, nennt es ihren „Gott im Inneren". Im tibetischen Buddhismus ist vom „inneren Meister" die Rede. Graf Dürkheim spricht vom „Wesen", die Schamanen reden von der „Kraft" oder einfach vom „Spirit". Wir können uns versinnbildlicht vorstellen, daß das Selbst auf einer inneren Ebene hinter uns steht und versucht, sich durch uns auf dieser Welt zu manifestieren, (siehe Abb. 5, aus HAICH 1985), wie sich der göttliche Falke Horus durch die Person des Pharao offenbart.

Abb. 5

Alle diese Begriffe und Vorstellungen meinen Ähnliches, auch wenn sie verschiedene Aspekte desselben ins Blickfeld rücken mögen. Das ist zum einen dadurch bedingt, daß Grenzlinien, wie wir sie auf der Ebene unserer irdischen Existenz kennen, nicht existieren und liegt zum anderen daran, daß jeder Versuch einer Begriffsbildung eine grobe Reduktion und Verfälschung bedeutet.

---

5   Siehe dazu das Vorwort zu E. CADDY 1989.

Schöpferische Psychotherapie

b) Karma und der Sinn des Lebens

Nun taucht natürlich irgendwann die Frage nach dem Sinn dieses irdischen Daseins auf. Ich bin auf keine andere Antwort gestoßen als die, daß es sich um ein göttliches Spiel handelt, in dem es um den heroischen Entschluß, aber auch um die Lust geht, durch den Abstieg auf die Welt der Dualität Erfahrungen zu sammeln, ein individuelles Wesen zu werden, und dann als Individuum zurückzukehren in die Ganzheit des absoluten Seins. Es geht also um die Entwicklung eines zur Unterscheidung fähigen reflektierenden Selbstbewußtseins (eines selbstreflexiven Bewußtseins)[6], um dann mit dieser Form des spezifischen menschlichen Bewußtseins wieder aufzugehen im Ganzen. Letzteres gelingt aber nur, wenn wir alle dualen Erfahrungen von *beiden* Seiten machen. Dies kommt beispielsweise in dem Bibel-Zitat zum Ausdruck: „Wer das Schwert verwendet, wird durch das Schwert umkommen", welches fälschlicherweise oft moralisch gedeutet wird. Dem inneren Selbst geht es aber keineswegs um Strafe, es geht lediglich um sich ergänzende, die Ganzheit wiederherstellende Erfahrungen. Ich habe damit zwangsläufig die Vorstellung von der Existenz eines Karma thematisiert, welches auch „Gesetz von Ursache und Wirkung" genannt und nach meiner Erfahrung durchwegs mißverstanden oder mißbräuchlich verwendet wird – im Indischen beispielsweise, um das Kasten-System zu legitimieren, in unseren Breiten, um es mit der christlichen Vorstellung von Sünde und Strafe zu vermischen und Schuldgefühle auszulösen. Dennoch existiert eine solche Gesetzmäßigkeit, die uns zwingt, alle dualen Erfahrungen von beiden Seiten zu machen. Man sollte es jedoch eher das Gesetz von Liebe und Mitgefühl nennen, denn um die Entwicklung dieser Fähigkeiten geht es. Wir lernen, unsere Freiheit der Entscheidung zugunsten des alles verbindenden Prinzips der Liebe zu verwenden. Auf diesem Erfahrungsweg werden wir Täter und Opfer, fügen Leid zu und erleiden Leid. Allerdings läßt sich das sogenannte Karma durch die Entwicklung des Bewußtseins der Ganzheit, des Bewußtseins von Liebe und Mitgefühl auch an jeder Stelle auflösen. Denn um Liebe und Mitgefühl geht es, und nicht um Strafe und Vergeltung.

c) Zum Thema Reinkarnation

Die aus den östlichen Regionen stammende Vorstellung von Karma ist eng verknüpft mit dem Glauben an Reinkarnation. Diese Verknüpfung ergibt sich zwangsläufig daraus, daß sich unmöglich alle ergänzenden Erfahrungen

---

[6] Das bedeutet, daß der Mensch nicht nur ein Bewußtsein hat, sondern sich seines Bewußtseins auch bewußt ist (vgl. RUSSELL 1982).

in einem Leben machen lassen. Hierzulande kann man in renommierten Psychotherapiekreisen kaum über dieses Thema sprechen, ohne Gefahr zu laufen, seine wissenschaftliche Reputation zu verlieren[7]. Auf der anderen Seite kann ich mir heute nicht mehr vorstellen, ohne ein Bewußtsein solcher Zusammenhänge psychotherapeutisch zu arbeiten. Allerdings nehme ich eine etwas andere als die sonst übliche Position ein. Sie ist vielleicht in der Lage, zu vermitteln zwischen den Befürwortern und Gegnern von Reinkarnation. Noch vor zehn Jahren habe ich Reinkarnation als absurd rundweg abgelehnt. Erst einige spontan auftauchende Erfahrungen von einem erlebenden Ich in einer anderen Zeit von solch drastischer Erlebnisintensität, daß sie sich körperlich ganz real anfühlten, zwangen mich nach und nach zum Umdenken. So könnte ich heute minutiös und detailliert die Abläufe verschiedener Todesarten beschreiben. Wie ist das zu deuten? Ein differenzierteres Gewahrwerden der veränderten Bewußtseinszustände half mir zu entdecken, daß es sich nicht um frühere Leben meines jetzigen Ich handelt, sondern um andere Leben meines inneren Selbst. Ich im Wachbewußtsein habe also nur dieses eine Leben mit seinem Anfang und seinem Ende auf dieser Welt, und ich habe weder früher gelebt, noch werde ich in Zukunft erneut leben. Wenn ich aber nicht mit diesem Ichsein identifiziert bin, sondern mit meinem umfassenderen Selbst, sind mir natürlich Erfahrungen aus anderen Leben zugänglich. Dieses innere oder permanente Selbst inkarniert sich viele Male, wobei aber nicht von früheren oder späteren Leben gesprochen werden kann, da eine lineare Zeitlichkeit auf der Ebene des Einstein'schen Raum-Zeit-Kontinuums nicht existiert.

Die verschiedenen Leben lassen sich als „Ausstülpungen" des inneren Selbst auf die materielle Welt verstehen. (Siehe Abb. 6. Der große Kreis in der Mitte stellt das innere Selbst dar. Die fünf kleineren Kreise versinnbildlichen exemplarisch verschiedene Inkarnationen.)

Vergleichbar ist dies mit einem Myzel im Waldboden, aus dem viele Pilze hervorgehen, nacheinander oder gleichzeitig. Der einzelne Pilz hat nur ein Leben, zumindest wenn er sich nicht dessen bewußt ist, daß er auch das Myzel ist. Das Myzel hingegen bringt viele verschiedene Pilzleben an die Oberfläche.

---

[7] Dabei liegen bereits seit 1966 ernstzunehmende Untersuchungen vor; siehe STEVENSON 1986.

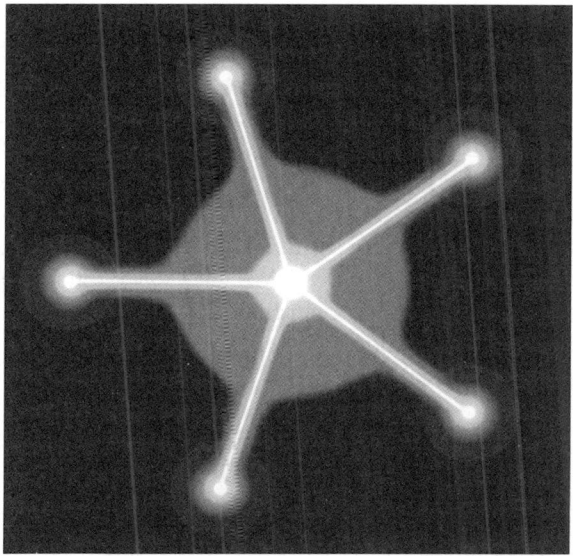

Abb. 6

Mir selbst hat die Bewußtwerdung zentraler Erfahrungen aus den mit mir verbundenen anderen Leben sehr geholfen, den Sinn und meine Aufgabe in diesem jetzigen Leben zu verstehen und es voll und ganz anzunehmen. Wir brauchen nicht unbedingt eine spezielle Reinkarnationstherapie. Haben wir doch meist genug damit zu tun, das gegenwärtige Leben kennenzulernen. In der Arbeit mit veränderten Bewußtseinszuständen aber können derartige Erlebnisse spontan auftauchen. Dann haben sie ihre Bedeutung, und wir müssen als Therapeuten damit umgehen können und dürfen niemanden vorschnell als hysterisch oder psychotisch abqualifizieren. Wenn sich jemand mit derartigen Erlebnissen wichtig tut, damit der Realität entflieht oder sie auf andere Weise in den Dienst der Abwehr stellt, dann ist das zu bearbeiten. Wenn solche Erfahrungen uns helfen, bewußt zu werden und uns mit diesem Leben auseinanderzusetzen, dann erfüllen sie ihren Sinn und verlieren auch wieder an Bedeutung.

d) Ein uraltes Wissen
Das Wissen, daß die äußere Wirklichkeit aus Geist entsteht, ist am besten erhalten in dem Schöpfungsmythos der Aborigines, der Ureinwohner Australiens. Ihre Schöpfungsgeschichte und ihr daraus abgeleitetes Weltbild sind nach neuesten Erkenntnissen rund 150.000 Jahre alt (vgl. LAWLOR 1993, aus

dem ich im folgenden zitiere). In der Schöpfungszeit, die sie Traumzeit nennen, bewegten sich ihre Ahnen über kahles Land, legten sich abends hin und träumten die Abenteuer und Ereignisse des folgenden Tages. Indem sich die Träume in die Tat umsetzten, schufen sie Ameisen, Grashüpfer, Emus, Krähen, Papageien, Känguruhs, Echsen, Schlangen, alle Nahrung, alle Pflanzen, alle Elemente der Natur, die Sonne, den Mond und die Sterne, die Menschen, die Stämme und die Clans. Hier ist das tiefe Wissen, daß alle Wirklichkeit aus Geist entstanden ist, noch ungetrübt erhalten: Am Anfang war der Traum. Das folgende Bild (Abb. 7 aus LAWLOR 1993) stellt beispielsweise den Känguruh-Traum dar, also jenes Energiefeld, welches als Geist des Känguruhs betrachtet wird. Hier finden wir eine Parallele zu SHELDRAKES (1983) morphogenetischen Feldern.

Abb. 7

Die Aborigines glauben auch, daß ein Paar nur dann ein Kind bekommen kann, wenn der Geist des Kindes bereits vor der Befruchtung dem Vater im Traum erscheint. Von Hybris geblendete einfältige Ethnologen meinen, die Aborigines wüßten nicht, woher die Kinder kommen. Dabei sind diesen die biologischen Mechanismen ohnehin offensichtlich. Sind sie doch zutiefst in die reproduzierenden Zyklen der Natur eingebunden. Vielmehr weiß der primitive westliche Mensch nicht mehr, woher die Kinder kommen, und hängt dem aberwitzigen Irrglauben an, sie entständen (ausschließlich) durch die Vereinigung von Ei- und Samenzelle.

D. Der Mensch als Schöpfer seiner Wirklichkeit (Schöpfungspsychologie)

Nachdem ich skizzenhaft das Bild eines überkonfessionellen spirituellen Welt- und Menschenbildes entworfen habe, möchte ich nun die Grundlagen einer Schöpfungspsychologie umreißen. In einer daraus abgeleiteten Therapie geht es ganz wesentlich um die Entwicklung der Erkenntnis, daß und wie der Mensch – als mehrdimensionales Wesen – Schöpfer seiner persönlichen Wirklichkeit ist und selbstverständlich auch Mitschöpfer der sozialen und kollektiven Realität. Er ist dies auf einer bewußten, einer unterbewußten und einer überbewußten Ebene. Auf allen drei Ebenen ist also menschliches Bewußtsein in seinen unterschiedlichen Ausprägungsformen Schöpfer von Wirklichkeit. Wenn der Mensch mit seiner Realität unglücklich ist, so hat er in der Therapie die Chance zu entdecken, daß er Urheber und nicht Opfer seines Schicksals ist. Damit kann er entweder lernen, es zu verändern oder es zu akzeptieren. Für beides ist die Entwicklung einer *radikalen* Eigenverantwortlichkeit notwendig, einer Eigenverantwortlichkeit, die bis zu den Wurzeln des Seins reicht.

a) Die kognitive Ebene des Alltagsbewußtseins
Auf der kognitiven Ebene des Alltagsbewußtseins ist uns geläufig, daß wir die Schöpfer unserer Wirklichkeit sind. Wenn wir beispielsweise ein Haus bauen, ist da zunächst eine Idee, dann ein Plan. Die Umsetzung zur Materialisierung geschieht durch Willen und Handlung bzw. Tat. Hier sind die Zusammenhänge klar ersichtlich.

Therapien, welche auf dieser Ebene ansetzen, sind Beratung, Sozialarbeit, stützende Therapien, Verhaltenstherapie etc. Die Umsetzung einer Idee in die Tat übernimmt das äußere Selbst mit seiner Schaltzentrale, dem Ich, welches hierfür über gesunde Ich-Funktionen verfügen muß (Wahrnehmung, Denken, Urteilsfähigkeit, Realitätsprüfung und Abwehrmechanismen). Obwohl auch in vielen meiner Therapien diese Ebene immer wieder einmal tangiert wird, beispielsweise wenn es um den Erwerb der erwachsenen Fähigkeit geht, das verlassene innere Kind zu trösten, kann ich hier auf diesen gesamten Bereich nicht näher eingehen.

b) Die Ebene des Unterbewußtseins
Auf der Ebene des Unterbewußtseins entsteht die äußere Wirklichkeit aus energetischen Feldern, welche Träger unserer Überzeugungen und Glaubenssätze sind. In der Kindheit vermitteln uns die Überzeugungs- und Verhaltenssysteme unseres Umfeldes prägende Erfahrungen. Aus diesen leiten sich unsere Glaubenssätze ab, die wir irrtümlich absolut setzen. Eine solche Einstellung kann beispielsweise lauten „Das Leben gibt mir nicht, was ich brauche" oder „Wenn ich mich anvertraue, werde ich enttäuscht". Diese Glaubenssätze wirken nun in der Folgezeit aufgrund der Gesetzmäßigkeiten dieser Ebene realitätsbildend. Dies geschieht einerseits dadurch, daß sich der Mensch so verhält, daß sich seine Überzeugungen bewahrheiten, andererseits dadurch, daß er aus der Vielfalt von Wahrnehmungs- und Erfahrungsmöglichkeiten unbewußt jene auswählt, die seinem Glaubenssystem entsprechen und es damit bestätigen.
Ein einfaches Modell, welches den Vorgang veranschaulicht, ist das eines Dia-Projektors (siehe Abb. 8). Das Dia versinnbildlicht dabei die innere Überzeugung, die dem weißen Licht der kosmischen Energie eine bestimmte Einfärbung verleiht. Die Linse, das Ich, projiziert das Bild auf die Leinwand, die die Außenwelt versinnbildlicht.
Dann blickt der Mensch gebannt auf die Außenwelt und erkennt nicht, daß er nichts anderes als seine eigene innere Überzeugung sieht. Jedesmal, wenn uns in der Außenwelt etwas in Erregung versetzt, ist es etwas aus unserer Innenwelt. Wenn mich der Teufel ängstigt, ist er in mir und wenn ich an den Teufel oder das Böse glaube, erschaffe ich es. Der Volksmund weiß das, wenn er sagt: „Mal' den Teufel nicht an die Wand, sonst erscheint er". Wenn wir etwas verteufeln, wird es dadurch teuflisch.

Diese Zusammenhänge bewußt zu machen, sehe ich als eine der Hauptaufgaben von Psychotherapie. Auch wenn dies über eine Rekonstruktion der Biographie geschehen mag, zum Beispiel durch die Deutung von Übertragung, liegt in ihr nicht das eigentliche Ziel der Therapie. Es liegt vielmehr in der Bewußtmachung der inneren Überzeugungen und Glaubenssätze.
Die realitätsgestaltende Kraft unserer Einstellungen ist derart ausgeprägt, daß es uns gelegentlich psychologisch nicht mehr nachvollziehbar erscheint, wenn zum Beispiel einem Unglücksraben am Ende vieler Beziehungsdramen auch noch ein Ziegelstein auf den Kopf fällt. In diesem Bereich wird der Einfluß des Überbewußtseins wirksam, welches den Unglücklichen just in dem Moment an dem Ort sein läßt, wo das „Schicksal" zuschlägt.
Aus spiritueller Sicht experimentieren wir auf dieser Welt individuell und kollektiv mit verschiedenen Überzeugungen, um bewußt entscheiden zu ler-

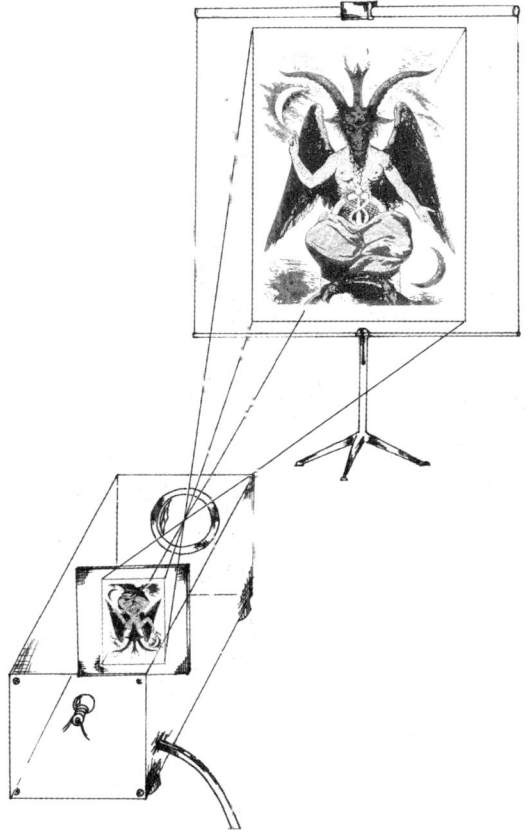

Abb. 8

nen, welche Glaubenssätze und -systeme eine Welt erschaffen, in der wir gerne leben. In der Therapie werden alte Überzeugungsmuster analysiert und durch korrigierende Erfahrungen neue Überzeugungen ausprobiert.

c) Die Ebene des Überbewußtseins
Die überbewußte Sphäre unseres inneren Selbst ist am Zustandekommen unserer irdischen Existenz in hohem Maße beteiligt. Sie wählt aufgrund karmischer Resonanzvorgänge die Konstellation unserer Inkarnation. Die Lebensumstände, in die wir hineingeboren werden, haben für unsere Bewußtseinsentwicklung eine ganz spezielle Bedeutung im Sinne eines Erfahrungsweges, aus dem wir lernen können. Selbst die Gene, welche wir

erben, lassen sich auch als Materialisierung energetischer Strukturen verstehen, welche wir bereits mit auf die Welt bringen. Unser Leben und Leiden hat also einen Sinn. Nach meiner Erfahrung bleiben alle Therapien schwer gestörter Patienten unvollständig, solange dieser Lebenssinn nicht aus dem tiefen Inneren erfaßt werden kann. Erst dadurch hören die Schuldzuschreibungen gegenüber den Eltern, den Tätern oder dem Schicksal auf. Erst dann kann in einer Aussöhnung innerer Frieden gefunden werden.

Meine Weltanschauung ist allerdings nicht dazu da, sie meinen Patienten in der Therapie aufzudrängen. In der Regel schweige ich darüber. Sie hilft mir jedoch, vor allem in der Arbeit mit von schweren Schicksalen gezeichneten Menschen, nah und mitfühlend zu sein, ohne Partei zu ergreifen, ohne irgend jemandem Schuld zuzuschreiben und ohne zu werten. Dies ermöglicht dem Patienten letztlich den Schritt zu völliger Eigenverantwortung für sein Leben.

Während des gesamten Lebens beeinflußt uns das Überbewußtsein und erschafft auch unseren Körper. Zwischen dem inneren und dem äußeren Selbst herrscht eine enge, wenngleich unbewußte Zusammenarbeit, die für die Gesunderhaltung des Ichs und des Körpers notwendig ist. Aus dem Blickwinkel der herkömmlichen Psychologie läßt sich Krankheit häufig als Ergebnis innerpsychischer Konflikte verstehen, zum Beispiel zwischen Es und Über-Ich. Aus der Sicht einer spirituellen Psychotherapie wird Krankheit wahrnehmbar als Konflikt zwischen innerem Selbst und Ego. Er äußert sich häufig als Unfähigkeit, Weigerung oder Angst des Ego, sich der Führung durch die innere Weisheit anzuvertrauen. Das Ich überläßt dann beispielsweise die Macht dem unterdrückenden Über-Ich, welches in bester moralischer Absicht handelt (aber möglicherweise einen unmenschlichen Gehorsam fordert), und übergibt sie nicht dem weisen und liebenden höheren Selbst.

d) Grundlagen und Gesetzmäßigkeiten außergewöhnlicher Wirklichkeiten
Wenn all dies Anliegen von Psychotherapie wird, so müssen wir lernen, die verborgenen Innenräume zu betreten. Das gelingt durch die Arbeit mit veränderten Wachbewußtseinszuständen, angefangen von der „inneren Achtsamkeit", wie wir sie aus der buddhistischen Meditation kennen (NYANAPONIKA 1989), über das Hypnoid bis hin zu tiefen Trance- und Extasezuständen. Um uns dort sicher bewegen zu können, brauchen wir Kenntnis von den Grundlagen und Gesetzmäßigkeiten der anderen Wirklichkeiten.

aa) Bewußtseinsveränderung und Bewußtseinserweiterung
Im veränderten oder erweiterten Bewußtseinszustand betreten wir den Raum des Unbewußten. Der Begriff „unbewußt" ist problematisch. Tritt uns nämlich ein Thema aus dieser Sphäre ins Bewußtsein, so ist es ja nicht mehr unbewußt. Da es einem Bereich jenseits der Alltagswirklichkeit entspricht, bietet sich der schamanische Begriff der „nichtalltäglichen Wirklichkeit" an. Außerdem ist der Begriff des Unbewußten sehr relativ. Im Zustand des kognitiven Wachbewußtseins ist uns die Welt der Träume unbewußt. Befinden wir uns dagegen im Traum, so sind wir dort sehr wohl bewußt, aber die Alltagswelt ist uns unbewußt. Dies kommt in der Anekdote des großen chinesischen Dichters und Philosophen Tschuangtse (etwa 300 v. Chr.) zum Ausdruck, der einst träumte, er sei ein Schmetterling, von Blume zu Blume flatternd. Beim Aufwachen war ihm die Identifikation mit dem Schmetterling noch so nahe, daß er zu sich sagte: „Bin ich nun Tschuangtse, der träumt, er sei ein Schmetterling, oder ein Schmetterling, der träumt, er sei Tschuangtse?" (zit. nach LIN YUTANG 1955, S. 18).

Wir müssen uns unser Bewußtsein vorstellen als ein Kontinuum, welches sich von unserem äußersten Selbst bis zu unserem allerinnersten Selbst hin erstreckt. Dort, wo das äußere und das innere Selbst zusammentreffen, ist der Bereich des „Unbewußten", von dem Psychoanalyse und Tiefenpsychologie sprechen (also das Verdrängte, das Es, das Über-Ich etc.). Wie der Zeiger auf einer Skala verschieben wir nun ständig den Fokus unseres Bewußtseins durch sogenannte Bewußtseinsveränderung. Im klaren Wachbewußtsein nehmen wir über die äußeren Sinne die Außenwelt wahr, erkennen, urteilen und denken. (Ich will hier einmal außer acht lassen, daß die Außenwelt erst durch die Wahrnehmung mit unseren äußeren Sinnen erschaffen wird und beispielsweise andere Lebewesen mit anderen Sinnen andere Außenwelten erschaffen.) Im Tagtraum, in der Imagination, im Halbschlaf ist das Wachbewußtsein noch teilweise erhalten, aber so verändert, daß wir bereits mit den inneren Sinnen Innenwelten wahrnehmen können. Im Traum ist das Wachbewußtsein erloschen, und wir nehmen über die inneren Sinne die Symbole, die Kommunikationsmittel der Innenwelten wahr, beispielsweise in Form von inneren Bildern. Ähnlich verhält es sich noch, wenn wir die Überbewußte Sphäre des inneren Selbst betreten, wobei sich allerdings die Themen ändern, die hier mehr aus dem kollektiven Unbewußten stammen. Im Tiefschlaf wandert der Bewußtseinsfokus noch weiter weg von unserem Wachbewußtsein und bewegt sich in Welten, in denen es vermutlich nur noch eine direkte Wahrnehmung von Energien und Schwingungen gibt.

Neben einer Verschiebung des engen Bewußtseinsfokus gibt es noch die Möglichkeit der Bewußtseinserweiterung, wodurch größere Bereiche des Bewußtseins gleichzeitig erfaßt werden. Im Klarträumen beispielsweise bleibt im Traum eine Wachbewußtseinsqualität erhalten.

In der inneren Achtsamkeit beobachten wir mit dem wachen Bewußtsein Szenen der Innenwelt. Dies ist ein für die Therapie ausgesprochen wirksamer Zustand, in welchem sich zu bewegen die Patienten zunehmend lernen können. Therapeuten sollten sich *bevorzugt* in diesem Zustand aufhalten, der symbolisiert wird durch das Bild der Hexe auf dem Zaun, die, auf der Grenze sitzend, in beide Wirklichkeiten blickt.

bb) Die welterschaffende Kraft der Absicht und des Nicht-Tuns.
In der Alltagswelt wirken Wille und Tun als welterschaffende Kraft des äußeren Selbst unter Verwendung eines linearen Kausalitätsprinzips. Hier existiert eine chronologisch ablaufende Zeit, die sich, wie Augustinus meinte, aus der Zukunft kommend durch die Gegenwart hindurch in die Vergangenheit hineinbewegt.
„Absicht" und „Nicht-Tun" dagegen nutzen die welterschaffende Kraft der nicht-alltäglichen Wirklichkeiten mit Hilfe des Prinzips der Synchronizität. Die „Absicht" greift aus der uns ansonst chaotisch erscheinenden Vielfalt von Ereignissen und Wirklichkeiten bestimmte heraus. Indem diese uns ins Bewußtsein treten, wird eine sinnvolle Verbindung zwischen ihnen hergestellt. Die „Absicht" ist nicht einfach zu beschreiben. Sie ist eine, so paradox es klingen mag, fast absichtslose Ausrichtung auf ein Thema oder Ziel. Sie kennt kein Wünschen und Begehren und will nichts machen. Aber sie bringt uns auf scheinbar magische Weise von einem Schritt zum nächsten und läßt zufällig erscheinende Ereignisse sinnvoll werden. Die Wirkung der Absicht beschreibt Laotse im Tao-te-king (vergl. YUTANG 1955) in den Zeilen:

Wer dem Tao sich widmet, wird eins sein mit dem Tao. Wer der Kraft sich widmet, wird eins mit der Kraft. Wer dem Versäumnis sich widmet, wird eins mit dem Versäumnis.

Die Schamanen aller Völker und Zeiten kennen und nutzen die Absicht. Sie ist die geheime Zauberformel ihrer Wirksamkeit, und alle Therapeutinnen und Therapeuten täten gut daran, sich ebenfalls ihrer zu bedienen.

Der Quantenphysiker WOLF (1984) zieht Parallelen zu dem sogenannten „Beobachter-Effekt", einem Hauptlehrsatz der Quantenphysik, der besagt:

Die Wirklichkeit, die wir wahrnehmen, wird dadurch bestimmt, *wie* wir sie beobachten. Wenn wir das Wie verändern, also den Geist des Beobachters, dann verändert sich die Wirklichkeit.

Eng verknüpft mit der „absichtslosen Absicht" ist das Prinzip des Nicht-Tuns.
„Nicht-Tun" heißt nicht „nichts tun!". Manchmal gibt es sogar viel zu tun, aber nicht im macherischen Sinne. Zu tun ist nur, was dem inneren Fluß entspricht. Laotse, der große Meister der Paradoxien, sagt: Wu-Wei, das Nicht-Tun, verhilft allen Wesen zu ihrem Tun. Es ist ein Wirken ohne Handeln. Das Nicht-Tun gleicht dem Wasser, es geht stets den Weg des Tals. Es bedient sich durchaus der Fähigkeiten des Ich. Das Ich ist aber nicht Herrscher, es stellt sich vielmehr in den Dienst des umfassenden Selbst.

cc) Die Relativität der Zeit
Ich komme nun zu dem Phänomen der Zeit in den nicht alltäglichen Wirklichkeiten. Wer Erfahrungen hat mit veränderten Bewußtseinszuständen, weiß, daß die linear ablaufende Zeit lediglich eine Konstruktion unseres Denkens, unserer Art des Wachbewußtseins ist. Der Indianerstamm der Hopi kennt die Vorstellung einer Zeit als fließendes Kontinuum nicht. In der Hopisprache verweist nichts direkt oder implizit auf Zeit (WHORF 1982). Aber auch wir wissen, daß bereits eine Veränderung der Gefühlslage das Zeiterleben verändert. Wenn wir uns langweilen, schleppt sich die Zeit dahin, wenn es spannend ist, vergeht sie wie im Flug. Vielleicht würden wir dieses Phänomen mit dem Hinweis auf die Objektivität des Zeitablaufs einer Uhr als bloßes subjektives Erleben abtun, hätte nicht ausgerechnet die moderne Physik die Relativität von Zeit mathematisch nachgewiesen. Wir kennen sogar ein Stillstehen der Zeit, was in der Depression als Höllenqual erlebt wird, in der Meditation als Glückseligkeit. Diese entsteht durch das Eintauchen in das „ewige Jetzt", wie es die indische Tradition und der Buddhismus kennen.

In den inneren Welten, die zwischen der äußeren Zeit und der Zeitlosigkeit jenseits aller Schöpfung liegen, herrscht die Gleichzeitigkeit allen Seins, die wir uns im Wachbewußtsein nicht vorstellen können. Dennoch will ich versuchen, diese Gleichzeitigkeit an einem einfachen Beispiel zu erläutern:

Stellen Sie sich eine Tulpe vor (vgl. Abb. 9). Im Januar befindet sich eine Zwiebel in hartgefrorener Erde. Im Februar spitzt ein grüner Sproß hervor. Vier Wochen später hat sich auf einem langen Stengel eine feste Knospe dem Licht entgegengeschoben. Kurz darauf macht eine Blüte mit knalligem Rot

Abb. 9

auf sich aufmerksam. Wenig später ist da nur noch ein grüner Blütenstempel. Kurz darauf ist alles gelb, braun und welk. Und danach ist wieder nur noch die Zwiebel in der Erde.

Auf unserer materiellen Welt hat dieser Ablauf eine zeitliche Reihenfolge. Könnten wir auch die immateriellen Welten wahrnehmen, so würden wir feststellen, daß im geistigen Bereich all diese verschiedenen Stadien gleichzeitig existieren. Lediglich die Materialisierung durchläuft die Stadien nacheinander.

Jedes Stadium existiert jedoch nicht nur einmal, wie in Abb. 9 vereinfacht dargestellt, sondern in Form vielfältiger Möglichkeiten. Deshalb besteht auch kein Determinismus; die Zukunft ist nicht festgelegt, und die Vergangenheit kennt verschiedene Varianten. Die verschiedenen Möglichkeiten stellen Wahrscheinlichkeiten dar, auf die auch die Quantentheorie gestoßen ist, und die selbst für Elementarteilchen Gültigkeit besitzen (vgl. PETER KAFKA 1994). In der Physik geht man davon aus, daß der sogenannte Zufall aus der

Wahrscheinlichkeitsverteilung auswählt, was verwirklicht wird. In der Menge aller Möglichkeiten existiert Zeit nicht. Es gibt sie nur auf der Ebene der äußeren Wirklichkeit, also der einen realisierten Möglichkeit.

Der Vorgang der Realisierung läßt sich am Beispiel eines Spielfilms verdeutlichen. Auf der Filmrolle ist der gesamte Film gleichzeitig vorhanden. Wenn er abgespielt wird, fällt nacheinander das Licht der Realisierung durch jeweils ein Bild, welches dann auf der Leinwand der äußeren Wirklichkeit erscheint, so daß wir den Eindruck des Ablaufs einer chronologischen Zeit haben. Wie jedes Beispiel, so hinkt auch dieses, was daran liegt, daß auf dem Film jedes Bild nur einmal existiert. Wir müssen uns aber vorstellen, daß jedes Bild vielfach vorhanden ist, die jeweiligen anderen Wirklichkeitsmöglichkeiten bzw. Varianten der einen Situation darstellend. Der Filmprojektor hätte nur die schwierige Aufgabe, sich durch diese Vielfalt von Möglichkeiten hindurchzuarbeiten, wobei klar ist, daß von jedem projizierten Bild aus nur benachbart liegende Möglichkeiten in Frage kommen. Während Elementarteilchen, Pflanzen oder Tiere bei der Wahl von Möglichkeiten eingebunden sind in ein Geflecht gegenseitiger Bedingungen, ist der Mensch dies auch, hat aber zusätzlich einen freien Willen.

Um uns in dieser verwirrenden Vielfalt von Wirklichkeiten überhaupt zurechtfinden zu können, beschränken wir uns im Alltagsbewußtsein auf die eine, die offizielle Wirklichkeit. Dennoch existieren viele andere Wirklichkeiten gleichzeitig, sie haben eine ebenso gültige Existenz, und es sind tatsächlich Wirklichkeiten, d. h. sie wirken.

Wenn in unserer Innenwelt alle Zeit gleichzeitig existiert, so hat dies konkrete Auswirkungen auf die Psychotherapie: Ein Patient, der mit Hilfe seines Therapeuten dazu in der Lage ist und dessen Unbewußtes die Information freigibt, kann sich jeden Augenblick seiner Vergangenheit vergegenwärtigen. Dies hat nichts zu tun mit einem Sich-Erinnern an vergangene Zeiten, es geschieht vielmehr durch eine Zeitregression, also ein Verschieben des Bewußtseinsfokus auf eine vergangene Zeit, welche dann zur jetzigen Gegenwart wird. Die Zeitregression kann in der Therapie zum Zwecke der Analyse früherer Erfahrungen genutzt werden sowie auch zur Vermittlung korrigierender und heilender Neuerfahrungen. Wenn beispielsweise in einer für die Patientin bedrohlichen wiederbelebten Situation die Therapeutin die Rolle einer (in der ursprünglichen Situation fehlenden) schutz- und trostgewährenden Person übernimmt, so ändert sich tatsächlich die augenblicklich gegenwärtige Vergangenheit dieses Menschen. Die Vergangenheit hat also nicht nur verschiedene nicht realisierte Varianten, sondern die eine realisierte Form der Vergangenheit kann sich auch verändern. Deshalb bin ich ein glühender Verfechter des Slogans: „Es ist nie zu spät, eine glückliche Kindheit zu haben."

Aus dem Blickwinkel meiner Schöpfungspsychologie stelle ich immer wieder fest, daß bei allen Menschen – und mir selbst geht es genauso – bestimmte Fähigkeiten von Welterschaffung, von Realitätsschöpfung fehlen, bei einem Patienten beispielsweise ein Gefühl des in sich selbst Geschützt- und Geborgen-Seins. Grundsätzlich bin ich der Meinung, daß es in der Behandlung nicht um ein quantitatives, sondern lediglich um ein qualitatives Nachholen solcher Erfahrungen geht. Allerdings muß die Erfahrung so oft wiederholt werden, bis die zugehörige Überzeugung und das damit verbundene Lebensgefühl, z. B.: „Ich bin auf dieser Welt gehalten, geschützt und geborgen", vom Patienten selbst erschaffen werden kann.

dd) Innere Wirklichkeiten als Handlungsraum

Ein weiteres Phänomen nicht alltäglicher Wirklichkeiten: Auch sie sind – wie die Alltagswelt – Räume des Handelns und der Kommunikation. Wer sich, wie die meisten westlichen Menschen, ausschließlich mit dem Ich identifiziert, dem bleibt dies verborgen. Dennoch haben auch hierzulande viele Menschen schon einmal erfahren, wie sehr wir innerlich miteinander verbunden sind. Dazu eines meiner Erlebnisse: Eines Nachts träumte ich von einer ehemaligen Patientin: Sie steht bei einer Gruppe von Menschen. Mir ist so, als käme ich angeflogen, weil sie mich zu Hilfe gerufen hat. Ich frage sie, was sie will. Sie möchte meine Unterstützung, weil sie in Schwierigkeiten ist. Ich erkläre ihr, daß ich nicht mehr ihr Therapeut bin – interessanterweise ist mir das auch im Traum bewußt –, und sie deshalb versuchen soll, ihre Situation selbst zu bewältigen. Ich bin aber bereit, zu ihrer Unterstützung eine Weile dazubleiben. An dieser Stelle wache ich auf und wundere mich. Ich weiß, daß sie sich auf einer langen Weltreise befindet. Einige Tage später kommt eine Postkarte aus Neuseeland mit dem kurzen Text: „Hab' von Dir geträumt. War gut, Dich zu treffen. Vielen Dank für die Unterstützung. Liebe Grüße ...".

Sicher gibt es im Unterbewußten einen persönlichen, sozusagen privaten Bereich. Und wenn jemand von seiner Mutter oder von seiner Therapeutin träumt, kann man nicht jedesmal sagen, diese sei ihm im Traum erschienen. Es gibt aber auch einen interpersonalen Bereich des Unterbewußten, der offensichtlich viel größer ist, als wir annehmen, und von dem wir nicht genug wissen, weil wir ihn nicht für möglich halten. Mich haben jedenfalls viele derartige Erfahrungen gelehrt, diese Ebenen ernst zu nehmen und in dieser Wirklichkeit auch zu handeln. Ein Beispiel: Eine Magersucht-Patientin hatte zwei Abtreibungsversuche der Mutter überlebt, mehrere Selbstmordversuche unternommen und war zweimal psychotisch dekompensiert. In einer klanggeleiteten Trance gebiert sie, bezeichnenderweise durch den Mund, eine schwarze Gestalt, die jene Einstellung symbolisiert, die sie nicht leben läßt. Wenn dieser schwarze Geist im Hals stecken bleibt, so daß die Patientin in der Realität würgt und so blau wird, daß es ausschaut, als würde sie tatsächlich ersticken, dann packe ich auf meiner Imaginationsebene an und ziehe – wissend, daß dies wirkt.

ee) Äußere Wirklichkeit als Symbolebene
Wir sind gewohnt, die Welten des Traums und der Imagination als Symbolebenen zu verstehen, wobei wir diese oft nicht so wichtig nehmen wie die äußere Wirklichkeit. Wenn wir mehr und mehr die Verhaftung in der äußeren Welt auflösen, z.B. durch Meditation, erkennen wir, daß die offizielle Wirklichkeit auch nichts anderes ist als eine Symbolebene, eine von vielen. Sie hat lediglich ihre eigenen materiellen Gesetzmäßigkeiten. Unsere Welt ist ein kollektiver Materietraum.

Goethe hat dies auch so gesehen, denn er schreibt in Faust II: „... alles Irdische ist nur ein Gleichnis ...".

Der spanische Dichter des Barock, Calderon de la Barca (1600-1681), vermittelt in seinem Schauspiel „Das Leben ist nur ein Traum" die Einsicht, daß auf dieser Welt zwar alle Vorgänge real, aber mit symbolischer Kraft geladen sind, d. h. daß sie Symbole und Zeichen sind, die über sie hinausweisen. Beeinflußt durch die christliche Mystik glaubt er, daß dieser Traum des Lebens die Funktion hat, den Menschen zu lehren, daß er seinen freien Willen dafür einsetzt, sich für das Gute zu entscheiden.

Selbst in der modernen Filmkomödie „Und täglich grüßt das Murmeltier" muß der Hauptdarsteller ein und denselben Tag so oft erleben, bis er durch sein ethisch wertvolles Handeln erlöst wird.

Sogar bei Sartre, der den Menschen ohne Rückverbindung zu einer Transzendenz sieht, finden wir die Vorstellung von dem Erdendasein als einem Spiel, in dem wir uns zu bewähren haben (siehe beispielsweise das Bühnenstück: „Das Spiel ist aus").

In der Therapie können wir den Patienten nicht nur helfen, die nächtlichen Träume zu verstehen, sondern auch den Traum ihres Lebens. Dazu fordere ich meine Patienten beispielsweise auf, einmal ihr Leben als Bühnenstück zu betrachten, die Identifikation mit dem Schauspieler auf der Bühne aufzugeben und sich in den Zuschauerraum des Theaters zu setzen. Von dort läßt sich der Sinn des Dramas viel besser verstehen oder die Inszenierung diskutieren. Wer begreift, daß er auch der Regisseur ist, kann sie vielleicht verändern. Oft wirkt bereits die Distanzierung entlastend. Die meisten Menschen wissen nicht, daß das Leben ein Spiel ist. Und die wenigen, die es wissen, spielen es oft nicht ernst genug. Es geht um das Erlernen der Kunst, das Drama gleichzeitig distanziert zu beobachten und es mit vollem Einsatz zu spielen. Sehr gut gefällt mir die Einstellung von Don Juan, dem schamanischen Lehrer von Castaneda, der, wenn er aus der Wildnis kommend in seinem Anzug die Stadt aufsucht, das als notwendige Übung in der „kontrollierten Torheit" bezeichnet. Mir jedenfalls hilft diese Haltung in vielen Situationen, beispielsweise wenn es darum geht, einen Vortrag zu halten.

Ich möchte nun eine Episode aus meinem Leben erzählen, weil sie, nachdem ich ihren Symbolgehalt verstanden habe, zu einem Wendepunkt in meinem Leben und in meinen Therapien geworden ist: Vor zwölf Jahren war ich mit meiner damals hochschwangeren Frau und unserem Sohn im Urlaub in Ungarn. Wir zelteten an einem etwa 20 Quadratkilometer großen Stausee der Tisza, der in dem flachen Land nur durchschnittlich einen Meter tief ist und aus unendlich vielen unterschiedlich großen Wasserflächen besteht, die von dichtem Schilf, Büschen, Morast und kleineren oder größeren Inseln und Dämmen gebildet werden. Es ist ein wahres Labyrinth und lädt zum Bootfahren ein. So unternehme ich spontan mit unserem Zeltnachbarn Jan am Spätnachmittag eine Paddeltour mit unserem Kanadier. Nach einer Slalomfahrt durch immer wieder ineinander übergehende Wasserflächen landen wir in dem alten Flußlauf, der sich über viele Kilometer mäanderförmig bis zum anderen Ende des Sees hinzieht. Er ist durch die zum Teil noch erhaltenen Bäume zu erkennen, die seinen Lauf säumen. Schnell sind zwei Stunden vergangen, und die Dämmerung bricht herein. Wir sind am gegenüberliegenden Ufer des Sees angekommen, haben aber durch die vielen Schleifen und Windungen und den halbkreisförmigen Verlauf des Flusses einen großen Umweg zurückgelegt. Es wird auch schon kühl, und so entschließen wir uns, den direkten Rückweg durch den Irrgarten zu wagen. Zunächst kommen wir gut voran, obwohl die offenen Wasserflächen zwischen dem Schilf und den Büschen immer kleiner werden. Wir legen eine gute Strecke zurück, immer schwankend zwischen Hoffen und Bangen, denn es wird langsam richtig dunkel. Aber das Wasser wird seichter, das Buschwerk immer dichter, und schließlich stecken wir fest. Also müssen wir wieder umkehren. Da es uns nicht möglich gewesen ist, den Weg zu merken, können wir nur versuchen, die Richtung zu halten und hoffen, irgendwann wieder auf den Flußlauf zu stoßen. Orientierung haben wir nur noch an den Sternen, und Gott sei Dank schenkt uns der Mond genügend Licht. Allmählich haben wir den Eindruck, von der Strecke her doch langsam wieder auf den Fluß stoßen zu müssen, aber nichts dergleichen geschieht. Manchmal sind wir uns in dem unglaublich verzweigten Irrgarten nicht mehr sicher, ob wir nicht erst vor kurzem bereits an dieser Stelle vorbeigekommen sind. Hinter jedem Schilftor hoffen wir, den ersehnten Flußlauf zu finden. Schließlich klettere ich auf einen hohen, abgestorbenen Baum, kann aber nichts erkennen, was uns weiterhilft. Wir suchen noch eine Weile, kapitulieren dann, legen uns in das schmale, kalte und harte Polyester-Boot und versuchen zu schlafen. Ich bin viel zu unruhig. Die Strapazen einer solchen Nacht würde ich ja gerne und klaglos auf mich nehmen, denn für ein ordentliches Abenteuer bin ich immer zu haben. Aber ich bange um meine schwangere Frau, die sicher schon von schlimmen Sorgen geplagt wird, und um das ungeborene Kind. Mein Hirn arbeitet fieberhaft, und ich bin schon nahe daran, meinen ohnehin langsam zerbröckelnden Atheismus zu überwinden und zu beten. Aber jetzt in der Not wieder auf meine Kindergebete zurückzugreifen, würde mir das letzte Restchen an Selbstachtung rauben. Während ich so daliege, stellt sich auf einmal eine eigenartige Ruhe in mir ein. Sie entsteht durch die Vorstellung, daß ich vielleicht doch nicht nur das kleine Ichlein bin, welches ratlos auf dem See herumirrt, sondern daß in mir eine Seite sein könnte, die wissend ist, die den See kennt, die meinen Weg kennt, die zu mir gehört, aber auch zu dem umfassenden Ganzen. Ich habe erstmals eine Ahnung von meinem inneren Selbst. Und in mir ist die bittende Frage „Führst Du mich?". Ich spüre eine wärmende Hoffnung und Zuversicht, fühle mich gleichzeitig demütig klein, aber auch umfassend weit und erhaben. „Jan, laß' es uns noch einmal probieren", sage ich, „nur ganz kurz!" Wir paddeln los. Ich sitze hinten und steuere – vermeintlich, denn mein Ich steuert nicht. Ich vertraue mich blind einem Wissen an, das aus der Tiefe kommt: An diesem Busch rechts vorbei, dann geradeaus, dann durch dieses kleine Schlupfloch hindurch, dann wieder halb rechts. In mir ist völlige Hingabe. Dann fahren wir zwischen zwei Bäumen hindurch und schreien laut auf. Wir sind in dem Flußlauf angekommen. Der Rest ist reine Fleißarbeit.

E. Schöpferische Psychotherapie in der Praxis

a) Jede Therapie ist eine Neuschöpfung
Wenn ich diese tatsächliche Begebenheit symbolisch verstehe, sie als Gleichnis nehme, so sagt sie mir u. a.: Den befreienden Weg aus dem Irrgarten des Lebens finde ich nicht durch verzweifelte äußere Bemühungen meines Ich, sondern indem ich mich dem höheren Bewußtsein meines Inneren anvertraue. Diese Geschichte wurde auch zur Metapher meines therapeutischen Handelns. Mehr und mehr wagte ich, alle Regeln zurückzulassen, um mit meinem inneren Lehrer ein für allemal den Pakt zu schließen, daß der einzig gültige therapeutische Weg der ist, den er aufzeigt. Dafür muß ich dann allerdings die volle Verantwortung übernehmen.

Meine inneren Gesetzgeber haben mich anfangs noch oft behindert, aber je besser ich die Sprache meines inneren Selbst verstehen lernte, und je öfter wunderliche, heilsame Dinge geschahen, die ich niemals hätte vorhersehen, wissen, planen oder machen können, desto bessere Argumente hatte ich in der Diskussion mit meinen inneren Gesetzeshütern. Ich konnte ihnen immer plausibler nachweisen, daß die hehren Ziele, für die sie eintreten, von meiner überbewußten Seite viel besser verwirklicht werden konnten und daß sie mit ihren unterdrückenden Regeln oft geradezu das produzierten, was sie verhindern wollten. Um den freien Fluß des Prozesses zu gewährleisten, gibt es in einer schöpferischen Therapie kein festes Setting. So verläuft die Therapie mit jedem Menschen anders, weil ja auch jeder Mensch anders ist und einen anderen Weg braucht. Doch selbst jede einzelne Stunde kann – dem aktuellen vorbewußten Anliegen des Patienten entsprechend – eine unterschiedliche äußere Struktur aufweisen. Dann ist jede Stunde eine Neuschöpfung, unvorhersehbar und spannend.

Die Grundlage allen Geschehens ist meine therapeutische Haltung. Sie besteht in der absichtslosen Absicht, mich in den Dienst der seelischen und spirituellen Entwicklung dieses Menschen oder dieser Gruppe von Menschen zu stellen. Das therapeutische Bündnis besteht in der für beide Seiten bindenden Übereinkunft, daß Therapeut, aber auch Patient, stets auf diese Absicht zentriert bleiben. Dadurch ist gewährleistet, daß alles, was sich manifestiert, therapeutisch und heilsam ist. Für mich bedeutet das, mein Bewußtsein auf den Kontakt mit meinem höheren Selbst zu fokussieren, verbunden mit der Bitte um Führung. Der Rest ist Wu-Wei, von innen geleitetes Handeln im Fluß des Geschehens.

b) Die Freiheit von Regeln und Tabus

Ein visionäres, aber erstrebenswertes Idealziel ist die Freiheit von Regeln und Tabus. Sie können nämlich den natürlichen Ablauf des inneren Flusses verhindern. Deshalb strebt eine schöpferische Psychotherapie an, ohne Regeln, Konventionen und Gesetze auszukommen. Ich befinde mich mit dieser Forderung in guter Gesellschaft, denn sowohl Wilhelm Reich als auch Fritz Perls waren in ihrem Spätwerk der Ansicht, daß Therapie ohne Techniken, Regeln und festgelegte Entwicklungsmodelle durchgeführt werden sollte (zit. nach JOHNSON 1991). Regeln hemmen spontanes Verhalten und Kreativität und beinhalten auch immer ihre Übertretung. Tabus schaffen Dualität und produzieren einen „Sündenfall", wie man am Beispiel des verbotenen Baums im Paradies sieht. Die Funktion des starren therapeutischen Über-Ichs, welches der Situation oft nicht gerecht wird, übernimmt das höhere Selbst, der innere Meister und die innere Weisheit, wie immer man diese spirituelle Kraft nennen mag. Deswegen bedarf es auch keiner Tabus. Das wußte schon Paulus, wenn er in seinem Brief an Timotheus (1,9) schreibt: „Das Gesetz ist nicht für Menschen da, die tun, was Gott will, sondern für jene, die sich um Recht und Ordnung nicht kümmern", oder in seinem Brief an die Galater (5,18): „Wenn aber der Geist Gottes euer Leben bestimmt, dann steht ihr nicht mehr unter dem Zwang des Gesetzes." Es empfiehlt sich allerdings dringend, hier immer sehr selbstkritisch zu bleiben.

An einem alltäglichen Beispiel will ich verdeutlichen, weshalb ein offenes Setting von großer Bedeutung ist: Ein Mann in meinem Alter, ich will ihn Michael nennen, hatte an einer Selbsterfahrungswoche teilgenommen und während einer Gong-Trance eine initiatische Erfahrung gemacht. Nach einigen Wochen fürchtet er, dieser zunächst sichere Kontakt zu seinem Inneren könne wieder nachlassen, und bittet mich um eine Einzelstunde. Ich kenne seine Vorgeschichte nicht näher, und er hat auch kein konkretes Thema, welches er bearbeiten möchte.

Wir sitzen uns in meinem Behandlungsraum auf zwei Meditationskissen gegenüber. Ich schlage vor, daß zunächst jeder nach innen spürt, um wahrnehmen zu können, welche Körperhaltung für den Augenblick die stimmige sei. Ich sehe vor meinem inneren Auge einen Mann auf meiner Matte liegen. Michael nimmt auf seinem Kissen eine zentrierende Haltung ein. Ich frage ihn, ob er sich sicher sei, daß Sitzen im Augenblick die für ihn richtige Position sei. Er ist sich ganz gewiß. Also stimmt mein Eindruck, daß mein inneres Bild mir sagen will, daß *ich* mich auf die Matte legen soll. Ich tue das auch, ahnungslos, was es zu bedeuten hat, und entspanne mich. Auf einmal fühle ich mich wie ein alter Mann, der im Sterben liegt. Ich gehe ganz in die Situation hinein, schweige aber. Michael sagt plötzlich: „Es geht um meinen Vater, der auf dem Sterbebett liegt. Er ist vor einem halben Jahr gestorben." Michael spürt das Bedürfnis, sich an meine rechte Seite zu setzen, und ich fordere ihn auf, dies auch zu tun. Indem ich tiefer in Trance gehe, bemerke ich, wie die Gestalt eines menschlichen Energiekörpers ganz mit mir verschmilzt. Wenn ich mich der sich manifestierenden Situation hingebe, bin ich offensichtlich mit Michaels Vater und seinen Gefühlen identifiziert, von denen ich klar weiß, daß es nicht meine persönlichen sind, obwohl ich sie als meine Gefühle wahrnehme und ausspreche. Ich sage: „Ich wünsche mir so, daß Du mir verzeihst, und ich möchte auch Dir verzeihen." Es entspinnt sich ein emotional bewegender Prozeß, in welchem Michael die Beziehung zu seinem verstorbenen Vater bereinigt und es zu einer tiefen Aussöhnung kommt. Ich sage dabei Sätze, die ich mir nicht hätte ausdenken und die meinem Wissen nicht hätten entspringen können. Wenn ich aus der Richtung meines eigenen Bewußtseins spreche, tritt die Energiegestalt, sich um wenige Zentimeter nach links oben verschiebend, geringfügig aus mir heraus. Mein im Hintergrund wachgebliebenes kognitives Bewußtsein versucht herauszubekommen, ob das väterliche Energiefeld, das sich meines Organismus bedient, die tatsächliche Seele des verstorbenen Vaters ist oder das Vaterintrojekt, welches von Michael stammt. Vergleiche mit anderen Situationen lassen mich zu der Überzeugung kommen, daß es sich um letzteres handelt. Ein Analytiker wird diesen Ablauf mit dem Modell von Übertragung und Gegenübertragung erklären. Ich glaube, daß wir Menschen komplexe Energiefelder mit uns herumtragen. Durch bewußte Bereitschaft oder aber durch ein unbewußtes In-Resonanz-Treten von eigenen mit ähnlichen Feldern eines anderen Menschen entstehen solche Überlagerungen und Identifikationen. Auch Gruppenprozesse lassen sich so erklären. In der musiktherapeutischen Gruppenimprovisation beispielsweise, in Familienskulpturen, Balintgruppen oder Supervisionsgruppen werden solche Phänomene genutzt.

Ich weiß nicht, ob in einem analytischen Setting, welches festlegt, daß der Analysand auf der Couch liegt und der Therapeut hinter ihm sitzt, sich der eben beschriebene Ablauf hätte so in Szene setzen und durchlebt werden können. In einer schöpferischen Psychotherapie besteht das Durcharbeiten vorwiegend in einem Durchleben. Das resultiert daraus, daß zumeist im Jetzt gearbeitet wird – aber nicht im gegenwärtigen Jetzt, sondern in einem sich aktuell vergegenwärtigenden.

c) *Methoden schöpferischer Psychotherapie*

Eine Therapie, die den Schöpfungsprozeß in den Mittelpunkt stellt, ist zunächst nicht methodengebunden. Ich selbst arbeite inzwischen völlig eklektisch und verwende Elemente aus allen Therapieformen, von denen ich etwas lernen konnte. Als Basis geblieben ist mir ein analytisches Verständnis therapeutischer Langzeitprozesse, erweitert um das Wissen der Prä- und Perinatalpsychologie einerseits und der transpersonalen Psychologie andererseits. Methodisch – und hier kommt das Schöpferische noch einmal zur Geltung – arbeite ich gerne mit Elementen aus den kreativen Therapien, aus der Musiktherapie, der Gestaltungstherapie, dem Psychodrama, der Eriksonschen Hypnotherapie, und last not least dem Schamanismus. Die tieferliegenden unbewußten Ebenen der Schöpfung kann man allerdings nur durch mystische Türen betreten (vgl. LAWLOR 1993, S. 131), durch Meditation, Trance, archaische Musik oder ekstatischen Tanz, durch Rituale oder den Traum.

Das Wichtigste habe ich nicht in einer Ausbildung gelernt, sondern von meinem intuitiven Selbst. Einige spezielle Vorgehensweisen, die ich gefunden habe, eignen sich besonders, um die „Geister" aufzuspüren, die jenen Verdichtungen innewohnen, die wir Krankheit nennen:

aa) Die „**klanggeleitete Trance**" beispielsweise nutzt die Erkenntnis, daß spezifische, auf urtümlichen Instrumenten erzeugte monochrome Klangstrukturen sich mit bestimmten Themen des Unbewußten in Resonanz setzen und diese ins Bewußtsein treten lassen. Die Klänge haben dabei eine hohe Affinität zu vorgeburtlichen Erfahrungen, Geburt, früher Kindheit, Tod und Transzendenz.

bb) Den Sinn von **Zeitreisen** in die Vergangenheit habe ich bereits erwähnt. Eine Reise in verschiedene Möglichkeiten der Zukunft kann Hilfe sein bei schwierigen Entscheidungsfragen.

cc) Eine **Reise** des erkennenden Bewußtseins **in den Körper** ermöglicht unmittelbaren Zugang zu der in einem Symptom innewohnenden Information, zu der geistigen Ursache der Erkrankung. Die verblüffenden Erkenntnisse, die ich dabei gewonnen habe, lassen mich nicht mehr an eine grundlegende Unterscheidung zwischen somatischen und psychosomatischen Erkrankungen glauben.

dd) Den umgekehrten Weg nutzt eine Art **Besetzungsinduktion,** bei der in tiefer Trance die Krankheit verursachende Kraft aufgefordert wird, von dem gesamten Organismus und Bewußtsein der Patienten Besitz zu ergreifen, so daß sie sich über Bewegung, Haltung und Sprache ausdrücken und somit auch exploriert werden kann. Dabei treten Informationen ins Bewußtsein, die das wache Ich niemals für vorstellbar gehalten hätte.

ee) Manche abgespaltenen krankheiterzeugenden Kräfte – die sich als Teilpersönlichkeiten, Einstellungen oder Glaubenssätze verstehen lassen – entziehen sich hartnäckig immer wieder dem Bewußtsein. Sie lassen sich dadurch dingfest machen, daß sie über einen Vorgang der **Externalisierung** in ein äußeres Symbol projiziert werden, welches sie verkörpert. Dies ermöglicht über einen Prozeß der Auseinandersetzung ihre Veränderung, Integration oder Auflösung.

ff) Wie in dem erwähnten Beispiel von Michael kann der Therapeut in einer Art **Rollenspiel** eine Teilpersönlichkeit verkörpern. Er spielt diese Rolle aber nicht aus der Vorstellung seines Wachbewußtseins, sondern läßt sich im leicht veränderten Bewußtseinszustand von dem Energiefeld des Patienten besetzen und leiten.

gg) Vielfältig sind die Möglichkeiten des Therapeuten, unter Umgehung des Wachbewußtseins **auf der Ebene der nichtalltäglichen Wirklichkeit** der Patienten **direkt** und unmittelbar heilsamen **Einfluß** auf das Krankheitsgeschehen zu **nehmen.**

hh) Wesentlich mehr Eigeninitiative übernimmt der Patient, wenn er mit Hilfe von Autosuggestion und Imagination seine **krankmachenden Einstellungen verändert** und sie unter Würdigung des Anliegens der Krankheit durch andere Überzeugungen und Glaubenssätze ersetzt, welche eine bessere und gesündere Wirklichkeit erschaffen.

Lebendig und nachvollziehbar werden diese methodischen Ansätze nur im direkten Erleben oder anhand anschaulicher Fallbeispiele, auf die ich aber aus Zeitgründen nicht eingehen kann.

d) Die Transformation des egozentrischen Ich in ein holotropes Ich
All die erwähnten Methoden dienen letztlich dem Zweck, das egozentrische

Ich, das wie eine Kruste ist, aufzulösen. Erst wenn der Mensch wieder durchlässig geworden ist für die Wahrnehmung seiner inneren Ursprünglichkeit, wenn er wieder Zugang gefunden hat zu seinem inneren Kind und es zu heilen beginnt, wird auch die in jedem Menschen schlummernde Sehnsucht nach Ganzheit und Einssein mit der Transzendenz wieder spürbar. Dann kann sich allmählich das tyrannische, aufgeblähte oder sich minderwertig fühlende, um sich selbst kreisende Ego in ein starkes Ich verwandeln, welches sich der Ganzheit in den Dienst stellt. Um diese Ego-Transformation geht es in der Psychotherapie – und nicht um die völlige Ich-Auflösung. Aus dem egozentrischen Ich soll ein holotropes Ich werden.

e) Der Zugang zum inneren Selbst
Ein solches auf die Ganzheit gerichtetes Ich wächst im Patienten durch die nährende, wärmende, schützende und liebende Haltung des Therapeuten. Ist es stark genug geworden, um dem eigenen inneren Kind gegenüber mitfühlend und haltend zugewandt zu sein, wird oft von allein auch das innere Selbst spürbar. Wenn der Allwunsch nach Bedürfnisbefriedigung einen süchtigen oder manipulierenden Charakter annimmt oder sich nicht von allein die Tür zum inneren Selbst öffnet, sind frustrierende Erfahrungen erforderlich, die den Menschen zwingen, den Weg nach innen zu gehen, um die Befriedigung aus der transpersonalen Dimension zu erlangen. Denn nur durch die Verbindung zum inneren Selbst können wir wirklichen Halt, bedingungslose Liebe und Führung bekommen, können autonom und frei sein und werden erst damit fähig zu reifen Beziehungen.

Das innere Selbst entdecken wir, indem wir lernen, seine Sprache zu verstehen. Sie äußert sich in Form von Intuition, Inspiration und Spontaneität. Die Spontaneität, die aus dem inneren Selbst erwächst, unterscheidet sich von den drängenden Stimmen unserer neurotischen Seiten bzw. unseres unerlösten inneren Kindes. Letztere stammen also aus der Ebene verdrängter Triebregungen oder unerfüllter kindlicher Wünsche, bestehen aber noch häufiger aus Vorschriften und Verboten des Über-Ich.
Die weise Stimme des Herzens von den neurotischen Stimmen unterscheiden zu lernen ist eine große Aufgabe spirituell orientierter Psychotherapie. Am sichersten erkennen wir die „innere Stimme" daran, daß sie uns, wenn wir auf sie hören, in den Zustand tiefer Ruhe und tiefen Friedens führt, unabhängig davon, ob wir uns dabei z.B. eine Sehnsucht erfüllen oder den schmerzlichen Weg der Entsagung gehen.

F. Jenseits von Schöpfung

Und dann, am Ende – jenseits von Psychotherapie – taucht eine ganz neue Möglichkeit auf: Der Schöpfer kann in den Ruhestand gehen. Wenn er gelernt hat, in sich eine paradiesische Welt zu erschaffen, kann er aufhören, irgend etwas zu erschaffen. Denn, wie RAMANA MAHARSCHI sagt (1991, S. 120), ist Schöpfung „die Zerstörung des eingeborenen Glücks". Und nur im Stillstand des Geistes finden wir die Glückseligkeit des absoluten Seins – auf Sanskrit: Ananda.

Literatur

ATTESHLIS, S.: Esoterische Lehren. Knaur, München 1991.
CADDY, E.: Herzenstüren öffnen. Greuth Hof, Kimratshofen 1989.
CASTANEDA, C.: Der Ring der Kraft. Don Juan in den Städten. Fischer, Frankfurt 1978.
DÜRKHEIM, K., Graf v.: Hara. Die Erdmitte der Menschen. Scherz, Bern 1987.
GROF, S.: Geburt, Tod und Transzendenz. Neue Dimension in der Psychologie. Kösel, München 1985.
HAICH, E.: Einweihung. Drei Eichen, Ergolding 1985.
JOHNSON, L. E.: Der körperorientierte Therapieansatz bei W. Reich und F. S. Perls. In: PETZOLD, H. (Hrsg.): Die neuen Körpertherapien. Jungfermann, Paderborn 1991, S. 194 ff.
KAFKA, P.: Zur Wiedervereinigung von Geist und Materie. Unveröffentlichter Vortrag auf der Tagung: „Grenzzustände und Musiktherapie" in München, Februar 1994.
LAWLOR, R.: Am Anfang war der Traum. Die Kulturgeschichte der Aborigines. Droemer Knaur, München 1993.
MAHARSHI, R.: Sei, was du bist! Barth, Bern 1991.
NYANAPONIKA: Geistestraining durch Achtsamkeit. Kristiani, Konstanz 1989
OSHO: Neo-Tarot. Osho-Verlag, Zürich 1983.
QUINT, J. (Hrsg. und Übers.): Meister Eckehart: Deutsche Predigten und Traktate. Diogenes, Zürich 1979.
ROBERTS, J.: Gespräche mit Seth. Von der ewigen Gültigkeit der Seele. Ariston, Genf 1972.
ROBERTS, J.: Die Natur der persönlichen Realität. Ein neues Bewußtsein als Quelle der Kreativität. Ariston, Genf 1985.
ROBERTS, J.: Das Seth-Phänomen. Die unbekannte Dimension unserer Seele. Gredmann, München 1991.
RUSSELL, P.: Die erwachende Erde. Unser nächster Evolutionssprung. Wilhelm Heyne, München 1982.
SHELDRAKE, R.: Das schöpferische Universum. Meyster, München 1983.
SOGYAL RINPOCHE: Das tibetische Buch vom Leben und Sterben. Ein Schlüssel zum tieferen Verständnis von Leben und Tod. Barth, Bern, 5. Aufl. 1993.
STEVENSON, J.: Reinkarnation. Der Mensch im Wandel von Tod und Wiedergeburt. 20 überzeugende und wissenschaftlich bewiesene Fälle. Aurum, Freiburg, 5. Aufl. 1986.
TART, C. (Hrsg.): Transpersonale Psychologie. Walter, Olten 1978.

WILBER, K.: The Spectrum of Consciousness. The Theosophical Publ. House, Wheaton, Illinois 1977.
WILBER, K.: The Atman Project. A Transpersonal View of Human Development. The Theosophical Publ. House, Wheaton, Illinois 1980.
WHORF, B.L.: Das Hopi-Modell des Universums. In: WATERS, F: Das Buch der Hopi. Diedrichs, Köln, 2. Aufl. 1982, S. 371-378.
WING, R. L.: Der Weg und die Kraft. Laotses Tao-te-king als Orakel und Weisheitsbuch. Droemer Knaur, München 1987.
WOLF, F.: Star Wave. 1984.
YOGANANDA, P.: Autobiographie eines Yogi. Barth, Bern, 17. Aufl. 1989.
YUTANG, L.: Die Weisheit des Laotse. Fischer, Frankfurt 1955.

Register

Abstinenz (therapeutische) 70
Alkohol- und Drogenabhängigkeit 13
Altersregression 107, 109, 110, 132, 167
Analytische Psychosenlehre 54
Balint, Michael 20, 65-83, 89, 220 (-gruppen)
Berimbao 96, 184
Borderline-Störungen / -Patienten 13, 85, 110
Bulimie / bulimisch 188, 190, 191
Charakterneurosen 13
Coenästhetische Organisation 54
COEX-Systeme 85, 86, 136
Depersonalisationzustand 173, 174
Depression / depressiv 67, 78, 79, 118, 119, 171, 173, 211
Didjeridu 96, 119-122, 129, 133, 138, 142-161, 178-180, 181
Double-bind 38, 48
Drehpauke 52
Energiearbeit 157-159
Erlebnisregression, pränatale 154
Eßstörungen 187-192
Familiendynamik 44-52
Familientherapie 22, 29, 48, 51
Freud, Sigmund 6, 11, 12, 16, 45, 130, 157, 188
Gesprächstherapie 3, 22
Gestalttherapie 16, 22
Gestaltungstherapie 3, 9, 221
Glockenspiel / Glöckchen 52, 74, 79, 99
Gong Chau luo, chinesischer 92-96, 115-119, 134, 163, 170-177, 183, 219
Gong, balinesischer 183
Großes Becken 52, 59, 73
Hospitalisierung 30
Humanistische Psychologie 7
Hypnotherapie 7, 22, 99, 100, 131, 136, 221
Ich-Psychologie 6
Jung, C.G. 61, 104
Kinästhetisches Repräsentationssystem 41, 43
Kinderleier 52
Klang-Archetypus 86, 87, 103-104, 108, 111, 121, 122, 125, 126, 132, 137, 138, 140, 141, 143, 151, 153-154, 159, 165, 177, 181, 184

Klanggeleitete Trance   99-142, 175, 177, 221
Klangrezeption   164
Klangschale (tibetische)   96, 100-103, 104-108, 129, 138, 157, 177, 178
Klangsymbol   147
Klangwirkung   155-157
Kommunikations- und Systemtheorie   6f.
Körperlichkeit   53, 109, 117, 121, 122, 137, 169, 178, 179, 187, 189
Körperorientierte Psychotherapie   18
Körpertherapie   5, 173, 175
Leibfeindlichkeit   189
Magersucht / magersüchtig   154, 188, 190, 191, 215
Maltherapie   2, 30
Monochord   87-90, 91, 95, 108, 109, 113, 121, 129, 133, 135, 136, 138, 154, 163, 164, 166-169, 184
Musikanalgesie   8
Narzißmus, narzißtisch   53, 54, 190, 192
Narzißtische Neurose   13, 85
Neurophysiologie   35
Oberflächen- / Wachbewußtsein   81
Ocean Drum   122-127, 166, 184
Paradoxe Intervention   48, 49
Paranoid-halluzinatorische Symptome   32, 33, 57
Prä- und perinatale Psychologie   6, 221
Psychodrama   16, 221
Psychopharmakotherapie   36
Psychoprophylaxe   150
Psychose   13, 53, 54, 85, 164 (-gefährdung)
Rassel   79, 85, 99, 184
Schamanismus / Schamanen   11, 99, 110, 111, 114, 133, 138, 139, 149, 181, 200, 216, 221
Schellen   99
Schizophrene Familie   29
Schizophrene Psychose   53
Schizophrenie / Schizophrene   18, 25-63, 67
Schöpfungspsychologie   205, 214
Schwirrholz   184
Selbst, äußeres   197-200, 205, 208, 209
Selbst, inneres   197-200, 207, 208, 209, 217, 223
Selbsterfahrung   20, 21, 82
Sexualität   138, 153, 155, 157, 158, 179, 189

Shruti-Box   96, 103, 183
Slow-open-group   30
Spiritualität   195-205
Stimulierung   32, 36
Subjekts- und Objektsrepräsentanz   58
Supervision   65-83 (Fall-), 220 (-gruppe)
Symptomverschreibung   48, 49
Tao   126, 165f., 178, 196, 210
Thetafrequenz   114
Tiefenbewußtsein   81
Tiefenpsychologie   99, 209
Transpersonale Psychologie   6, 197, 221
Trommel   48, 49, 72, 73, 74, 79, 85, 90-92, 95, 99, 110-115, 121, 133, 137, 138, 167, 169
Überbewußtsein   207f.
Über-Ich   208, 219, 223
Unterbewußtsein   127, 206f., 214
Verhaltenstherapie   22
Wahrnehmung   47
„Weißes Rauschen"   126
Xylophon   73, 78
Zeitregression   213
Zwangssymptome   60

Weiterführende Literatur

BANDLER, R. u. GRINDER, J.: Metasprache und Psychotherapie. Die Struktur der Magie I. Jungfermann, Paderborn 1981.
BAUER. S., KÄCHELE, H., SCHEYTT, N., SCHMIDT, S., TIMMERMANN, T.: Musiktherapeutische Prozeßforschung – erste Erfahrungen und Vorhaben. Noch unveröffentlichtes Manuskript. Abtl. Psychotherapie. Ulm 1990.
JANUS, L.: Die Psychoanalyse der vorgeburtlichen Zeit und der Geburt. Centanaurus, Pfaffenweiler 1989.
KNILL, P. J.: Auf dem Weg zu einer Theorie musikorientierter Psychotherapie. Musikther. Umsch. 8, 1987, S. 3-14.
KÖNIG, K.: Zur Musiktherapie in der Heilpädagogik. In: PIEZNER, C. (Hrsg.): Aspekte der Heilpädapogik. Stuttgart 1969.
LOOS, G.: Spiel-Räume. Musiktherapie mit einer Magersüchtigen und anderen frühgestörten Patienten. G. Fischer, Stuttgart – New York 1986.
OSTERTAG, J.: Der „wilde Mann" und die „sanfte Weise". Musiktherapie mit einem schizophrenen Patienten. Musiktherapeutische Umschau 1985.
PRIESTLEY, M.: Analytische Musiktherapie. Klett-Cotta, Stuttgart 1983.
ROTH, J. K.: Hilfe für Helfer: Balint-Gruppen. Piper, München 1985.
SCHWABE, CH.: Musiktherapie bei Neurosen und funktionellen Störungen. Fischer, Stuttgart 3. Aufl. 1974.
STROBEL, W.: Die klanggeleitete Trance: Eine analytisch orientierte Form nonverbaler Hypnotherapie. In: Hypnose und Kognition 9, 1992, S. 98 – 117.
STROBEL, W.: Klang-Trance-Heilung: Die archetypische Welt der Klänge in der Psychotherapie. In: Musiktherapeutische Umschau 9, 1988, S. 119 – 139.
STROBEL, W. u. HUPPMANN, G.: Musiktherapie. Grundlagen, Formen, Möglichkeiten. Hogrefe, Göttingen – Toronto – Zürich 1978.
STROBEL, W. & TIMMERMANN, T.: Ethnotherapeutische Elemente in der psychotherapeutischen Praxis. Klanggeleitete Trance mit Monochord, Gong oder Klangschale als Weg zum Unbewußten. In: ANDRITZKY, W. (Hrsg.), Jahrbuch für transkulturelle Medizin und Psychotherapie, VWB Berlin 1991, S. 113-148.
THOMÄ, H. u. KÄCHELE, H.: Lehrbuch der psychoanalytischen Therapie. 1. Grundlagen. Springer, Berlin, Heidelberg, New York. 1985.
VOREL, W.: Musiktherapie in der Familientherapie. Musiktherapeutische Umschau 5, 1984, S. 207 – 223.
WALSH, R. N. u. VAUGHAN, F. (Hrsg.): Psychologie in der Wende. Grundlagen, Methoden und Ziele der transpersonalen Psychologie – Eine Einführung in die Psychologie des neuen Bewußtseins. Scherz, Bern – München – Wien 1985.
ZEUL, M.: Der diskrete Analytiker: Überlegungen zur Supervision in der psychoanalytischen Ausbildung. Psyche 42, 1988, S. 406–416.

Selbsterfahrungs- und Supervisionsangebote, Weiterbildung in Musik-, Körper- und Trance-Therapie

- Selbsterfahrungsgruppen in verschiedenen Einrichtungen
- Psychotherapie-Supervisionsgruppe
- Musiktherapeutische Balintgruppe (Fallsupervision)
- Balintgruppe für Ärztinnen und Ärzte
- dreijähriger Weiterbildungszyklus:

KLANG, RHYTHMUS UND KÖRPER
Wege in veränderte Bewußtseinszustände
Wege zur Bewußtseinserweiterung

Inhaltliche Elemente sind u. a.
- Grundlagen der Arbeit mit veränderten Bewußtseinszuständen
- die klanggeleitete Trance und die Wirkweise von Klangarchetypen
- musikalische Improvisation mit Instrument und Stimme
- die Integration schamanischer Techniken in unsere moderne Psychotherapie
- nondirektive Körperarbeit und die natürliche Einbeziehung des Körpers in die Psychotherapie
- strukturierte Körper- und Energiearbeit
- verschiedene Möglichkeiten des Durcharbeitens
- die Verknüpfung von Psychotherapie und Spiritualität

Vorgehensweise:
Zunächst steht die Selbsterfahrung im Vordergrund, die stets durch Reflexion und Wissensvermittlung vertieft und zunehmend durch Training ergänzt wird.

Zielgruppe:
Therapeut(inn)en mit Berufserfahrung, die über ihre erlernten Verfahren hinausgehen wollen, an einem integrativen Ansatz interessiert sind und Lebendigkeit und Psychotherapie nicht als sich ausschließende Begriffe ansehen.
In Ausnahmefällen können Interessierte aus verwandten Berufsgruppen mit entsprechender Selbsterfahrung aufgenommen werden.

Zur näheren Information bitte Gruppenprogramm oder Weiterbildungsausschreibung anfordern bei:

Dr. med. Wolfgang Strobel
Zeppelinstr. 78
97074 Würzburg
Telefon und Telefax: 0931-72477